Yo soy Diosa

CHRISTINE GUTIÉRREZ

TRADUCCIÓN DEL INGLÉS DE YVETTE TORRES

Yo soy Diosa

UN VIAJE DE PROFUNDA SANACIÓN, AMOR PROPIO Y REGRESO AL ALMA

HarperCollins *Español*

There's a Hole in My Sidewalk: The Romance of Self-Discovery de Portia Nelson.

Copyright © 1993 de Portia Nelson. Reimpreso con el permiso de Beyond Words/ Atria Books, una division de Simon & Schuster, Inc. Todos los derechos reservados.

Cycle of Change, socialworktech.com, adaptado de una obra de Prochaska y Di-Clemente (1983)/Ignacio Pacheco

«Wolf and Woman» de Nikita Gill. Tomado de *Wild Embers*, publicado por primera vez en 2017 por Trapeze, un sello de Orion Publishing Group Ltd. Copyright © Nikita Gill 2017

«Shedding Skins», letra de la cantante y compositora Fia Forsström: fiasmusicofficial .com

Título original: *I Am Diosa*
Publicado en inglés por Penguin Random House en 2020

PRIMERA EDICIÓN

Traducción: Yvette Torres

Copyright de la traducción de HarperCollins Publishers

Imágenes en las páginas i y iii de Shutterstock / Wise ant
Imágenes en las páginas 145 y 152 de Shutterstock / ALMOND.1000
Imágenes de luna de Shutterstock / Anastasia_Panchenko

Este libro ha sido debidamente catalogado en la Biblioteca del Congreso de los Estados Unidos.

ISBN 978-0-06-309587-8

22 23 24 25 26 LSC 10 9 8 7 6 5 4 3 2 1

LE DEDICO ESTE LIBRO A LA CHRISTINE NIÑA. ¡LO LOGRASTE! SIEMPRE
FUISTE VALIOSA. SIEMPRE FUISTE AMADA. TE VEMOS, TE ESCUCHAMOS.
ERES DIVINA. ¡LO LOGRAMOS!

A MI MAMÁ Y PAPÁ, POR CREER EN MIS SUEÑOS MÁS EXTRAVAGANTES Y
POR ESTAR DISPUESTOS A CRECER.

A MI ESPOSO, FERNANDO: ERES LA MANIFESTACIÓN DE MI TRABAJO MÁS
PROFUNDO DEL ALMA. GRACIAS POR EXISTIR; ERES ARTE EN MOVIMIENTO Y
ESTARÉ ETERNAMENTE AGRADECIDA POR TU AMOR, INSPIRACIÓN Y APOYO.
TE AMO, MI LLAMA GEMELA.

Y A MI TRIBU DE DIOSAS: USTEDES SON LA SANGRE QUE CORRE POR
LAS VENAS DE ESTA MEDICINA, DE ESTA OBRA. SON LA COMUNIDAD DE
ALMAS MÁS GENIAL, MÁS INTENSA, AMOROSA Y TIERNA.
ESTO ES TODO PARA USTEDES.

BELOVED MOTHER

Creator of the Heavens and the Earth,
you are my heart of my heavens,
my heart of the Earth.

Mother you created us in your image.

Diosa de Luz
I am the light and you are my Guide,
my heart hears your voice in the Wind
as I walk throughout your Earth beloved mother.

Cleansing and clearing myself with your sacred waters,
Sweet water, Salty water, Bitter, and Sour waters.

Spirit of the Grandmothers of the Four Directions,
In prayer asking the spirit of the Fire to clear my way
so that my words can be received.

Help us Beloved Creadora y Formadora,
I am sending my cries to you spirit of grandmother moon
as you move us throughout the ages.

Standing here before you with my arms extended,
connect us, you are the center of the Universe
as we are the beings of the Four directions.

Hear us, all of us that represent all the colors of the rainbow.
We are your children in the name of the Great Mystery.

Bless each and everyone Diosa mía.

Abu Flordemayo
February 2020
Love and Light,
Grandmother Flordemayo

QUERIDA MADRE

Creador de los Cielos y la Tierra,
eres mi corazón de mis cielos,
mi corazón de la Tierra.

Madre nos creaste a tu imagen.

Diosa de Luz
Yo soy la luz y tú eres mi guía,
mi corazón escucha tu voz en el viento
mientras camino por tu Tierra amada madre.

Limpiándome y limpiándome con tus aguas sagradas,
Agua dulce, agua salada, amarga y agria.

Espíritu de las abuelas de las cuatro direcciones,
En oración, pidiendo al espíritu del Fuego que me abra el camino
para que mis palabras puedan ser recibidas.

Ayúdanos, Amada Creadora y Formadora,
Te mando mis gritos espíritu de abuela luna
a medida que nos mueve a lo largo de los siglos.

Parado aquí ante ti con los brazos extendidos,
conéctanos, eres el centro del universo
como somos los seres de las Cuatro direcciones.

Escúchanos, todos nosotros que representamos todos los colores
   del arco iris.
Somos sus hijos en nombre del Gran Misterio.

Bendice a todos y cada uno Diosa mía.

Abu Flordemayo
Febrero 2020
Amor y Luz,
Grandmother Flordemayo

CONTENIDO

Segunda parte: La luz: vivir alineada con el alma

Tercera parte: La integración: vivir la vibra y la luz de Diosa

INVOCACIÓN

Yo soy Diosa no es sólo un libro. Es una iniciación; una activación. Un llamado de regreso al alma y a la verdadera divinidad de Diosa que llevas dentro. Escucha la voz de tu alma y regresa a ti misma. Mereces sentir el poder y la magia que esperan en lo más profundo de tu ser. La divinidad encarnada te pertenece por derecho natural. Estás hecha de estrellas. Eres Diosa en cada célula, con la Tierra a tus pies. Eres el cosmos.

Vamos a reunirnos alrededor del fuego, en torno a la medicina de la noche del alma.

Vamos a sumergirnos en los océanos de los anhelos del corazón de cada una de nosotras.

Entrégame tus demonios. Entrégame tus heridas. Abro los brazos de par en par para abrazar todo tu ser. Besaré con ternura cada herida. Te meceré y susurraré cantos del alma... hasta que recuerdes un momento anterior a que tus heridas sangraran. Hasta que recuerdes un momento anterior a que lloraras. Te abrazaré hasta que sanes y te reintegres... hasta que los fragmentos de tu alma quebrantada regresen a ti.

Tomadas de la mano, hagamos un viaje profundo a tu

interior; de vuelta a tu ser verdadero, a tu alma verdadera, a la Diosa plenamente encarnada en lo más profundo de ti.

Vayamos hacia adentro... adentro, hacia el interior.

Bienvenido sea tu dolor. Bienvenido tu quebranto. Bienvenidas tus heridas. Bienvenida tu vulnerabilidad.

Aprópiate de tu proceso y, sobre todo, respeta tu ritmo.

Esto es sólo una pauta, pero siempre es mejor fluir a tu propio paso.

Recuerda que, en este viaje del alma hacia la sanación, nada es blanco y negro. Nada es sólo miedo o amor. Podemos abarcar un sinnúmero de emociones a la vez. La verdadera medicina la encontramos cuando aguantamos la tensión de estas emociones opuestas. No encontraremos la paz envileciendo las emociones más difíciles: la ira, la venganza, el dolor, los celos, el temor. Por el contrario, repudiar estas emociones es repudiar el universo mismo. El mundo está hecho de luz y oscuridad, dolor y placer. Tú también estás hecha de ambos. Cuanto antes aceptes esto, más profundo será tu viaje de sanación.

La sanación es zigzaguear, bailar, aprender, desaprender, un proceso de revelación constante. Y tú, querida mía, tienes tu propio e inigualable viaje del alma. Así que piensa en este libro como un mapa, pero deja que sea tu alma la brújula que te guíe. Tu alma siempre sabe, pero quizás su voz ha permanecido oculta. Por eso estás aquí: para revelar y reclamar tu alma.

Escribí este libro para ti. Para las que han sido quebrantadas. Para aquellas cuyo sentido del «yo» ha sido destrozado, en ocasiones en brazos de mujeres u hombres demasiado heridos para reconocer el tesoro que tenían delante. Esto es para las que todavía fluyen, con el alma en las fisuras de su dolor y su vergüenza. Para las que, a pesar de todo, deciden subir, subir, subir y crecer, crecer, crecer. Esto es para ustedes.

REPITE ESTE MANTRA EN VOZ ALTA:

Nos convocamos a regresar de todos los tiempos y lugares.

Nos convocamos a regresar de todos los tiempos y lugares.

Nos convocamos a regresar de todos los tiempos y lugares.

Estamos aquí ahora.

Nos convocamos a regresar a casa, sin importar cuán lejos nos hayamos descarriado.

Nos convocamos a regresar a casa hoy.

Nos convocamos a regresar a nuestro Hogar del Alma.
Al Hogar del Alma.

A este lugar de amor, divinidad y paz que existe, siempre ha existido y siempre existirá.

Nos convocamos a regresar a casa hoy.

Dejémonos guiar para descorrer el velo que nos impide ver la verdad y que nos frena.

Dejémonos guiar para llevar la dulzura del néctar y consuelo divinos mientras atravesamos por terrenos difíciles.

Seamos compasivas y generosas con nosotras mismas durante este viaje.

Dejémonos guiar de regreso al alma, al «yo» y a la sanación profunda.

En mí, estoy en casa. Doy la bienvenida al Viaje del Alma.

Abrimos este círculo de sanación con una energía de amor, verdad, solidaridad y profunda transformación del alma. Que así sea.

PREFACIO

Todas las criaturas de la tierra regresan a casa.

—*Doctora Clarissa Pinkola Estés*

Pasé la mayor parte de mi vida buscando maneras de rendirme y escapar del dolor que existía dentro de mí. La mayor parte del tiempo corría y ni siquiera me daba cuenta. No me daba cuenta del dolor profundo que anidaba en mis entrañas. No me daba cuenta de que andaba por ahí como un recipiente vacío; quebrada en pedazos, con el corazón destrozado.

Recuerdo la primera vez que escuché la expresión «un hueco del tamaño de Dios». Tuve una sensación de alivio porque existía una frase que captaba lo que había sentido durante mucho tiempo. Yo sentía un hueco del tamaño de Dios dentro de mí. Sentía este dolor inconmensurable y, más que nada, me sentía sola. La soledad hacía que buscara el amor en todos los sitios equivocados. Era una especie de dolor profundo del alma, pero no podía localizarlo con precisión; parecía que la soledad habitara mis células y mis huesos. Me imagino que huía de algo que era demasiado fuerte para que mi mente y mi cuerpo lo comprendieran. Corría lejos, lejos... lejos de mí.

Cuando las cosas nos atemorizan, corremos. Es una reacción primitiva que sucede cuando el cerebro registra temor y envía una señal a nuestro sistema nervioso. Aprendí que los traumas nos ocasionan eso; crean lo que los terapeutas llamamos «disociación». Es la desconexión del «yo» que sucede como respuesta a un hecho traumatizante. Y yo había sufrido muchos incidentes traumatizantes.

Era como si corriera por callejones oscuros buscando una droga que me impidiera sentir la agonía profunda que padecían mi mente y mi espíritu. Por ese camino sombrío buscaba personajes turbios que me dieran una pequeña dosis de amor. Hacía cualquier cosa por sentir ese confort, sin importar las consecuencias. Sabía que eso estaba mal, pero no podía evitar volver a hacerlo. Los tiradores de droga y la vida caótica que los acompañaba se habían convertido en lo mío. Como me crié en el vecindario de Bushwick en Brooklyn, convivían dentro de mí tanto el barrio como la escuela católica privada. Pero el dolor que llevaba dentro de mí hacía que me aventurara a los rincones más peligrosos.

Los traumas desarrollan nuestra tolerancia al dolor de una manera poco saludable, así que sin darme cuenta aceptaba el abuso porque lo resistía bien; lo había resistido bien durante toda mi infancia. Pero llegó el momento en que no pude resistirlo más. Y, ¡gracias a Dios!

Mi adicción al amor y al dolor me llevaron a una nueva puerta; una apertura en mi psiquis y en mi alma que inevitablemente me sanaría.

Escuché una voz dentro de mí que trataba de captar mi atención. Una voz que me recordaba que aquello no era normal y que algo andaba mal. Esta voz interior del alma me pedía que cuestionara la vida que vivía y a quién permitía entrar en ella.

«¿Quieres permanecer en esta situación abusiva para siempre?». «¿Quieres que te digan mentiras y que te engañen y que te insulten?». «¿Quieres desarrollar todo tu potencial o quieres quedarte aquí en la miseria y conformarte?». Eran preguntas importantes que me pedían que descorriera el velo de la negación.

Esa voz me salvó. La llamo «la voz del alma»; la voz que está conectada a «lo que es más», a Dios, a la Diosa, a la Fuente, a la Divinidad o a cualquiera que sea el nombre que esté alineado para ti.

Esta voz es la LLAMADA DEL ALMA. *Es la llamada de tu alma para que regreses a casa, a tu verdadero yo, a tu alma, a tu plenitud.*

Durante la década siguiente, emprendí un viaje a la sanación y todavía sigo en él. Creo que todos lo estamos, en realidad: haciendo lo mejor que podemos y sanando un día a la vez.

No fue sólo un momento el que me llevó a sanar y no voy a establecer una expectativa poco realista de que todo está perfecto en estos momentos. *Estoy viva y coleando, y siento un mar de emociones. Soy como las olas, y subo y bajo como la marea. Reducir mi experiencia a un sencillo antes y después presta un flaco servicio a la multitud de emociones y colores que son complejos como el universo mismo. Como tú y como yo.* Pero sí diré que pequeños instantes se fueron sumando y me encauzaron en un viaje que llamaré «de sanación». Aprendí algunas cosas en el trayecto que me salvaron de una vida que era un callejón sin salida. Reuní herramientas que abrieron nuevas puertas y que me dieron el regalo de poder volver a elegir. Comparto estas herramientas porque también podrían ser útiles para ti en tu viaje de sanación. No las comparto para que las uses todas sin cuestionar o sin pensar, sino para que veas qué resuena con tu verdad, con la voz singular del alma que te guía.

De esto trata *Yo soy Diosa*. Es un viaje y una iniciación.

Este libro combina lo espiritual con lo psicológico para que estés equipada con las herramientas para sanar. Explorarás el dolor y el trauma que has experimentado y cómo ha afectado tu sentido de identidad, tus relaciones y tus decisiones diarias. Explorarás tus conductas inapropiadas, las cosas que disparan una reacción en ti y cómo usar tus heridas para encontrar sabiduría y propósito. Mediante esta exploración, desenredando la madeja, regresas a ti, a la versión saludable de ti misma.

Este libro es otra expresión del trabajo que hago diariamente. Ya sea que esté escribiendo en línea, hablando en un escenario o reunida con una clienta en un encuentro personal en uno de mis retiros, siempre les recuerdo a las personas su valor, les recuerdo su divinidad de Diosa, les recuerdo que su trauma nunca puede hacerlas «menos que». Mi meta es sostener a las personas y guiarlas a través del dolor y de la oscuridad, porque es ahí donde más necesitamos amor.

La doctora Clarissa Pinkola Estés, autora de *Women Who Run with the Wolves* [Las mujeres que corren con los lobos], dice: «Nunca he olvidado la canción de esos años oscuros, «Hambre del alma». Pero tampoco he olvidado el gozoso canto hondo, las palabras que recordamos cuando hacemos el trabajo de reclamar el alma».

Esta obra es un trabajo de reclamación del alma. La reincorporación del alma a nuestro cuerpo, a nuestro «yo» primitivo, y de ahí recordar quiénes somos; más allá de las heridas, de la vergüenza, del dolor.

No me tomo esta responsabilidad a la ligera, puesto que no sólo estamos rompiendo nuestros patrones internos de dolor y sufrimiento, sino las generaciones de abuso y dolor que nos preceden.

Llegó el momento de que nosotras, las Diosas, nos levantemos.

Yo soy Diosa tiene el propósito de guiarte en este proceso de sanación profunda. Te da la oportunidad de que llegues a conocerte y amarte; no en un nivel superficial, sino en tu médula más profunda. Toda la vida andamos buscando el amor, pero es el amor a nosotras mismas lo que determinará el resto de nuestra vida.

Esta iniciación no la podemos obviar. Nada ni nadie puede proporcionarnos el alimento para el alma que necesitamos a menos que tengamos una opinión positiva de nosotras mismas. El resto serán añadiduras, pero tenemos que comenzar con nosotras. Conocernos íntimamente a nosotras mismas y a nuestra alma es un regalo para toda la vida. Es un romance. Ser tu propia amada, besarte los hombros, abrazarte y sostenerte cuando quieres escapar. Aprender a amarte de esta manera tan profunda te permite conocer quién eres, lo que necesitas y lo que no necesitas.

No importa en qué momento de este viaje te encuentres, quiero que sepas que hay esperanza y que más milagros te esperan. No importa si has estado haciendo este trabajo durante años o apenas comienzas, mientras estemos vivas seguiremos rehaciendo este trabajo: como la serpiente, mudaremos la piel, nos despojaremos de los viejos condicionamientos y revelaremos la piel del alma en su lugar.

Recuerdo cuando me iba a dormir por la noche con el peso de miles de ladrillos en el corazón. Recuerdo cuando el camino no llegaba a ninguna parte. Todas las esquinas conducían a un callejón sin salida. Recuerdo lo vacía que me sentía. Recuerdo salir arrastrándome, con las rodillas sangrientas y el temor dentro de mí. Pero recuerdo que, mientras me arrastraba, una parte de mí cobró vida. En medio de todo el dolor y del colapso hubo una señal de gran avance. Mi alma lo supo: venía un cambio. Estaba desarrollando mi amor propio. La luz del alma de mi Diosa se había encendido.

No son los pasos más grandes los que dan inicio al cambio, la transformación, la alquimia; es la más mínima disposición. Hacer lo que tienes que hacer.

Nos merecemos sanar. Nos lo *merecemos*. Nos debemos a nosotras mismas experimentar el cambio, enamorarnos de nosotras porque hemos hecho el trabajo para vivir una vida alineada con nuestra alma. No importa el desamor o el temor que tengas en el corazón, tu alma apuesta a ti.

Trata este viaje con reverencia y con honor. Comprométete a profundizar más de lo que has hecho hasta ahora. Regálate el don de apostarlo todo y ser radicalmente honesta contigo misma. Revélate secretos que tienes escondidos de manera que te puedas liberar. No hay nada dentro de ti que pueda herirte si lo enfrentas, pero lo que mantengas encerrado puede hacerte daño.

Recuerda que tienes tu alma para guiarte, así que no temas. Naciste para hacer esto.

Debido a que tu alma te trajo hasta aquí, sé que estás lista para hurgar en las profundidades. Haremos esto juntas; estaré aquí en cada paso del camino. Llegó el momento de que reconozcas que eres Diosa.

Repítete en silencio o en voz alta:

Yo soy Diosa.

Así comienza nuestro viaje sagrado de regreso a ti. Estoy entusiasmada con las transformaciones que ocurrirán. Estoy contigo, mano a mano y corazón a corazón.

Eres muy amada. Eres digna. Comencemos.

Te amo, Diosa.

xx

Christine

INTRODUCCIÓN

*Sé amable contigo misma pues estás conociendo
partes de ti con las que has estado en guerra.*

—*Autor desconocido*

Bienvenida, Diosa. Estoy agradecidísima de que estés aquí. Mi
corazón está rebosante, pues sabe que estamos juntas en este
viaje de regreso a casa, a nosotras mismas, al alma y a nuestra
verdadera identidad divina de Diosa.

Considero que el alma es la parte de nosotras que siempre
ha existido. La parte de nosotras que está conectada con el «más
allá», con las dimensiones que están más allá de este mundo
terrenal. El alma que es parte de Dios, la Diosa, la Fuente y la
energía vital infinita y sin límites.

Nos convocan a regresar al alma; nos llaman de vuelta a casa;
a nuestro hogar del alma. Vivimos en tiempos en que la gente se
da cuenta más que nunca de la necesidad de desarrollar su alma.
La gente está siendo convocada a trascender el mundo superficial
e ir a las dimensiones de profundidad y de verdadera sanación.

*Hemos estado desconectadas por demasiado tiempo de lo
femenino, de Shakti, de la madre, del útero cósmico, de las raíces.*

El dolor se ha vuelto insoportable. Pero nuestra alma siempre recuerda que hay más.

Este libro te recuerda que hay más; más allá del dolor, del sufrimiento, del trauma, del autosabotaje. Pero primero debemos mirar las heridas del alma. Primero debemos ir a la raíz. Primero debemos hacer el trabajo duro que nos permita atar los cabos, ser testigos de los patrones que ya no nos sirven. Y entonces —con el trabajo del alma, con paciencia, comunidad y amor— puede darse la sanación.

El trabajo más profundo del alma por lo general es el más oscuro y difícil. Los momentos en que sientes que ya no puedes más... en que el aire se hace espeso y las rodillas tiemblan del agotamiento. Cuando pierdes la fe de que hay luz más allá del túnel negro. A veces es una oración débil, entre suspiros y llantos de desesperación. Y con lo que piensas que es tu último aliento, llega la respuesta a tu oración. Y el alma del mar, y de las estrellas, y la brisa llegan con un soplo de viento —el ánimo— que te resucita.

La oscuridad es un lugar que ofrece la oportunidad de comenzar una nueva vida. Como el útero, que es oscuro, y también el pasaje a un nuevo mundo.

Quizás te encuentres en la noche oscura del alma. Un momento en que no puedes ver lo que está delante, pero lo único que sabes es que algo está cambiando o tiene que cambiar. Quizás agarraste este libro en uno de esos momentos de «MALDITA SEA, MIERDA, NO ME PUEDE ESTAR PASANDO ESTO DE NUEVO» —el mismo ciclo, o el mismo patrón, o el mismo autosabotaje—. O quizás estás anestesiada y con el alma exhausta, y buscas recordar la pasión, la alegría, la paz, la calma, la salud, el empoderamiento.

Todo esto es parte normal de la vida, una parte que no debemos rehuir. El sol sale y se pone. En esos momentos, no debes escapar, sino permitirte estar presente.

No queremos una luz superficial. Queremos una luz que surja de la profundidad de la oscuridad; una luz que brille como resultado del desarrollo de tu alma. En el útero de la oscuridad, el universo te suplica que seas de nuevo la criatura cósmica. Que flotes en el útero de la Gran Madre, la Diosa, Ma, Mamá. Que flotes postrada en la oscuridad, sin tener conocimiento. No hay nada que hacer sino ser. Porque somos conscientes de esos momentos oscuros, los tomamos, pero ¿qué sucedería si pudiéramos añadir profundidad y comprensión de manera que puedas sentirte reconfortada en este momento de oscuridad? Hay algo sagrado en el útero oscuro del cambio. Tal como lo hace el embrión en el útero de su madre, tú te estás estirando y formando. Y aunque sientas la tentación, no te apresures. Sé una con el ritmo de las lecciones de tu alma, pues tu alma es inteligente y está ahí guiándote hacia su versión más alta que es específica y única para ti. ¡Cuán sagrada eres, divina Diosa, guiada por la Fuente en el camino que es sólo para ti!

Aprender a conectarte con la voz de tu alma, a sanar sus heridas y a regresar a casa, hacia ti misma y a tu alma, son adelantos que pueden hacer que todas las áreas de tu vida sean más saludables, más felices y que estén mejor alineadas. Trabajando con personas durante más de una década, he visto el poder de este trabajo del alma y de las transformaciones que ocurren en su vida. El primer paso es siempre el más difícil, pero si estás aquí es porque estás lista.

No importa dónde estés en tu viaje, te invito a desempacar tus emociones y a quedarte. Te invito a quedarte lo suficientemente quieta como para que escuches el sonido de tus tripas y los puñales de tu corazón. Coloca a un lado tu equipaje, tu abrigo y el peso del día por un momento, y siéntate conmigo a tener pláticas del alma.

Estoy aquí para acompañarte en un viaje, para ayudarte a sanar el alma herida y guiarte de regreso a ti, a tu verdadero «yo». Te ayudaré, junto con el espíritu, a desenredar las madejas de tu dolor, vergüenza y trauma, relatando las historias de mi propia vida y las de otras clientas Diosas que he tenido el honor de escuchar y de ayudar. Haremos esto compartiendo canciones, oraciones, herramientas y preguntas. Nada está prohibido cuando se trata de sanar el alma; deja que ella guíe el camino en este viaje. Este es tu momento de sanar. Te lo mereces.

En el libro *Woman Who Glows in the Dark* [La mujer que brilla en la oscuridad], Elena Ávila dice que «las curanderas ayudan a desarrollar el sistema de energía y la autoestima de las personas y les enseñan cómo romper el círculo vicioso de la depresión y la desesperanza». Esta descripción ilustra cómo visualizo este proceso de ayudar a alguien a sanar las heridas del alma: te ayudo a construir tu energía así como te recuerdo el poder y la magia que siempre has tenido dentro. Bajo las ruinas y las piezas fragmentadas, pero siempre ahí; el alma y la divina Diosa dentro de ti, esperan.

¿QUIÉN ES UNA DIOSA?

La Diosa es una representación del «yo» del alma, que mira con su visión espiritual y olfatea con sus sentidos del alma.

Es profunda y pura; está rota y completa. Vive en dos mundos simultáneamente: el mundo del día y de lo terrenal, y el mundo de la noche y del misterio del alma. La Diosa vive entre reinos. Tiene acceso a las puertas del templo de la psiquis. Es resiliente. Nacida de las cenizas, reconstruye sus huesos pieza a pieza y siempre se levanta. Y no sólo se levanta, sino que baila: desnuda, pura, entera, libre. Es la música en el ritmo, los elementos del fuego, el aire, el agua y la tierra. Ella es Shakti, la energía primitiva primordial. Es una serpiente en el espinazo, activada. Ella es MA, Madre. Está lista para hacer el trabajo del alma que haga falta porque se satisface sólo cuando vive su verdad más profunda del alma. Siempre ha sido y siempre será. Ella eres tú, ella soy yo, ella es todo.

Una Diosa está dispuesta a profundizar y a sanar.
Una Diosa se levanta de las cenizas una y otra vez.
Una Diosa es feroz y amorosa.
Una Diosa está conectada con su sombra y con su luz.
Una Diosa está conectada con su alma y, si no lo está, no se
  detendrá hasta que regrese a casa, a su alma, otra vez.

La Diosa trasciende lo masculino y femenino. La Diosa es la energía femenina que todos tenemos. Cismasculinos, cisfemeninos, transgéneros, gays, heterosexuales, no binarios; todos pueden usar la palabra pues todos pueden activar la energía de la Diosa que llevan por dentro. La Diosa es la energía primigenia esencial del universo y está disponible para todos. Usaré palabras como *mujeres* y *ella*, pero esto es para todos. Siéntete en libertad de hacer tuyo este libro y cambiarles el género a las palabras cuanto sea necesario para hacerlo tuyo. Si estás aquí, fuiste guiada hasta aquí. Tu alma te trajo aquí. Así que tú también eres Diosa.

SOBRE ESTA OBRA

Antes de comenzar este viaje, quiero hablar sobre cómo abordo la sanación y ofrecer un esbozo de lo que está por venir. Creo que con demasiada frecuencia emprendemos el viaje de sanación sin entender el contexto. Hay muchos sanadores que no se han ganado la iniciación vital para guiar a otros en el trabajo de reclamar el alma. Es algo profundo y peligroso si no se hace con habilidad, tacto, integridad y cuidado.

Existe un puente invisible entre este mundo de las formas y el ego hasta el espíritu y el alma. Ambos lados son necesarios y sagrados y puede ser un sistema de comunicación maravilloso si estamos sintonizados con ambos.

Desde temprana edad, cuestionaba lo mundano y trataba de reconciliarlo con la pequeña Christine cósmica. Para mí los humanos parecían robots; hacían lo mismo todos los días por hábito, sin darse cuenta de que había más en la vida. No entendía por qué había niños con hambre si el dinero era tan sólo un pedazo de papel. Comprendí desde temprana edad que el dinero era sólo dinero porque le asignamos un valor. Sabía a nivel intuitivo que los niños nunca deben pasar hambre debido a un pedazo de papel. Cuestionaba el mundo terrenal constantemente. A la vez, estaba conectada a aspectos de mi cultura boricua, lo que me permitió conectarme al mundo del «más allá». Me enseñaron, por ejemplo, a contar mis sueños. Mi madre y mi abuelita —a quien llamo Gega— me enseñaron que los sueños contienen medicinas, advertencias, sanaciones, premoniciones. Los consideraban sagrados. Recuerdo haber aprendido que siempre que tenía un sueño malo debía contarlo para quitarle poder y comprenderlo mejor. Nos sentábamos a analizar nuestros sueños juntas y estos momentos me ayudaban a aceptar que mi intuición profunda era correcta; que el mundo terrenal no era el único mundo que existía. El mundo del espíritu también existía.

Esta llamada a la sanación provino de la llamada de mi alma, de la estirpe de curanderas y sanadoras de mi familia. Hace sólo unos años que mi abuela materna —María Luisa García, quien está ahora en el reino del espíritu— se vistió toda de blanco por mí durante un año antes de que yo naciera. Llevaba un madroño azul claro colgando de la cintura. Hizo esto como promesa a Dios por mí. Era una práctica de devoción espiritual para bendecirme. Estas prácticas viven ahora en mí. Debido al trabajo de mis antepasados, estoy aquí, agradecida más de lo que puedo expresar. Fui bendecida en esta vida para usar aquella bendición para servir —convirtiéndome en manos y pies que ayudan a la divinidad a hacer el trabajo sagrado—. No hago esto porque estudié y tomé talleres. Eso fue en respuesta a una llamada de mi alma.

Seguir esta llamada me condujo a mi trabajo como terapeuta licenciada, y más tarde me enfoqué en el trauma y el abuso. También me llevó a estudiar enfoques más holísticos de sabiduría espiritual, como el trabajo energético, la meditación, el tantra y los estudios de la divinidad femenina: la Diosa. En un nivel intuitivo, sentí que el mundo clínico estaba hambriento de alma y de un corazón cálido, así que continué explorando ambas cosas.

Recuerdo haber aprendido que la palabra psicología significa «estudio del alma». Eso me sacudió porque nunca lo había escuchado en mis estudios de posgrado, y resultó un alivio saber que había algo más en este camino que el estudio de la mente. Siempre lo había sospechado, pero saber por fin lo que significaba la palabra fue un momento intenso para mí. La doctora Clarissa Pinkola Estés señala: «La palabra *psicología* significa literalmente el estudio de la vida del alma. La palabra *psyche* se deriva de la antigua palabra *prushke* que se relaciona con la imagen de la mariposa y con el alma. La palabra también se relaciona con la esencia del aliento; es decir, la fuerza de animación sin la cual todos estaríamos muertos. La psicología, en el verdadero sentido, no es el estudio del comportamiento *per se*, sino el estudio de la fuerza animadora».

Así que creo en un enfoque que combina mente, alma y espíritu. Creo que no sólo tu mundo interior afecta el mundo exterior, sino que el mundo exterior afecta tu mundo interior. Creo que las cosas son profundas, complejas y multidimensionales. Creo que sabemos mucho y que no sabemos nada. Creo que no podemos resolver un trauma con una afirmación; un trauma debe desenredarse con apoyo, reverencia, paciencia, tiempo, duelo, integridad y consejería. Creo que nuestras culturas no han sido tomadas en cuenta en este léxico espiritual. Creo que la sexualidad ha sido muy ignorada y que la energía sexual que nos recorre debe ser nutrida y atesorada.

No creo que los eslóganes espirituales como «todo es un reflejo tuyo» son saludables u ofrecen la profundidad necesaria para ayudar a que alguien sane de una manera integrada y con los pies en la tierra. Creo que, por el contrario, en la medida en que sanamos las heridas y los puñales de la mente, el espíritu y el cuerpo a través de la dedicación y el trabajo del alma nos hacemos más completos y encarnados. Y en este espacio sanamos el subconsciente y alcanzamos una vida más saludable. No creo que toda situación desencadenante sea sólo alguna parte de ti que no ha sanado. En realidad, pienso que a veces no te gusta una tipa porque tu intuición te está diciendo que hay algo peligroso que no refleja quien eres tú. No creo que tengamos que escapar de nuestro ego porque el ego tiene funciones saludables que nos protegen. Debemos abrazar cada resquicio y emoción, debemos llorar, y protestar, y pataletear —para regresar a casa, a tu alma completa y verdadera—, y reclamar todas las partes de tu alma y tu «yo».

Enseño desde la hermandad; como una hermana, como una amiga. Comparto mis opiniones y experiencias, y mis palabras expresan pasión porque vienen directo de mis entrañas, de mi yoni (de la vagina, el portal sagrado), de mis huesos, de mis raíces. Aun así, quiero que sepas que tu alma está en control. Si algo que yo digo no resuena en ti, explóralo y confía en que tú sabes lo que es para ti y lo que no es para ti. Nada es correcto ni incorrecto. Éste es un viaje de sanación y regreso a *tu* verdadero «yo» del alma, y eso es hermoso y único para ti.

En mi trabajo, me inspiro en las enseñanzas, las tradiciones y los enfoques siguientes:

- El chamanismo

- El tantra

- La terapia cognitiva conductual

- La terapia de Jung

- El enfoque terapéutico culturalmente sensible

- La terapia cognitiva basada en el *mindfulness*

- La terapia transpersonal

Este libro trata sobre cómo sanar patrones destructivos, el autosabotaje, las heridas del alma y la adquisición de un enfoque verdaderamente integrador a la sanación sostenible. Aunque no identifique cada uno de estos enfoques (u otros que uso en mi trabajo), debes saber que están todos presentes.

Como dije antes, no creo en soluciones rápidas. No creo que la vida se trate de cómo escapar de la vida. Creo que se trata de saber fluir y «aceptar la vida en los propios términos de la vida», como suelen decir en las reuniones de los programas de los doce pasos.

Sanar es jodidamente duro, pero creo que siempre, siempre vale la pena.

Digo todo esto para comunicar que la profundidad es importante y que los caminos del alma van más allá de las palabras; de manera que cuando comparta herramientas y técnicas, comprende por favor, que no hay un solo camino y que el trabajo del alma siempre requiere una trayectoria individual. Honro y atesoro la sanación de la psiquis y del alma, y me esfuerzo por no reducirla a una sencilla oposición entre «correcto» o «incorrecto», «temor» o «amor», «ego» o «alma». Este camino es el camino de todas las cosas y de todas las emociones. Es todo parte del camino de tu alma. Mientras más genuina y auténtica seas, más profunda será la sanación de las heridas del alma. Así que vamos a ser genuinas y auténticas, y vayamos a la médula. Tú puedes hacerlo, mi amor.

CÓMO FLUIR POR ESTE LIBRO

Este libro fue concebido como un compañero sagrado: el mapa de una Diosa para sanar heridas profundas del alma, para regresar al verdadero «yo», al «yo» del alma, a tu «yo» de Diosa divina. Tiene el propósito de compartir historias que te inspiren, que a veces te sirvan de advertencia y que siempre te guíen de vuelta a casa, a regresar a ti misma. A lo largo de cada capítulo, he incluido afirmaciones que tienen el propósito de calmarte y de darte un punto de apoyo donde tu mente y tu corazón pueden centrarse. También he compartido recursos de mi propia vida y otros que han servido de apoyo a la comunidad de Diosas a lo largo de los años. En este viaje necesitaremos muchas compañeras sagradas del alma que nos ayuden. No es algo que se hace sola.

Este libro tiene el propósito de ayudarte a sanar la raíz de tu dolor, el trauma, el autosabotaje y todos los patrones que te bloquean a *ti* de tu *«yo» verdadero.*

En cada capítulo también tendrás «trabajos del alma» que son, en esencia, tareas para tu alma. Son preguntas profundas diseñadas para ayudarte a conocer mejor tus heridas y tus deseos, una oportunidad para que llegues a la médula de tu psiquis y de tu alma, y descubras lo que hay ahí. Con este descubrimiento, podrás entender mejor cómo te sientes y cuáles son los elementos de autosabotaje que habitan ahí, y también hacer conexiones emocionales que serán sumamente claves en tu transformación. Cada trabajo del alma acompaña el capítulo que estás leyendo. De esta forma podrás integrar las lecciones de una manera práctica con resultados en tu vida real.

Como dijo Carl Jung: «Quien mira hacia afuera, duerme y quien mira hacia adentro, despierta». Llegó el momento de que mires adentro, de que explores el terreno más recóndito de tu psiquis y de tu alma. De que te fijes en la calidad de la tierra que hay en tu corazón y en tus órganos sexuales. De que veas dónde vive la sombra de la vergüenza y de que ames cada una de tus partes. Date permiso para ir a la profundidad y para ser genuina y auténtica. Siempre les recuerdo a mis clientas que ellas son las únicas que leen su trabajo del alma a menos que decidan compartirlo, así que bríndate el regalo de la honestidad. En Alcohólicos Anónimos se dice que sólo a través de la honestidad rigurosa podemos salvarnos. Y no podría estar más de acuerdo.

A lo largo de este camino, tendrás momentos de descubrimiento y momentos de preguntas y de purgas emocionales. Tendrás nuevos deseos que nacerán después de la purga. Y una de las mejores maneras que he descubierto para ayudarte en el camino es que escribas con pluma y papel. Te recomiendo que consigas un diario sagrado que dedicarás a este proceso. Conviértelo en un ritual. Mientras más corazón, alma e intención pongas en este proceso, más profunda será la sanación. Así que vamos a darlo todo en este viaje de regreso a casa, al «yo», al alma, a nuestro «yo» de Diosa divina. Date la oportunidad de conocerte y de levantarte para que puedas tener la vida que te mereces basada en tu maravilloso «yo», auténtico y completo.

Tú te lo mereces, mamita. La intención es tratar la experiencia de este libro como si fuera un retiro espiritual. En esencia, es un retiro en un libro: un proceso, un desarrollo, un aprender y un desaprender. Es una peregrinación sagrada.

RECURSOS CLAVE

A lo largo del libro, encontrarás una gran cantidad de recursos que podrás explorar, pero quiero comenzar por compartir algunos para que te sientas apoyada en este viaje.

La meditación es una parte clave de este proceso en el que necesitamos ser sostenidas y alimentadas y poder conectarnos con las dimensiones más elevadas del apoyo espiritual. Se ha probado científicamente que la meditación ayuda a reducir la ansiedad y la depresión, y que también es una magnífica técnica para lidiar con la presión que puedes añadir a tu caja de herramientas de sanación. Recomiendo mucho escuchar meditaciones guiadas siempre que quieras sentirte dirigida, que quieras que se te recuerde la paz, sentirte centrada, con los pies firmemente en la tierra y en una burbuja de confort. Tengo mis meditaciones guiadas disponibles en Simple Habit (https://simplehabit.com); sencillamente busca mi nombre, «Christine Gutierrez» y tendrás acceso a ellas. Ahí también hay una gran cantidad de otras guías de meditación que puedes explorar.

También te insto a que busques apoyo de un terapeuta entrenado y con licencia a lo largo de este proceso si fuera necesario y especialmente si tienes un trauma. No hay nada más poderoso que hacer este trabajo con alguien que pueda ayudarte a procesar las emociones que surjan. Puedes hacer arreglos para hacer terapia en persona o en línea. Un recurso maravilloso para encontrar un terapeuta en tu área es psychologytoday.com. Una búsqueda rápida en Google poniendo «terapeuta licenciado» junto al nombre de tu país y estado podrán servir para encontrar a alguien. Para quienes están muy ocupadas o prefieren la teleterapia, recomiendo mucho BetterHelp y Talkspace para encontrar terapeutas cualificados y licenciados. Y desde luego, si en algún momento tienes sentimientos suicidas o estás con deseos de hacerte daño o hacerle daño a otra persona, llama al 911 o a la National Suicide Prevention Lifeline (1-800-273-8255) o las líneas para atender esto en tu país. Siempre es mejor estar armada con una maleta de herramientas y recursos que no saber. Siempre es mejor tener un plan preventivo que esperar a que la depresión nos ataque para comenzar a buscar ayuda. El número de la National Suicide Prevention Lifeline es gratis y confidencial, y el servicio está disponible veinticuatro horas al día, siete días a la semana incluidos los días feriados. Estoy muy agradecida por todos estos recursos que han salvado mi vida y la de muchas otras personas en todo el mundo. Por último, recomiendo mucho unirse a la Diosa Tribe. Es un lugar donde puedes conectar con Diosas de todo el mundo que hacen este trabajo y que están siguiendo el camino de este libro contigo. La tribu de Diosas es una comunidad global de mujeres con el mismo corazón que se unen para sanar, para compartir, para crecer, para levantarse y para liderar. Es un espacio sagrado para bañarse en la medicina de otras mujeres feroces. La vida se pone caótica y complicada. Ya es difícil ser humano en este mundo tan ocupado, pero ser mujer (y aún más ser una mujer latina o una mujer de color) y una mujer consciente, es mucho. No es fácil, pero vale la pena invertir en nuestra sanación. El mundo espera la verdad única que tenemos que ofrecer. Pero necesitamos el espacio para sentirnos amadas cuando no podemos amarnos nosotras. Un lugar para inspirarnos y compartir nuestros días difíciles y nuestros sueños más grandes. Esto es tu espacio para que te amen y te apoyen. Puedes averiguar más sobre este grupo poderoso y transformacional de Diosas en mi portal web: christinog.tv. Se necesita todo un pueblo; vamos a construirlo juntas, Diosas.

Trabajo del alma

Vamos a explorar lo que llamo las «intenciones del alma»; lo que será, en esencia, la estrella Polar de este viaje. Estas intenciones luego podrían cambiar o no, pero son un punto de partida para las metas que quieres alcanzar cuando termines este proceso. En tu diario, escribe tus respuestas a las siguientes preguntas:

1. Cuéntame sobre ti...

2. Cuéntame un poco sobre tu niñez, sobre tu vida en general y sobre los recuerdos principales que crees que han afectado el lugar donde te encuentras hoy...

3. ¿Qué te dicen tus vísceras sobre dónde te encuentras en tu vida en estos momentos?

4. ¿Qué no funciona ya en tu vida?

5. ¿Qué te trae aquí hoy, a este libro y a este viaje de sanación?

6. ¿Cuáles son los tres bloqueos y retos por los que estás atravesando que te tienen cansada y con deseos de cambiar?

7. ¿Qué tres intenciones del alma o metas del alma tienes para este viaje?

He aquí algunos ejemplos de intenciones del alma de algunas de mis clientas:

- Quiero volver a sentirme como yo misma y a confiar en mi instinto.

- Quiero amarme de verdad y llegar a conocerme en profundidad; a conocer a la verdadera «yo» nuevamente.

- Quiero conectarme con mi alma y espiritualidad y sentirme guiada nuevamente.

- Quiero sanar la raíz de mis relaciones tóxicas.

- Quiero aprender a ser dueña de mi voz y a sentirme empoderada para decir mis verdades y establecer límites cuando sea necesario.

- Quiero crear nuevas estrategias saludables de afrontamiento.

- Deseo sentir confianza en mí misma y sentirme autovalorada.

- Deseo sanar el trauma de mi infancia y los patrones que se derivaron de él.

- Deseo abandonar todas las relaciones tóxicas de mi vida y sentirme merecedora de relaciones saludables.

¡Qué regalo tan grande es hacer este trabajo! Recuerda, Diosa, que este es el viaje de tu alma; y el viaje de sanación es individual para cada alma. Lleva contigo las cualidades de la gentileza y la compasión, pues son claves en tu proceso. Apláudete por estar aquí y por leer este libro. Porque sanar de una manera profunda como esta no es para los débiles de corazón. Y tú, querida, tienes un corazón ardiente, ya has dado un paso gigante al estar aquí. Los capítulos se irán construyendo uno sobre el otro y te apoyarán en el viaje de tu alma de regreso a casa de tu alma, tu «yo» y tu divinidad de Diosa. En el siguiente capítulo, exploraremos cómo nos hemos desconectado de nuestra alma y cómo reconectarnos. Pues es aquí, en el mundo entre los mundos, que se dan las claves.

Una mujer que está conectada con su alma
no sólo se sana ella, sino al planeta.

La oscuridad: exploración del trauma y de la herida original

CAPÍTULO 1

EL REGRESO AL ALMA

¿Hija mía, adónde has ido? Anhelo tu presencia. Soy yo, tu alma.
¿Dónde estás? ¿Estás en ti, en tu casa? ¿O te has perdido? Estoy
aquí, esperándote, llamándote. Me sientes, pero no me haces caso.
Soy el viento que acaricia tus oídos, el retumbar de tus entrañas.
Estoy aquí guiándote a casa, la casa más allá de este mundo —la
eterna   , el hogar del alma. Nunca te abandonaré. Regresa a mí.

—*Tu alma*

Vamos por la vida buscando la manera de regresar a casa, al «yo»,
al alma y a la divinidad de Diosa. Lo sepamos o no, estamos
buscando reconectar con ese lugar. Es un instinto que llevamos
dentro desde el momento en que nacemos a este mundo físico.
Lo concibo como el vínculo entre el mundo espiritual y el mundo físico. Este conocimiento interior de que hay una especie de
hogar del alma interno que es el lugar donde verdaderamente
pertenecemos y cobramos vida.

Con frecuencia buscamos en lugares llenos de rosas espino-
sas y en pantanos de almas perdidas. Eso no está equivocado ni
mal, pues nada en el camino del alma tiene que ver con lo que

está bien o mal, sino con explorar lo que es verdadero y honesto para ti como alma individual sobre esta tierra. Con frecuencia debemos viajar lejos para encontrarnos, tanto desde un punto de vista práctico como espiritual. No sé si podemos escapar la iniciación de partir lejos para luego regresar a casa a nosotras mismas.

El regreso al alma puede verse como un proceso de tres fases arquetípicas. Esto no quiere decir que no haya muchas otras fases, sino que queremos resaltar los viajes arquetípicos que son similares en términos generales, aunque pueden variar mucho de un alma a otra.

Fase uno: El alejamiento del alma
Fase dos: La iniciación
Fase tres: El regreso al alma

Las fases de este proceso difieren en contenido, pero la forma —con frecuencia— es la misma. Son, de muchas maneras, como los huesos del cuerpo. El esqueleto representa lo que es igual en todas nosotras, pero todas nos vemos distintas: nuestro tamaño, color de piel, cabello. Estas fases arquetípicas son antiguas y constantes a lo largo del tiempo. Narran una historia. Nos permiten acceder a una especie de mapa del alma de manera que podamos regresar a casa, a nuestro «yo» verdadero y a nuestro «yo» del alma.

En este libro accederemos a la sanación en tres fases y a la iniciación de regreso a casa a nuestra alma. Me recuerda el proceso del que habla Joseph Campbell en su libro de 1949, *The Hero with a Thousand Faces* (*El héroe de las mil caras*). Campbell se refiere al viaje del héroe y a las muchas fases y pruebas que debemos sufrir a fin de regresar y transformarnos de lo viejo a lo nuevo.

Así es que trabaja la energía de la Diosa, Shakti, la energía primigenia femenina dentro de nosotros. Ella es el esqueleto, la historia arquetípica que puede encontrarse a lo largo de las eras. La manera en que ella escoge trabajar con nosotras puede ser distinta, pero hay ciertos principios centrales a los que podemos referirnos y comprender que siguen siendo iguales. La Diosa es antigua. El salvaje llamado femenino a retornar a su alma siempre ha estado y siempre estará. Ella es la creadora, Ella es la tejedora mágica.

LA PARTIDA A TRAVÉS DEL REGRESO

La partida es cuando dejamos la realidad que conocemos para adentrarnos en un territorio nuevo y desconocido. Hay una especie de llamada del alma. La «Llamada del Alma» a despertar y cambiar puede asumir la forma de una voz antigua e íntima, o de una relación traumática, o de traumas pasados, de una enfermedad, de un accidente, de perder a alguien a quien se ama, de un momento en la naturaleza cuando nos sentimos conmovidos más allá de este ámbito, o a través del sexo. La energía de la Diosa se hará presente y se dará a conocer.

La energía con la que trabajo mayormente es con Kundalini Shakti: Shakti es la energía femenina primordial del universo. Igual que el universo mismo, mágico y misterioso, así es la energía de Shakti. Ella es la gran maestra y el misterio salvaje. Siempre me maravilla su medicina y su magia. Y cuando ella nos llama, nos llama a lo desconocido, al vientre oscuro donde todo es posible: el vientre cósmico. Y es aquí donde podemos desaprender y aprender quiénes somos en realidad, quién es nuestro «yo» del alma. Resulta clave tener fe y ser pacientes, pues estamos dejando todo lo que conocemos. Esta iniciación requiere una entrega.

Campbell llamó a esta etapa del viaje «el camino de las pruebas», porque es un viaje desafiante de transformaciones y alquimia. Esta es la parte rigurosa del trabajo del alma: la parte del camino en la que debemos afrontar nuestra propia sombra, lo desconocido, el elemento misterioso, las partes heridas, no amadas, no bienvenidas y rotas de nosotras mismas. También nos enfrentamos a quienes guardan los portones. A quienes nos retan. Enfrentamos tareas espirituales y misiones que se nos presentan. Debemos enfrentarnos a quienes nos engañan durante el viaje para ayudarnos a completar nuestra misión espiritual. Esta misión tiene el propósito de que ganemos, pero debemos acercarnos a ella con sabiduría, despiertas y deseosas, porque algunas de las tareas son desafiantes. No todo el mundo lo logra. Pero si eres radicalmente honesta y estás dispuesta y comprometida, lo lograrás.

Con la partida, debemos crecer de maneras incómodas pero necesarias: debemos separarnos en piezas como un rompecabezas para armarnos de nuevo con el alma como pegamento. La muerte y el renacimiento que sucede en nuestro interior se hace manifiesto en el mundo externo también. Comienza dentro de nosotras y se hace permanente cuando hacemos el trabajo del alma necesario. El fuego alquímico se enfrenta a los condicionamientos de nuestra infancia, de la sociedad, de las identidades que hemos adquirido, de los mecanismos de defensa y de todas las maneras en que nos presentamos al mundo. Y entonces la magia del fuego de la alquimia y la transformación quema lo que ya no es necesario. Al crecer, al romper para abrir, encontramos las gemas preciosas que son únicas de cada alma: gemas de esperanza, de crecimiento, de consciencia, de individualización, de confianza en nosotras mismas y de voz del alma, de confianza en Shakti Ma, lo Divino Femenino, la Diosa y un corazón que se ha abierto y que emana amor como nunca. Una vida como jamás habíamos soñado surge de las cenizas del fuego. Kundalini Ma, Mamá Diosa, ofrece todo lo necesario para apoyarnos. Como dice Amma, mi maestra de tantra: «La madre siempre provee. No debes preocuparte. Ocúpate de hacer el trabajo y de presentarte, y ella proveerá la dulzura y el néctar».

Nuestra iniciación se completa cuando regresamos a *casa*, literal o simbólicamente, y llegamos a nuestra nueva vida. Llamo a esto «regresar al alma». Al «hogar del alma». Regresar a la casa de nuestra alma y a nuestro verdadero «yo». Aquí, regresamos transformadas con nuevas enseñanzas y nuevos entendimientos. Aquí, hemos mudado la vieja piel —así como lo hace una serpiente— y hemos regresado en la piel del alma.

Me acuerdo de mi viaje de regreso a casa, a mí misma, después de caer de rodillas y de entender que tenía que cambiar mi relación con el alcohol. Tenía que emprender un viaje, obtener ayuda —tanto espiritual como humana— y finalmente regresar a casa, a mí misma, sobria, feliz, alegre, dichosa y libre. Me deshice de la vergüenza y de la oscuridad. Me había caído de rodillas y había dicho: «Mi vida es un caos». No estaba segura de si era alcohólica, pero sabía que tenía problemas cada vez que bebía y estaba dispuesta a cambiar. A través de mi viaje, me sané y me rehíce. A lo largo del camino, aprendí y apliqué lecciones. El cambio se notó. Esta iniciación me permitió quitarme los lentes del dolor y salir de los callejones sin salida. Y en su lugar ponerme los lentes del amor, y ver y sentir esperanza. Mi vieja vida se transformó y se hizo nueva. Estaba todo ahí, y todas las partes del camino fueron necesarias para traerme de vuelta a casa, a mí misma y a mi alma.

Luego ocurre la integración de las iniciaciones y su medicina. Se genera una integración del «yo» con el alma. De esta integración se produce un renacer.

El alma tiene una nueva piel y una vida nueva en el mundo. Es la integración de la luz y la oscuridad: la integración moviéndose en el mundo.

Te invito a que regreses a ti misma. A que abras puertas dentro de ti, pues ahí habita tu majestuoso templo interior. A que te sumerjas en las profundidades sabiendo que nunca estás sola, que estoy contigo y que te guardo un espacio especial junto a las otras Diosas y almas que están en este camino. Te invito a examinar esas sombras y lugares que pueden haber sido muy difíciles de visitar, hasta ahora.

Si en algún punto algo se te hace muy pesado, haz una pausa y recuerda que una ayuda independiente, como por ejemplo la terapia, puede ser una herramienta maravillosa que puedes integrar en este proceso. Este trabajo no tiene la intención de reemplazar la terapia. Y si lees un capítulo y éste te resulta emocionalmente angustioso, te insto a que te detengas, respires, te ancles, que te centres en el aquí y ahora, y que consideres que quizás sea mejor traer el tema en una sesión personal de manera que puedas recibir apoyo directo. Como terapeuta licenciada, recomiendo mucho integrar la terapia a tu vida. La terapia es un recurso valioso cuando se desentierran los huesos del pasado y se hace este trabajo sagrado de sanación. Tienes derecho a hacer tu viaje a tu propio ritmo, y quizás el tuyo sea lento. Escucha a tu corazón y a tus entrañas.

Este trabajo trata sobre el regreso a tu alma y a tu verdad. A menudo pasamos la vida buscando paz en los sitios equivocados, buscándonos a nosotras mismas en los sitios equivocados. Pero en última instancia buscamos cómo sentirnos más integradas, más completas y auténticas con nosotras mismas y con los demás; sólo que no sabemos dónde reside la verdadera fuente, así que la buscamos en todos los lugares donde no está.

Cuando vamos hacia dentro, podemos explorar y navegar; reconocer la verdad entre las falsedades que llevamos por dentro. Eso nos permitirá fijarnos en los patrones que hemos heredado de traumas y sufrimientos que realmente no son nuestros y que no debemos sobrellevar más. Y podremos ver cada una de las partes de nuestro «yo» que se han ido debido al trauma. Mi intención con este libro es que comiences a reclamar alguna de estas partes propias un día a la vez, pues una vez que recuperamos esas piezas perdidas del alma, nos volvemos más saludables, más completas y podemos ver mejor. Se descorren los velos. Comienzas a ser quién estabas destinada a ser.

Este proceso de regreso a casa, hacia ti misma y a tu alma, me recuerda algo que Yung Pueblo, mi hermano del alma, me dijo: «Las transformaciones serias comienzan con dos compromisos: el valor de probar cosas nuevas y actuar de nuevas maneras, y la honestidad necesaria para no escondernos más de nosotros mismos ni mentirnos más».

Este es tu momento para no mentir ni esconderte más, sino para mostrarte y sanar.

En *Yo soy Diosa* exploraremos las partes que has perdido —observarás esas partes que te han quitado, recuperarás las piezas de tu alma y reconectarás con la esencia femenina primitiva que llevas dentro tuyo— junto a Shakti, la energía de Diosa, que te ayudará a sanarte y guiarte. Serás guiada para que puedas desenredar esas partes de ti que están enredadas, con el objetivo de liberar la energía almacenada dentro de cada bloqueo. Al hacerlo, podrás aprender tanto sobre herramientas prácticas como sobre antiguas herramientas de sabiduría que puedes llevar contigo en este viaje que llamamos «vida». Este libro pretende ser práctico y real porque la vida es real. No tiene la intención de obviar espiritualmente nuestros problemas, ni la política mundial, ni las profundas complejidades de sanar los verdaderos traumas. Pero sí tiene la intención de decir que siempre tenemos derecho a sanar. Y esto quiere decir, no necesariamente escapando de la realidad de la vida, sino abrazando y comprendiendo las situaciones que nos han ocurrido y que suceden a nuestro alrededor para poder sanar desde la raíz.

EL COMIENZO DEL VIAJE

Demos un paso hacia lo desconocido, donde todo comienza... la iniciación.

Detente un momento.

Inhala. Colócate la mano izquierda sobre el corazón y la

derecha sobre el estómago. Si puedes, cierra los ojos o sencillamente desenfoca un poco la mirada. Siente tu cuerpo y siente
este momento. Inhala a través de la nariz y siente la fuerza vital
que entra a tu cuerpo, dejando que la respiración baile por tus
células y por cada recodo de tu piel y tus huesos. Cuenta 1-2-3.
Aguanta la respiración. Luego, exhala por la boca, haciendo
cualquier sonido que quiera salir de ti. Continúa haciendo esto,
inhalando, sintiéndote conectada a la fuente, a Shakti, que vive
en tu respiración. Aguanta la respiración. Cuenta 1-2-3. Exhala
a través de la boca. Cuenta 1-2-3-4-5, y deja que todo fluya a través tuyo. Con cada exhalación, trata de relajar el cuerpo. Relaja
la frente. Deja que la lengua descanse en la boca. Deja que los
hombros se alejen de las orejas. Deja que tu ser se rinda y regresa a casa, a ti misma.

Ahora haz una pausa y mira dónde estás. Tómate un momento para escanear tu cuerpo y fijarte en cómo te sientes. Pensamos
que siempre estamos en nosotras mismas, pero a veces no lo
estamos. A veces estamos lejos de nosotras, lejos de nuestros
cuerpos, lejos de nuestras emociones, lejos de nuestra alma.
Y cuando estamos lejos de nosotras no sabemos quiénes somos,
y si no sabemos quiénes somos, no podemos saber en quién nos
convertimos en el mundo, y a quién queremos junto con nosotras. Mientras más cerca regresemos a nuestro «yo» del alma,
más alineada con nuestra alma estará nuestra vida.

Y así, cuando respiramos con la intención de regresar a casa
a nosotras mismas, comenzamos a abrir la puerta.

Estoy tan agradecida de que estés aquí, Diosa. ¡Wow! He
soñado con este día. Durante noches de llanto, mientras enfu-
recida llamaba a ese cabrón nuevamente, había una voz interior

mía que sabía que más allá del caos existía paz. Esa voz interior
me decía:

1. Hay más en esta vida que esto.

2. Tú te mereces más.

3. Cuando sanes más profundamente, ayudarás a otros a sanar
   profundamente.

Era la voz de mi alma, llamándome.

Para ser honesta, todavía no lo puedo creer. Y a la vez, puedo creerlo, porque no paraba de hacer el trabajo y de buscar
ayuda. Pero la verdad es que, en el comienzo del camino, no
estaba segura de que este día llegaría. Comencé con fe, sabiendo
que cualquier cosa sería mejor que lo que estaba viviendo. Tenía
ansias de cambiar, pero a la vez me sentía aterrorizada. Verme
caer y volverme a levantar para volver a caer y repetir los mismos errores era desalentador, por decir poco.

Tenía la visión de que me sanaría, me empoderaría y sanaría
a otras, pero no lograba llegar a ese punto. Deseaba, más que
nada, sentirme bien y tomar decisiones amorosas para mí y
para otros, pero no era capaz de hacerlo en aquel momento.
Mi autoestima y los patrones que había heredado de lo que era
el amor estaban jodidos.

Pero lo logré, un día a la vez. Al comenzar este viaje juntas,
te invito a que hagas este trabajo un día a la vez. Y, a veces, un
instante a la vez.

Hay ciertos principios que debes recordar al emprender este
viaje, porque la forma en cómo nos acercamos al proceso es, a
veces, aún más importante que el proceso mismo.

1. Mantén la mente abierta.

2. Mantén el corazón abierto.

3. Ten compasión contigo misma.

4. Háblate a ti misma con amor.

5. Confía en que al otro lado del dolor habrá más paz, alegría y libertad.

Y si no puedes creer ninguna de estas cosas todavía, está bien. Deja que lo crea yo; y deja que innumerables otras mujeres que han resurgido de las cenizas sean tus raíces y tu apoyo. Piensa que tus antepasados y todas las mujeres que han hecho este viaje apuestan por ti.

Te apoyamos y sostenemos, Diosa.

Tenemos este espacio para reunirnos energéticamente y conectarnos en este viaje espiritual de vuelta al hogar del alma y del «yo». Esta es nuestra oportunidad de ser vulnerables y caóticas, y de compartir las cosas reales que viven dentro de nosotras, incluida la vergüenza que viene con ellas. Durante mucho tiempo ansié tener permiso para compartir de esta manera y escuchar a otras compartir también para saber que no estaba sola.

Así que antes de comenzar, quiero decir algunas cosas clave que me han afectado para que podamos conocernos, y quiero saber sobre ti también. Visita mi portal web christineg.tv para obtener más información sobre la comunidad Diosa.

Al conectarnos y reunirnos en hermandad, podemos arrojar luz sobre la oscuridad mientras adelantamos en este viaje juntas. Comencemos.

LA LLAMADA DEL ALMA

Todas hemos escuchado la llamada del alma (y si no la has escuchado, te prometo que lo harás si escuchas con atención). Esta llamada es profunda e interna. Es una sirena del alma, que te llama para que regreses a casa, a tu verdad, a tu valor interno, a tu paz, tu serenidad, tu alma, a tu divinidad.

A veces es un murmullo dentro de ti, un empujoncito delicado que sientes en un momento de inspiración.

Algunas de nosotras escuchamos una voz potente que nos dice «deja esta relación», «deja de beber», «renuncia a ese empleo» o «tiene que haber algo más».

Para algunas otras, se trata de una sensación en el cuerpo; un ruido sordo en medio de la noche cuando menos lo esperamos.

En ocasiones, tiene que hablar a través de otras porque estamos demasiado ajenas para ver o escuchar cualquier otra cosa que no sea nuestro propio sufrimiento. En este caso, puede tomar la forma de alguien que nos dice: «Oye, creo que tu alma trata de decirte algo».

Esta llamada del alma está ahí para salvarte; está ahí para guiarte. Es la brújula que te lleva a través de las partes oscuras y atemorizantes del bosque que están habitadas por personajes que buscan hacerte daño, que avisa cuando es necesario y te alienta a que te dirijas hacia lo que te hace bien... siempre.

La voz de tu alma es antigua, colocada dentro de ti por la divinidad misma. La voz del alma te empuja hacia el bien, hacia tu «yo» más verdadero.

La llamada del alma es lo que me salvó. Recordar que mi

alma estaba a cargo de mí, me salvó. La voz de la divinidad, que existía dentro de mí más allá de lo que era mi vida cotidiana y mis acciones, fue lo que me salvó.

Escuché la llamada muchas veces y no le hice caso. Quizás te sientas identificada. Yo la escuchaba y decía: «Ahora no, chica, estoy demasiado ocupada recibiendo una ración de amor de esta relación tóxica que no funciona para nada, pero que se siente mucho mejor que la soledad que siento cuando no la tengo. *Así que no*, ahora no. Déjame en paz».

Cuando la ignoras, esa voz interior se atenúa, pero queda ahí siempre.

A la larga, escuché la voz. No fue que la escuché una vez y todo cambió para bien. *No, señor*. Ya quisiera yo. La escuchaba, le prestaba atención por un tiempito y luego recaía. Regresaba a aquel maldito vendedor de drogas o al empleo al que me había prometido que no regresaría más. La voz me decía que saliera corriendo cuando me metía en una relación abusiva (otra vez), o que dejara de beber, o que examinara mis problemas de codependencia. Era un constante sube y baja.

De muchas maneras diversas, era la historia de mi vida: romper las promesas que me había hecho. Era incapaz de cuidarme y con frecuencia hacía justo lo contrario. Me colocaba en situaciones de muchísimo peligro, tanto emocional como físico, sencillamente porque no me amaba. Pensaba que sí, pero en realidad no. Mi dolor y mi oscuridad internos andaban buscando la oscuridad eterna. En el exterior, tenía muchas cosas a mi favor de manera que era difícil percibir cuánto sufría. Durante un tiempo las cosas estarían bien y luego todo se iría al carajo, pero entonces me olvidaría de lo mal que había estado y volvería a hacer las mismas estupideces de nuevo. Me había hecho una experta en engañarme. Me había hecho una experta en vivir una doble vida. A veces es más fácil cuando todo se ha ido a la mierda porque es más difícil mentirle al «yo». Pero para mí, mi doble vida me tenía escondida tras la fachada, el frente —que algunas cosas estaban bien— pero en realidad estaba destruyéndome, deshaciéndome, muriendo espiritualmente. Éste es el peligro de la pena emocional: se puede esconder hasta que ya no puede esconderse más. A la larga, fue demasiado. O habría de vivir en un caos por el resto de mi vida o finalmente me admitiría que tenía un problema y que quería algo más. Me atemorizaba quedarme sola. Me atemorizaba hacer el trabajo. Pero no podía continuar como iba. Pensé que iba a morir —literal o espiritualmente— pero, de cualquier modo, la muerte me acechaba. Sentía el olor de los cadáveres y las aves de rapiña que volaban sobre mí. Era irresponsable con mi vida y colocarme en situaciones peligrosas me estaba agotando. La fachada de la doble vida comenzó a desmoronarse. El caos y el dolor estaban comenzando a sangrar por todas partes. Estaba exhausta y en realidad fue mi agotamiento lo que me salvó. Estaba tan cansada de mentir, tan cansada de mantener un frente; tan cansada de esconderme. Ya no tenía más energía. No tener energía y estar a punto de volverme loca fue en realidad algo positivo porque me obligó a ser honesta conmigo misma: no estaba bien y necesitaba ayuda.

Con frecuencia, la fachada nos mantiene bloqueadas. Nos mantiene entretenidas con el esquema de las cosas en lugar de mirar el contenido. Esta vida centrada en el alma se trata sobre el contenido del cuadro, no sobre el cuadro. No se trata de proyectar la perfección o de mentir para encajar en un molde. Se trata de ser real, aun cuando eso signifique que las cosas tienen que ponerse caóticas primero.

Recuerda que el ego te hará pensar que cuando eres honesta sobre cuán jodidas están las cosas o cuán poco saludables se han vuelto, eso significa que estás dando un paso atrás. Intentará que te agarres a la comodidad del «fingir», de «mantener la calma», de mantener la ilusión de que «estoy bien», pero cuando estás haciendo cambios del alma, las cosas se pueden poner más difíci los antes de que se pongan más fáciles.

Digamos que tienes un hermoso apartamento que compartes con una pareja tóxica. Escuchas a tu alma que te dice: «Es hora de irse». Sabes que, financieramente, tendrás que regresar a casa de tus padres durante un tiempo hasta que puedas sostenerte sobre tus propios pies. Tu crítico interno puede decirte: «Mírate, a tu edad, que patética eres... mudarte de nuevo con tus padres. Estás dando un paso hacia atrás». Antes, la forma era más bonita, pero el contenido estaba podrido: tu alma estaba podrida, el amor estaba podrido, el contenido estaba vacío. En este caso, te vas y la forma puede parecer menos compuesta —menos grande, menos atractiva—, pero tu alma está alineada. Vivir en casa de tus padres está lleno de alma y por ende el contenido está lleno de sanación.

Comprende que el camino del alma siempre se relaciona con la verdad tras la forma. El alma tiene que ver con el contenido. Enfócate en lo que está alineado con el alma y serás guiada.

Poco a poco, las cosas comenzaron a tomar forma. Siempre que escuchaba la voz de mi alma, mi vida mejoraba y la voz se hacía más fuerte y poderosa. En el exterior, las cosas se pusieron complicadas. Estaba soltera, estaba más emotiva, ya no estaba manteniendo la calma. Pero el contenido de mi vida estaba cambiando, ya no era una mentira. La verdad se había convertido en mi nueva prioridad. Poco a poco, se hizo más fácil darme cuenta cuando estaba alineada con mi alma y con mi verdad, y cuando estaba atascada en un patrón, una historia o una situación que me hacía daño. Podía observar la situación y escapar de ella.

La llamada del alma es como una sirena que nos guía de vuelta a nosotras. Y al guiarnos de vuelta a casa, a nosotras y a nuestras almas, sanamos hasta los huesos. Eso harás al leer este libro.

Durante este viaje hay que ser real y vulnerable; y acceder a partes de nuestra psique y de nuestra alma. Se trata de explorar nuestra vida y ver las partes fragmentadas o heridas para repararlas.

No es fácil, pero más difícil es vivir una vida que no está alineada con el alma.

Si estás aquí es porque alguna parte tuya desea la sanación que es posible para ti. Es caótico y difícil entrar a esos lugares que con frecuencia queremos olvidar, pero siempre vale la pena. Hay tremendos milagros y transformaciones sanadoras más allá de la herida que requiere atención.

Estas heridas emocionales no son distintas a las heridas que tenemos en nuestro cuerpo físico. Si nos hacemos una herida en la piel, debemos limpiarla y permitir que sane. Algunas heridas son más profundas que otras, pero hay que limpiarlas y atenderlas todas.

Se abren puertas cuando atiendes tus heridas.
Tu herida es una puerta.
Tu trauma es una puerta.
Tu adicción es una puerta.
Esa relación tóxica es una puerta.
Tu temor es una puerta.
Tu secreto es una puerta.
Tu ansiedad es una puerta.
Tus deseos son una puerta.

Estas puertas conducen a la sanación, a nuevos comienzos, a un conocimiento más profundo del alma y del ser; y, por ende, de los demás y de la vida misma.

Nuestras heridas emocionales con frecuencia se mantienen ocultas porque no las podemos ver con nuestros ojos físicos; sin embargo, se manifiestan de forma destructiva. Se pueden manifestar como un cerrarse emocionalmente, de adormecimiento, de nervios de punta, de estar perdida. Puede manifestarse como comer en exceso, gastar en exceso, beber en exceso, usar drogas en exceso, tener sexo en exceso. Puede verse en relaciones que destruyen el alma y el «yo».

Así que te invito a hacer este viaje. En este viaje decimos: «¡Basta ya! Estoy lista para mirar mis heridas y hacer el trabajo para acceder a la sanación».

Este libro se creó con la intención de empoderarte y de recordarte quién eres tú: la verdadera tú. Este libro es una oportunidad de reconectarte con tu verdadera alma y tu divinidad. Te guiará a un sentido profundo e inquebrantable de amor propio.

Recuerda, sin embargo, que no se trata de una carrera. Este proceso de sanación es para toda la vida. Sé gentil contigo misma en tu viaje hacia tu mundo interior, luego al mundo exterior y cuando vuelvas otra vez al mundo interior.

Reconectar con tu alma y con tu «yo» primitivo es tu derecho; te lo mereces. Tu alma está dentro de ti y alrededor tuyo. La sanación ha comenzado. El recuerdo comenzó. Se abren las puertas.

Al comenzar este libro, escucha la canción «Shedding Skins» de Fia. Puedes encontrarla en mi lista de Spotify, pero si no tienes acceso a la Internet, abajo se encuentran la letra de la canción. Canta esa letra con cualquier melodía que recuerdes.

«SHEDDING SKINS» BY FIA

I am open I am free
And my life is breathing me
As I surrender to the will of the Divine
No more stories of the past
I am shedding skins at last
And I realize I'm already in Heaven
The moment I stop running from the demons in my head
And instead I choose to love them
When saying yes to life both shadow and light
My suffering is done and I come alive
I am born and I will die
By each breath, a final sigh
It doesn't matter where I go, I cannot hide
But when I find my sense of peace

I can walk through Hell with ease
I might fall a thousand times but I shall rise
And the moment I stop running from the demons in my head
And instead I choose to love them
When saying yes to life both shadow and light
My suffering is done and I come alive
I want to feel it all
I wear my heart on my sleeve, saying
Here I am, can you see me?
Oh, I am beautiful and fucked up, in the most glorious way
When standing in my truth, who cares what people say
'Cause the moment we stop running from the demons in our heads
And instead we choose to love them
When saying yes to life both shadow and light
Oh, our suffering is done and we come alive
Oh, the moment we stop running from the demons in our heads
And instead we choose to love them
When saying yes to life both shadow and light
Oh, our suffering is done and we come alive
Oh, the moment we stop running from the demons in our heads
And instead we choose to love them
Oh, when saying yes to life both shadow and light
Oh, our suffering is done and we come alive

«MUDANDO LA PIEL» POR FIA

Soy franca, soy libre
Y mi vida es respirarme
Entregándome a la voluntad de la Divinidad

No más historias del pasado

Mudo la piel, al fin y al cabo,

Y reconozco que estoy en el Cielo

Cuando dejo de huir de los demonios de mi mente

Y en cambio decido amarlos

Cuando digo sí a la sombra y luz de mi vida

Revivo y mi sufrimiento termina

Nací y moriré

Con cada aliento, suspiraré

No importa donde vaya, no me puedo esconder

Pero cuando encuentre mi paz

Caminaré por el infierno con facilidad

Podré caerme mil veces, pero me levantaré

Y cuando dejo de huir de los demonios de mi mente

Y en cambio decido amarlos

Cuando digo sí a la sombra y luz de mi vida

Revivo y mi sufrimiento termina

Quiero sentirlo todo

Con el corazón en la mano, digo

Estoy aquí, ¿me ves?

Y soy hermosa y gloriosamente maltrecha

Cuando estoy firme en mi verdad, qué importa lo que la gente sugiera

Porque cuando dejamos de huir de los demonios de la mente

Y en cambio decidimos amarlos

Cuando decimos sí a la sombra y luz de la vida

Revivimos y nuestro sufrimiento termina

Cuando dejamos de huir de los demonios de la mente

Y en cambio decidimos amarlos

Cuando decimos sí a la sombra y luz de la vida

Revivimos y nuestro sufrimiento termina

Cuando dejamos de huir de los demonios de la mente
Y en cambio decidimos amarlos
Cuando decimos sí a la sombra y luz de la vida
Revivimos y nuestro sufrimiento termina

Se ha dicho que el que canta, ora tres veces. Cantemos por nosotras hoy. La Biblia dice: «En el principio fue el verbo». Para mí esto significa que las palabras son poderosas; pueden traernos la energía de la vida o la muerte. Al cantar canciones de amor y hablar palabras del alma traemos vida a nuestro ser. Sanamos nuestras heridas. Me considero una arqueóloga espiritual, que te ayuda a desenterrar los huesos del pasado y a descubrir qué vive en los reinos ocultos del subconsciente y dentro de ti. Al descubrir qué vive ahí, accedemos a la medicina que hemos estado esperando. Vamos a escarbar.

¿Cuáles son los bloqueos que aparecen en tu vida en este momento? ¿Dónde te sientes perdida, herida, confundida?

Te insto a que hagas una lista de estos bloqueos. Luego, prepara una lista de los deseos que viven más allá de estos bloqueos. Vamos a escoger tres. Me encanta el número tres; tiene algo mágico.

Por ejemplo: Siento que me perdí a mí misma en mi última relación. Me aniquiló. Era tóxica y ya no sé quién soy.

La intención al otro lado de eso sería, quizás: Aspiro a la plenitud y a amarme y respetarme por completo.

Otro ejemplo podría ser: Me siento atrapada porque mi autoestima es muy baja.

La intención al otro lado de ese bloqueo podría ser: Tengo confianza en mí y permito que me vean, me amen y me respeten.

Ahora te toca a ti: ¿qué deseos e intenciones viven más allá?

Estas intenciones del alma pueden cambiar, pero aquí tienes un punto de partida que te permite saber hacia dónde vas en este viaje de sanación del alma. Es como una brújula que comienza a señalarte hacia la sanación y la reclamación de las partes que has perdido. Es la sabiduría de tu alma que te guía.

Este interrogatorio es una especie de meditación: ir hacia el interior y explorar las partes rotas, fracturadas, cicatrizadas y dolientes. Podemos cultivarnos como un jardín, observando las partes que están por morir, y de esa muerte nace una nueva vida. Pues somos parte de la naturaleza, y al permitir que los ciclos retornen a su estado natural, se regresa al ritmo del fluir.

Trabajo del alma

Establezcamos un punto de partida al comienzo del viaje. En tu diario, escribe las respuestas a las siguientes preguntas:

1. ¿Cuáles son los tres bloqueos más importantes que experimentas ahora mismo?

2. ¿Cuáles son los deseos e intenciones que están al otro lado?

3. ¿Para alcanzar esos deseos, qué dentro de ti debe morir para que nazca algo nuevo?

4. ¿Qué dentro de ti tienes que abandonar?

5. ¿Qué dentro de ti duele y necesita amor?

6. ¿Dónde hay estancamiento que requiere un baño de nueva vida?

Mantra

Escucho la voz del alma que me llama de vuelta a casa.

Ceremonia

Cómo crear un «Altar de Alma de Diosa»

Un altar es un lugar especial donde colocar tus tótems y objetos espirituales. Es un lugar de reverencia, un lugar para hacer un alto, rezar y conectar con el espíritu. Será un centro espiritual de tu hogar. Un lugar para enfocarte, centrarte y conectar. Es muy recomendable que en este viaje comiences por añadir este elemento a tu hogar. Hasta puedes tener un altar portátil de manera que puedas viajar y encontrar un momento para conectarte con tu centro espiritual aun cuando estés lejos de tu hogar físico. El altar, en esencia, es tu hogar espiritual.

El altar ha sido una parte central de mi práctica espiritual y de mis rituales. Es donde comienza y terminan mis días. Puedes ser tan creativa como quieras con tu «Altar de Alma de Diosa». Esto depende absolutamente de cada persona y debe ser un lugar que te ilumine y haga sentir más calmada cuando estás en él. Algunas claves al crear tu altar son las siguientes:

1. Encuentra un lugar especial en tu hogar. Debe ser un lugar limpio y sagrado para ti. Debes colocarlo donde sientas que podrás conectarte con él fácilmente. Algunos de mis lugares favoritos para mi altar son mi dormitorio y mi sala. Coloca tu altar elevado del piso; por lo general, uso una parte de mi tocador.

2. Debes tener un tema o intención para tu altar, que puedes cambiar dependiendo de tus necesidades, deseos, fases de la luna o momentos específicos de tu vida. Recomiendo refrescar la energía constantemente sintonizando tus necesidades con tu altar del alma. Un tema para este viaje podría ser la sanación de heridas esenciales del alma, la conexión con la voz del alma y elevar el amor propio. Éste puede ser tu «Altar de Alma de Diosa» que dedicas al viaje de sanación.

3. Busca objetos sagrados que sean especiales y significativos para ti. Me encanta esta parte del proceso de creación. La creatividad sana. Busca flores u hojas cuando salgas a caminar. Compra tu incienso favorito (con atención a usar hierbas que no estén en peligro de extinción) y coloca un envase con agua, quizás agua bendita de tu botánica local, o bendícela tú rezando sobre el agua y diciendo algo tan sencillo como: «Bendigo esta agua en el nombre de la divinidad. Que sirva para sanarme y aclararme, y conectarme con el destino más elevado de mi alma. Y que así sea». Otra idea es colocar fotos de miembros de la familia vivos o que han fallecido que son importantes para ti. También puedes colocar fotos de seres espirituales que significan algo para ti. Por ejemplo: Jesús, María, María Magdalena, arcángel Miguel, santa Clara. Esto trae su apoyo divino al plano terrenal. Además, puedes colocar cristales, conchas marinas, palabras poderosas enmarcadas, libros, poesías, plumas, velas y otras cosas por el estilo. Se trata de tu campo de juegos creativo, así que déjate guiar en la creación de este altar de alma de Diosa para tu sagrado viaje espiritual.

¡Buen trabajo! De diversas maneras eres una arqueóloga espiritual que desentierra los huesos de tu pasado y descubre historias de tu vida. Al hacer esto, navegamos nuestros paisajes interiores. A continuación, iremos a la raíz. Explorarás los esquemas que copiaste en la infancia para que conozcas los mensajes que te sirvieron de modelo y que ya no funcionan. En este proceso, te voy a guiar para que descubras cómo estos mensajes afectaron tu psiquis, tu alma y la manera de relacionarte contigo misma y con otros. Cuando veas los guiones que aprendiste, aprenderás a desaprenderlos y cambiarlos. Mantente abierta a tu proceso, pues a pesar de que con frecuencia es agotador, hay medicinas para cada paso del viaje.

Recuerda regresar a tu alma cuando te extravíes.
Tu alma te muestra el camino.
#yosoydiosa

CAPÍTULO 2

IR A LA RAÍZ

La herida es el lugar por donde te entra la luz.

—*Rumi*

En los siguientes capítulos exploraremos la raíz de todo. Vamos a explorar tus heridas esenciales. Vamos a explorar los esquemas que integraste como resultado de estas experiencias de heridas del alma, pues al atar cabos, comenzaremos a ver patrones. Como humanos, todos tenemos patrones: algunos saludables y otros que no son saludables, que ya no nos sirven. Los patrones saludables pueden permanecer, pero los patrones que te hacen daño deben sanarse y reprogramarse. Queremos patrones que permitan el crecimiento, la alineación con el ser y una vida que conduzca a la libertad, la alegría, la conexión con la parte femenina saludable, primitiva y salvaje, como también patrones que te den paz.

La verdad es que nuestros patrones se arraigan y, cuando se arraigan, debemos aprender a reprogramarlos. Hemos nacido en un mundo donde existe el sufrimiento. Muchas veces aprendemos estos patrones en nuestra familia de origen. Aprendemos a afrontarlos de maneras que en realidad no ayudan, pero que quizás eran necesarias debido al ambiente familiar en el que crecimos. Esto puede conducir a comportamientos maladaptativos, que son comportamientos que no ayudan y que no te dejan ajustarte de manera saludable a las situaciones y a tu ambiente. Algunos ejemplos de conducta maladaptativa son:

- abuso de sustancias

- comportamiento en busca de atención

- adicción al sexo

- adicción al amor

- exabruptos agresivos

- adicción al trabajo

- adicción a la Internet

Estos patrones por lo general se originan en una herida que está pidiendo sanación, pero que ha sido cubierta, evadida, rehuida o anestesiada. Aquí decimos: Basta. «No continuaré más evadiendo lo que tiene que ser visto y sanado».

A medida que vas haciendo este trabajo recuerda que no estás sola. Estoy aquí contigo, sosteniendo tu corazón y apoyándote en este viaje de vuelta a amarte a ti misma. Lo que sé con certeza es esto: debes llegar a la raíz oscura, caótica, en carne viva del dolor a fin de transformarlo y sanarlo. Como terapeuta y como mujer que ha resurgido de las cenizas, sé que no es fácil hablar de estas cosas. Es difícil enfrentar las partes que nos duelen. Sin embargo, es precisamente en estos lugares donde debemos mirar. ¿Por qué? Porque cuando no miramos estas heridas esenciales, ellas son las que mandan. La herida entonces se convierte en la conductora de tu vida. Eso no puede ser bueno, ¿no es cierto?

Imagina una herida literal, una costra sangrante que conduce un auto. ¡Una herida ni siquiera tiene ojos! Definitivamente no es una buena idea. Tu herida no te conducirá a tu destino de forma segura, pero tus ojos sí. Al sanar, descorremos el velo de la ilusión que teníamos ante los ojos. Comenzamos a ver con la visión espiritual.

Te invito a usar los ojos espirituales para ver esta historia. Permítete explorar como una arqueóloga espiritual. Estás explorando la historia de tu vida para descubrir las partes de tu psique que requieren amor.

Eres fuerte y valiente, mi querida. Si estás aquí, has sobrevivido. Yo también he sobrevivido. Y quienes tienen heridas para compartir las lecciones aprendidas son las más valientes de todas. Vamos a sumergirnos en las profundidades, a explorar tu historia y a comenzar este viaje asombroso y transformador.

Sumergirse en la profundidad y ser honesta es difícil, pero es un trabajo necesario y que empodera también.

Una forma de ser profundas y honestas es revelar nuestra sombra de «palabras oscuras» y en lugar de rehuirla, buscarla, acogerla.

La sombra es lo que no podemos ver fácilmente sobre el «yo». También se conoce como el «yo» repudiado, o las partes no examinadas o rechazadas de nuestra personalidad. Jung dijo:

«La sombra representa un problema ético, que desafía a la personalidad entera del «yo», pues nadie puede realizar la sombra sin considerable dispendio de decisión moral. En efecto en tal realización se trata de reconocer como efectivamente presentes los aspectos oscuros de la personalidad. Este acto es el fundamento indispensable de todo conocimiento de sí, y consiguientemente encuentra, por regla general, resistencia considerable».* Dado que huir de la herida es lo que la acrecienta, mientras que abrazarla y amarla es lo que la sana. Se trata de una técnica que he incorporado en mis retiros de Diosa y que ha brindado enseñanzas profundas a cientos de mujeres en todo el mundo. Mi regalo para ti, mediante este libro, es que conozcas a tu palabra sombra.

En la siguiente página encontrarás una lista de palabras que forman un símbolo de infinito. En lugar de escoger una palabra de tu mente, quiero que confíes en la guía de tu alma. Desenfoca tu mirada de forma tal que no puedas leer las palabras de la página. Coloca el dedo o el bolígrafo sobre el símbolo y pásalo suavemente sobre él, como un sello —que es un símbolo mágico que ha sido dotado de poder. Hazlo diez veces mientras respiras profundamente. Detente cuando estés lista. Donde se haya detenido tu dedo o bolígrafo, has encontrado tu palabra sombra. Recuerda que no se trata de quién *tú* eres en realidad. Esto tiene la intención de destacar el área que quizás ha estado oculta en las sombras y que ha estado dirigiendo el *show*.

Trabaja con esta palabra sombra y piensa si posee una parte

---

* Jung, Carl G. AION, Contribución a los simbolismos del sí-mismo, p. 22-23. Barcelona: Paidós, 1997.

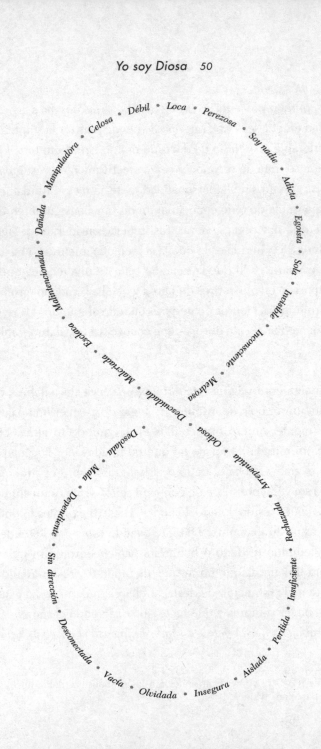

de tu vida. Debes entender que al hacer esto enfrentas la sombra, y que se trata de un momento crucial para la sanación más profunda.

Escribí las palabras anteriores un día en que me sentía triste y deprimida sobre el trabajo del alma que todavía tenía que realizar: «El verdadero amor propio requiere que enfrentes tus sombras cara a cara». El verdadero amor propio es mirar hacia adentro a las cosas que ya no funcionan. Permítete trabajar con tu sombra a lo largo de este viaje. Suelta la vergüenza y en su lugar abraza lo que ha estado tratando de llevar las riendas. Lo que abrazas y enfrentas, lo sanas de una vez. Regálate un momento para pensar: «¿Cómo se ha manifestado esta palabra sombra en mi vida?». «¿Cómo me relaciono yo con esta palabra?». Escribe en tu diario tus reflexiones. Este es el verdadero amor propio. Abrazar las sombras conduce a la luz.

TU *TIKÚN*

Al explorar los patrones, conductas maladaptativas y heridas presentes en nuestra vida, encontramos la herida específica que es nuestra herida principal, la que sigue regresando una y otra vez. En el misticismo judío, le llaman *tikún*: lo que viniste a la tierra a reparar. Conoces tu *tikún* porque es un patrón que continúa repitiéndose una y otra vez. En hebreo, la palabra *tikún* significa rectificación o arreglo. En esencia, tu alma entra a tu cuerpo para tener una experiencia humana y espiritual, y parte de esta experiencia es reconocer el *tikún* con el que naciste y que, en consecuencia, debes reparar o sanar. Existe medicina y luz escondida en las partes rotas. Para los humanos, el estar quebrantado y herido es requisito; en lugar de temerlas, reconozcamos y abracemos nuestras heridas y roturas para poder amarlas y sanarlas.

Entonces, ¿cuál es tu *tikún*? ¿Cuál es uno de los principales patrones negativos que has visto en tu vida? Digamos que tienes relaciones bien jodidas, que has tenido muchas y que una y otra vez te das cuenta de que no son saludables ni felices. ¿Cuál es el temor que subyace a este patrón? Quizás es: «Me atemoriza profundamente quedarme sola. Me da miedo que me abandonen. Me siento rechazada». En este caso, la sanación requiere aprender a estar sola, aprender a amarte, a sentirte segura en los brazos de la divinidad y a no poner tu valor, protección y seguridad en los brazos de un hombre ni de una mujer. Sentirte amada dentro de ti sería entonces una de las misiones de tu alma.

Algunas personas dicen que no tienen traumas, que nunca les sucedió nada grande ni terrible, de manera que no cargan con heridas. La verdad es que todas tenemos traumas, todas tenemos heridas, sólo que algunas son más profundas o grandes que otras; son más obvias. Ya sea que estén con nosotras desde la infancia u otros momentos importantes, viven dentro de nosotras, afectan nuestro trabajo, nuestras relaciones y otros aspectos de nuestra vida. Independientemente de cuán grandes o pequeñas sean estas heridas, todas tenemos derecho a explorar nuestro terreno emocional interno para tener en la vida más capacidad de elegir en lugar de reaccionar.

Lo hermoso de esto es que, al comenzar a tomar decisiones conscientes, accedemos a más luz. En esencia, accedemos a las chispas caídas de la luz.

Descubramos tus heridas para acceder a las chispas caídas de luz.

EXPLORACIÓN DE LAS HERIDAS

Nuestra herida más arraigada por lo general es una herida de la niñez. Es algo que nos arrebata un pedazo del alma o, en palabras terapéuticas, algo que afecta nuestra autoestima y sentido del «yo». Esta herida influye en nuestras decisiones y cómo nos percibimos y percibimos el mundo, y por lo general proviene de nuestros padres o cuidadores principales.

Nuestra herida de amor original es con frecuencia donde inscribimos nuestro esquema del amor. Nuestro esquema del amor se convierte en el mapa mediante el cual escogemos cómo nos vemos a nosotras mismas y cómo vemos el amor y las relaciones. Si hemos tenido una experiencia disfuncional o traumática con relación al amor durante la niñez, eso tendrá un efecto importante e influirá en nuestras relaciones de adulto. La herida del amor también nos da acceso a otras heridas, de manera que es un lugar poderoso donde comenzar.

Sé que en ocasiones es difícil para la gente entender algunos de los conceptos que manejo en este libro, comenzando con la «herida más grande». Puede parecer algo abstracto o difícil de comprender, algo que es la clave, pero no estás segura de qué. Por eso, quiero dar a conocer mi herida más grande y cómo la descubrí, pillándome a mí misma en un patrón que repetí una y otra vez.

Durante la mayor parte de mi vida intenté de todo para escapar de mí misma. El peso del dolor de mis traumas era demasiado. No obstante, en aquel momento, no lo sabía. No era consciente de mi deseo de no estar en mí misma, pero aparecía por todas partes.

El señor M era el chico malo del campus, y yo lo había elegido. Sucedió rapidísimo. De enamorada a humillada. «No eres más que una puta de mierda». «Sólo quieres atención como tus putas amigas».

Me abandoné con la esperanza de que si lo conquistaba a *él* de algún modo me sentiría suficientemente valiosa; y así, finalmente, podría sentirme completa. Él era mi obsesión y mi única meta era que él me amara.

Estábamos en la universidad, aunque no recuerdo en qué año, porque haber estado con el señor M es un recuerdo vago. Volví con él tantas veces que todo comenzó a parecer una extraña pesadilla. Al mismo tiempo que armaba todo un espectáculo en el que hacía como que lo abandonaba, tramaba también cómo quedarme con él. Me sentía como una mierda, atascada en el infierno de lograr que me amara como siempre había soñado que me amasen.

¿Alguna vez has mirado una hoguera justo antes de que el fuego se apague? Ésa era yo; quizá quedaba una chispa, pero poco a poco se desvanecía.

Agarré su teléfono y con cada mensaje de texto que leía me sentía más y más impotente, como si estuviese cayendo en un pozo de lava. Ardía de furia, pero también me sentía débil.

Leyendo sus intercambios y sus dulces emojis, no estaba molesta sólo porque me engañaba, sino porque eso significaba que tendría que montar otro espectáculo. Tendría que mostrar mi ira y pretender que rompía con él cuando sabía que en realidad no lo dejaría. Porque dejarlo significaba enfrentar la realidad, y yo prefería vivir una fantasía.

Era la sensación más jodida del mundo: saber que me debía ir y sentirme total y completamente incapaz de amarme lo suficiente para hacerlo. Mi temor me tenía atascada y, mientras más él la cagaba, más sentía que me tenía que quedar. Cuando estaba en mi mundo de fantasía, no tenía que enfrentar las heridas profundas que sangraban y supuraban. La realidad me obligaba a lidiar con una situación de mierda que no estaba preparada para solucionar en aquel momento.

Cuando regresó a casa después de vender marihuana y de hacer entregas, yo estaba sentada en su habitación con la prueba de su engaño. Empecé a gritar.

Él se mantuvo en calma. Me dijo que la muchacha estaba loca y que nada había sucedido. Poco a poco, comencé a dudar de todas las pruebas que acababa de ver. Poco a poco empecé a dudar de mi instinto. Quería creer sus mentiras porque la verdad era demasiado difícil de enfrentar.

Mi voz interior gritaba todavía más fuerte que yo: «¡Miénteme, por favor! Miénteme para no tener que abandonarte. Miénteme para no tener que quedarme sola conmigo. Convénceme de que estoy equivocada. Convénceme de que mi instinto está equivocado. Soy demasiado débil para irme. Convénceme de que me dices la verdad para no tener que enfrentarme a mí misma».

La desesperación me colmó y me incitó a quedarme.

Una y otra vez, me quedé. La evidencia de sus engaños se disipó. El objetivo de confrontarlo se disipó. Mi nueva misión se convirtió en hacer las cosas lo más pacíficas posible, lo más pronto posible, para justificar quedarme con él nuevamente.

No estaba preparada para irme. No podía.

Ni en un millón de años hubiese pensado que terminaría en el suelo de un apartamento rogándole que me aceptara de vuelta. Pero lo hice.

«Por favor, vamos a dejar el drama. Vamos a hacer que esto funcione. Podemos hacerlo. Vamos a hacerlo. Deja de engañarme». No era nada distinto del amor observé de niña.

Comencé a hacer conexiones con mi niñez. Regresé a mi herida primaria original, a mi primera desilusión: cuando mi padre nos abandonó. Y luego otras heridas comenzaron a inundar mi memoria: la comida que me metieron a la fuerza en la boca, la almohada sobre la cara cuando no me levantaba a tiempo para la escuela, las puertas rotas, los insultos, el abuso.

El año era 1989. Las lágrimas bajaban por mi rostro rápidamente, como una cascada después de un día de fuertes lluvias. «¡POR FAVOR! ¡POR FAVOR! ¡NO ME DEJES!». Pensé que si gritaba más fuerte o si suplicaba más de alguna manera lo haría cambiar de opinión. Pensé que, si lloraba con más convicción, tocaría su corazón y lo inspiraría a quedarse. Mi corazón latía fuera de control. Mis nervios se sentían como si los estuviesen electrocutando. Ya no me sentía segura en mi cuerpo. Ya no me sentía segura en mi mundo. Estaba aterrorizada. «¡Quiero a mi papá!», grité. «¡QUIERO A MI PAPÁ!». La puerta se cerró y mi mundo cambió para siempre. Grité durante meses después de que mi padre se fue.

En ese momento, se me rompió el corazón. Mi mundo de seguridad se resquebrajó a la edad de cuatro años. Los peluches y las canciones de cuna no pudieron aliviar el vacío que dejó mi padre cuando se fue de nuestro hogar.

Dejé a un lado mis sentimientos convenciéndome de que tenía suerte. Esto era mucho mejor que lo que tenían otras niñas latinas de la calle Hart: sus papás se habían ido para siempre. Ya sea porque estaban en la cárcel o en otro país con otra familia. Mi papá sólo se había ido de casa, pero todavía estaba en mi vida. Traté de convencerme de que no era tan malo, pero mi corazón destrozado se alteraba en el silencio de la noche recordándome que todavía estaba roto. Mi corazón ansiaba sentirse entero. Resulta irónico que crecí en la calle Hart —que suena como corazón en inglés—, la calle donde por primera vez me rompieron el corazón.

El señor M fue una repetición de mi primer desengaño con mi papá. En mi hogar tanto el amor como el abuso eran comunes. Allí también me llamaban «puta» y «estúpida». Continuamente me regañaban por cosas que parecerían tonterías para cualquier persona saludable, pero que para una madre o padre enojado incapaz de procesar sus emociones, eran el detonante perfecto de conductas inapropiadas y descontroladas; y para hacerme sentir insignificante.

Recuerdo que cuando tenía ocho años, estaba haciendo las tareas de la escuela y usé una goma de borrar que dejó una marca roja. Era una estudiante excelente, de calificaciones A+, pero nada escapaba la ira de mi padre. Me rompió la tarea en pedazos. A él no le gustó que la goma de borrar dejara una marca roja. Todavía, mientras escribo esto, lloro. Recuerdo estar en *shock*: «No hice nada mal. ¡¿Por qué rompes mi tarea?! Soy buena. Me va bien en la escuela. ¡¿Qué hice mal?!». Estaba aterrorizada, enojada, confundida, y sentía como si estuviera en un extraño universo alterno. Una parte mía sabía que no estaba bien que él hiciera esto y, sin embargo, estaba atascada, impotente, una niña que no tenía más alternativa que aceptar el abuso.

Me enseñaron que no merecía paciencia. No merecía una comunicación saludable. No merecía apoyo. Y me enseñaron, especialmente, que no merecía respeto.

El señor M me recordaba a mi hogar. A mi sistema nervioso esto le parecía familiar, así que yo ya sabía cómo soportar un desengaño.

Esta imagen dejó una huella alarmante en mi psiquis; dejó el temor grabado en mi sistema nervioso.

Aprendí varios mensajes claves de esa herida original de amor:

1. ¡No me siento a salvo!

2. La gente me abandona porque no merezco amor.

3. Si ruego lo suficiente, quizá se quede en mi vida.

4. Las relaciones con otros no son seguras.

5. No merezco amor y respeto.

Permití que este guión dirigiera mi vida y mis relaciones durante años. Permití que esa voz interna dictara todas las decisiones que tomaba. Era como si esa niñita de tres años que estaba en el piso rogando y llorando para que su papá regresara a casa fuera la que tomaba las decisiones en mi adolescencia y aún después. El vacío dentro de mí era tan atemorizante que me obsesionaba con llenarlo a toda costa, sin importar las consecuencias. Sólo quería alejar el dolor; quería detener la dolorosa soledad; quería que el temor disminuyera. E hice casi cualquier cosa tratando de detener el sangramiento de la herida.

Comparto mi herida de amor porque quiero que sepas que no estás sola. Todas tenemos una historia. Nuestras historias están llenas de oscuridad, de luz y de muchas tonalidades intermedias. ¿Cuál es tu herida de amor? ¿Cuáles son los mensajes claves que has aprendido? Es detrás de esta herida que se encuentra la goma preciosa hacia tu sanación más profunda.

Lo que mantenemos en la oscuridad crece como el hongo. A la oscuridad le encanta que la ignores, porque ahí es donde prospera... en las tinieblas... lejos de la luz. Con frecuencia intentamos anestesiarnos, huirle, tratar de escapar, pero lo único que se logra es replicar la herida con nuevas personas, nuevas situaciones e interacciones porque no estás sanando la herida.

En el momento en que comienzas a explorar estas historias olvidadas, estos recuerdos dolorosos, estas experiencias recónditas, es ése el momento en que puedes comenzar a sanarlas.

Lo que sentimos, lo podemos sanar.

CÓMO TRABAJAR CON LAS EMOCIONES DIFÍCILES

Puesto que somos seres de energía, sin duda nos afectan nuestras emociones. Debemos comenzar a tomar conciencia por completo de nuestras emociones y de qué cosas y quiénes las afectan. Debemos convertirnos en arqueólogas espirituales:

explorar y excavar en busca de lo que está en lo más profundo de nuestra psiquis y nuestro espíritu. Una vez nos hemos familiarizado con nuestro terreno emocional interno, podemos fluir con las emociones sin resistirlas, suprimirlas o reaccionar con comportamientos inadecuados y descontrolados a causa de emociones difíciles. Aprendemos a trabajar con nuestras emociones en lugar de en contra de ellas.

El primer paso consiste en reconocer que las emociones difíciles forman parte natural de la vida. Las emociones difíciles incluyen la tristeza, la ira, los celos, el abandono, el temor, la desesperanza y la traición. No demonicemos estas emociones llamándolas «malas». Las emociones difíciles son tan sólo *distintas* a la felicidad, la paz, la confianza y la alegría. Todas las emociones tienen su propia medicina y textura.

Roger Walsh, profesor de psiquiatría, filosofía y antropología, dice que cometemos tres errores principales al reaccionar a las emociones difíciles:

1. juzgar o condenar las emociones difíciles como malas o perversas

2. ignorar o alejar de la conciencia las emociones dolorosas como mecanismo de defensa

3. entregarse a ellas o exacerbarlas; por ejemplo, cultivando el resentimiento hacia alguien que nos hirió y alegremente tramar una venganza contra esa persona

Al hacer esto, quedamos aprisionadas y dirigidas por las emociones. Caemos en un infierno de emociones cuando, en su lugar, podríamos honrarlas, trabajar en ellas y procesarlas. Así, permitimos que pasen por nosotras. Juzgarlas, ignorarlas o entregarnos a ellas *encierra* la emoción negativa en nuestro cuerpo, corazón y mente. No queremos eso, ¿no es cierto? Debemos aprender a ser más conscientes y astutas al responder a nuestras emociones de modo que seamos las personas emocionalmente inteligentes y psicológicamente perspicaces que estamos destinadas a ser. Aquí la clave es que, si continuamos esperando y rezando para que los altibajos y luchas de la vida desaparezcan, nos vamos a decepcionar porque la vida cambia igual que cambia la naturaleza. Al igual que la naturaleza, tenemos estaciones: estados y etapas emocionales en la vida, con una temperatura distinta cada una, que nos afectan de diversas maneras. Aunque hoy seamos criaturas más sofisticadas, somos no obstante parte de la naturaleza y estamos sujetas a que la vida cambie en sus propios términos. Podemos escoger aceptar los altibajos de la vida. Si aceptamos nuestras estaciones emocionales, tendremos expectativas más saludables y, por ende, una relación más saludable con la vida. Nuestra salud emocional depende de nuestra capacidad para trabajar con nuestras emociones difíciles. Aprender a hacerlo nos traerá muchas bendiciones a nuestra vida.

El temor y la ira son como los monstruos de la psiquis cuando no sabemos cómo trabajar con ellos. Salen de la oscuridad y te atemorizan. La voz del temor es astuta y convincente. Incluso parece racional y sabia por momentos. Pero cuando estás en sintonía con ella, te das cuenta de que en realidad la subyace una energía ansiosa. Al igual que una niña que se asusta con la oscuridad y con los monstruos en su clóset o debajo de la cama, a nosotras también nos atemoriza con frecuencia el monstruo del temor y de la ira. Después de todo, por lo general no se nos enseña a tratar de una manera saludable con estas emociones.

Las emociones no son lobos feroces, pero nuestra respuesta a ellas con frecuencia lo es. Exploremos el temor y la ira para aprender a afrontar más saludablemente estas emociones.

El temor nos envía muchas señales, algunas de las cuales comienzan en el cuerpo. Sentimos el estómago revuelto, sentimos ansiedad, nos paralizamos, el corazón se nos quiere salir del pecho, nos sudan las manos o se nos ponen frías. Todas estas son reacciones naturales al temor; tienen el propósito de protegernos del peligro. Gran parte de nuestra vida la dedicamos a correr por temor a que nos hagan daño. El temor puede hacernos sentir a veces como si estuviésemos muriendo, cuando en realidad lo que está muriendo es nuestro antiguo «yo» y, aunque es atemorizante, también es hermoso aprender, cambiar y crecer.

Debemos aprender a aceptar los temores reales y los temores percibidos; y a distinguirlos y a honrarlos a ambos. Un temor real puede ser ir al bosque, saber que hay osos en esa zona y luego ver un oso que se está acercando, gruñendo. Se trata de la misma respuesta que tenemos cuando se activa un mecanismo interno en el presente, ya sea real o percibida la amenaza; sentimos que es tan real como el oso. En cierto sentido, es igual de real para nuestro sistema nervioso.

Pero debemos dejarnos sumergir en esas emociones y reconfortarlas hasta que alcancen un equilibrio y entonces, desde ese lugar de calma, preguntarles qué necesitan para sentirse reconfortadas. Sólo entonces podrá regresar la función de la intuición para distinguir si una situación es en realidad una amenaza para ti o no lo es.

Nuestros temores y fantasías todos tienen que ver con lo que podría o no suceder. Debemos reconocer lo que es ilusión en nuestros temores. Desde luego que son válidos, nos atemorizan, pero podemos liberarnos de ellos si caemos en cuenta de que hay gemas preciosas escondidas dentro del temor.

Por ejemplo, digamos que has sido engañada en la mayoría de tus relaciones. Ahora estás en una relación saludable con una persona transparente y amorosa que te ha demostrado ser honesta y leal. Aun así, no puedes evitar husmear en su teléfono. Tu mente continuamente está creando historias de que te engaña y te dice mentiras. Vives proyectada en una pantalla de temor que no se basa en la realidad. En algunos casos, quizás sí te están engañando y buscas porque tu intuición te guía. Pero no debemos vivir en este estado constante de lucha o huida. Existe otro camino. Observar estas emociones te ayudará a romper este patrón obsesivo y brindarte una herramienta para trabajar con las emociones de modo que obtengas claridad.

Ahora bien, ¿qué hacemos con la ira? He sido una persona enojadiza antes, así que conozco el calor, el fuego y el dolor de esta emoción. ¿Te identificas? Crecer en un hogar de mucho griterío y explosiones emocionales me presentó al sentimiento de ira desde una tierna edad. También me crié en Bushwick, donde la cultura era honesta y cruda pero también agresiva y adolorida. Y me tomó tiempo hacer un verdadero cambio para expresarme en lugar de atacar y de protegerme. También es importante señalar que tenía que estar fuera de ese ambiente inseguro para no tener necesidad de protegerme.

¿Con quién estás enojada? Escríbelo y explóralo. Prepara una lista de situaciones y de nombres que te pesan en el corazón.

Luego, pide a la Divinidad que te guíe con respecto a maneras prácticas de dejar ir esa ira. He aquí una oración sencilla:

*Gran espíritu, guíame de modo que abandone la ira que rodea
a esta persona y a esta situación por mi propia salud y sanidad emocional.
Dejo esto en tus manos de forma que pueda cambiar el peso de
los ladrillos por la levedad de tu paz.*

Esto no significa que condones el mal comportamiento o que vayas a hablar con personas que no tienen espacio en tu vida. Esto sencillamente significa que te has hecho a ti misma el regalo de la paz que produce dejar ir la ira que te hace daño y no te ayuda.

Las emociones son nuestros maestros; seamos buenas estudiantes y aprendamos de ellas. La ira afecta no sólo nuestra mente sino nuestro espíritu y nuestro cuerpo. Debemos permitir que la voz de la ira se escuche. La ira es sagrada. Por momentos tendremos que gritar, chillar y maldecir. *Hazlo*, sácala para afuera, pero hazlo en un espacio donde estés segura y no le hagas daño a nadie.

Para trabajar con las emociones difíciles, debes pasar de Víctima a Creadora. Parece fácil ser la víctima; en cambio, el camino de la guerrera, de la creadora, es completamente distinto. No estamos hablando de las víctimas reales de crímenes y abusos. Esto tiene que ver con cómo nos manejamos en nuestra vida; tiene que ver con el momento en que estamos listas para pasar de «la vida me sucede» a «decido ser una participante activa de mi propia vida». Muchos factores afectan la vida, por lo tanto, quiero que quede claro que si estás en un ambiente realmente peligroso para tu mente, cuerpo o espíritu, el reivindicar que eres una víctima es un acto poderoso de amor propio. Soy sobreviviente de violencia doméstica así que, en un principio, sí fui víctima de violencia. El verdadero abuso y violencia con frecuencia se puede llegar a atenuar de manera peligrosa en este campo, así que es importante hacer esa distinción. Cuando estás en un ambiente seguro, pero todavía te sientes como víctima, llega un momento en que necesitas del potente fuego de la alquimia para sentirte motivada a cambiar tu vida y escoger de nuevo. Quiero que seas la Diosa creadora. Cambia tu punto de vista de «¡Oh, Señor, esto no me puede estar pasando *a mí*!» a «¡Gracias, esto está pasando *para* mí!».

Con el tiempo, hasta las peores situaciones pueden convertirse en momentos de cambio y de aprendizaje. Imagina que la divinidad creó este momento específicamente para tu aprendizaje. Quizás no tenga sentido para ti todavía, pero confía en que obra un orden divino y superior. Hay algo más. No todo es lo que parece. En ocasiones da la impresión de que la peor situación del mundo trae sólo negatividad. De hecho, los obstáculos que cuestan lágrimas y sangre, por lo general, están llenos de sabiduría. En el momento en que te das cuenta de lo que revela tu situación, cambias de víctima a creadora. Estar en la posición de víctima te drena la energía. A la larga, nos sentimos listas para avanzar. Con frecuencia, cargamos con nuestra historia por demasiado tiempo y permitimos que nos haga polvo, que nos haga sentir que nadie nos ama y que estamos atrapadas en el pasado. Como adultas, tenemos la responsabilidad de sanar, aunque la herida no haya sido culpa nuestra. En mi propia vida, fui víctima de abuso y necesitaba honrar mi inocencia. Cuando fui capaz de decir «soy una víctima y no me merecía lo que sucedió», finalmente aprendí que no soy víctima de mi vida ahora. Quizás antes no pude controlarlo, pero crearé, lo mejor que pueda, la vida que deseo *ahora*. Al aceptar esto, me permití soltar la vieja historia y caminar hacia una nueva historia empoderada.

Sé testigo de los momentos en que desempeñas el papel de víctima. Cuando, incluso en el momento en que alguien hace algo jodido, tú te obsesionas o permites que eso afecte tu vida para peor. ¿Qué puedes cambiar? ¿Cómo puedes cuidar mejor tu propia salud mental y emocional? Pregúntate, desde esta perspectiva de empoderamiento: «¿Cómo puedo aprender de esta experiencia?». ¡Recuerda, tú eres la creadora! Siempre que te encuentres atascada, regálate algo que te permita cambiar emocionalmente a un espacio más saludable. Puede ser algo tan sencillo como decirte a ti misma: «¿Cómo puedo hacerme más sabia a causa de esto?». No puedes controlar a los demás, pero puedes controlarte a ti misma. Colocarte en la posición de creadora te permite empoderarte y tomar decisiones conscientes y saludables. Cuando estás en la posición de víctima no tienes poder y estás a la merced de otros. Escoge sabiamente.

Quiero dejar claro antes de continuar que sanar las emociones difíciles es un proceso que toma tiempo y que hay que cultivar; no es algo que se hace de una vez y se sana. Es un arte que contiene muchos niveles. Sé amable, tómalo con calma, paso a paso, día a día, momento a momento. Este libro servirá como guía de inspiración que te brinda herramientas para que practiques e incorpores a tu caja de herramientas diarias para el autocuidado.

No tenemos que erradicar el temor, la ira, la tristeza; sólo tenemos que reaccionar apropiadamente a ellos. Esta es la clave de cómo ser una verdadera estudiante espiritual. No es buscando echar un manto rosado sobre todo lo que nos pasa, ni usando una afirmación para erradicar el temor. Las afirmaciones ayudan, pero no pueden ser curitas. Siempre debemos ir a la raíz. El temor es parte de la vida; la clave es responder de manera positiva, a pesar de él.

En lugar de convertir a tus emociones en tu enemigo —y huirles o atacarlas o evadirlas como la plaga—, conviértelas en tus amigas y conócelas. Pregúntales: ¿Quién eres? ¿De dónde vienes? ¿Qué te gusta hacer para sentirte feliz y divertirte? ¿Qué necesitas para que se te escuche? Abrázalas como harías a una amiga querida en la vida real.

Exploremos más tus temores tomando un inventario. En esta actividad tendrás la oportunidad de aprender acerca del temor y qué temores son los que predominan en tu vida. Además, aprenderás cómo el temor ha afectado tu vida.

Busca un pedazo de papel y, en el lado izquierdo, escribe estos temores importantes:

• Tengo miedo de estar sola.

• Tengo miedo de nunca encontrar el amor.

• Tengo miedo de ser fea.

• Tengo miedo a morir.

• Tengo miedo de que me abandonen.

• Tengo miedo de que me mientan.

• Tengo miedo de perder a seres queridos.

- Tengo miedo de nunca encontrar mi propósito.

- Tengo miedo de perder el control.

Luego, escribe cualquier otro temor que tengas. Continúa hasta que te sientas completa. En el lado derecho de la hoja, escribe el costo emocional.

Por ejemplo:

TEMOR — Tengo miedo de que me abandonen. // COSTO EMOCIONAL — soy supercontroladora con mi pareja.
TEMOR — Tengo miedo de estar sola. // COSTO EMOCIONAL — me quedo en relaciones sin futuro para no tener que estar sola.

Continúa haciendo esto, sintiéndote orgullosa de ti misma y completa. Invierte por lo menos diez minutos en esto. Si te ayuda el usar un cronómetro, puedes hacerlo.

Luego, quiero que escribas en otra página: Del otro lado de ese temor, ¿cuál es la lección de crecimiento? Por ejemplo: «Me da miedo estar sola. Debo aprender a amarme y a estar conmigo misma. Nunca estoy sola si soy una conmigo».

Estás aquí porque quieres sanar tu interior y afrontar tus emociones de una manera más saludable para tener una vida más feliz. Al entender tus emociones, podrás temerles menos. En lugar de tragártelas, mi intención es que las abraces.

A continuación, vas a emprender más trabajo del alma. Sé amable contigo misma. Si sólo puedes contestar una pregunta hoy, maravilloso; respétate por lo que hagas. Todo en su justo momento. La amabilidad es mejor que cualquier tarea que puedas hacer. Tómalo con calma y haz lo que puedas hacer.

Al hacer el trabajo del alma (*soulwork*) de este capítulo ten presente:

- Tan pronto sientas dolor, la sanación ha comenzado.

- Tu trabajo es conectarte con la emoción, no rehuirla.

- Conoce la historia de tu herida del alma.

- Entabla amistad con tus emociones.

Al sacar a la luz la verdad, podrías experimentar emociones difíciles. Recuerda ser amable contigo misma. Recuerda respirar profundo y tomarte tu tiempo. Se trata de progresar, no de alcanzar la perfección. La sanación es un viaje individual y no hay fecha límite para completar el trabajo que se describe en este libro; así que tómate tu tiempo y nútrete con mucha agua fresca y comida saludables. Es esencial cuidar el cuerpo al hacer este tipo de trabajo de sanación.

Trabajo del alma

Comencemos a explorar algunas de tus heridas. En tu diario, escribe las respuestas a las siguientes preguntas:

1. ¿Qué es tu *tikún*?

2. ¿Quién fue el primero —o primera— en romperte el corazón?

3. ¿Cómo se llamaba?

4. ¿Cómo fue que te hirió?

5. ¿Qué edad tenías?

6. ¿Dónde estabas cuando sucedió?

7. ¿Cómo te hizo sentir?

8. En una escala de 1 a 5, en la que 1 es lo menos doloroso y 5 lo más doloroso, ¿cuán dolorosa fue esa experiencia para ti?

9. ¿Qué te enseñó esta experiencia acerca del amor?

10. ¿Cómo afectó esta experiencia otras áreas de tu vida (la comunicación, la autoestima, las emociones, etc.)?

11. ¿Cuáles son tus temores más importantes?

12. ¿Qué lecciones estaban al otro lado del temor?

Mantra

Todas las emociones son sagradas y les rindo honor a todas porque son mis sagradas maestras.

Ceremonia

Convertirnos en la herida

Ir a la raíz de tu dolor es el tema de este capítulo. En las tradiciones chamánicas, se hacían rituales y ceremonias porque se entendía que las ceremonias contienen medicina para la psiquis y el alma. Esto es particularmente cierto en la recuperación del alma, es decir, traer el alma de vuelta al cuerpo después de un incidente traumatizante. En este ritual y esta ceremonia, te *convertirás* en la herida y hablarás como la herida para darle voz a los sentimientos de la herida.

Esta ceremonia se hace con el uso de sonido: específicamente, con el sonido de un tambor y con palabras de poesía. Escribirás un poema que viene de tu herida. Aquí la herida te hablará a ti, para que puedas entender la voz y el dolor de la herida de tu alma. La expresión creadora es clave para acceder a las emociones más profundas que se esconden detrás del lenguaje más manifiesto. La poesía accede a los ámbitos más profundos del sentir y del decir que van más allá del habla.

He aquí un ejemplo de mi propia herida emocional:

> *Yo, la herida del abandono, vivo en los huesos de tus*
> *antepasados.*
> *Pues el temor que arrastro no es solo sólo mío.*
> *Me dejaron muchas veces, sobre el suelo, a que me*
> *defendiera sola.*
> *Así que tengo miedo y terror. Llévame a la sanación.*

Una vez que hayas escrito el poema, toca el tambor mientras lees la poesía en voz alta. Si sientes la inspiración de cantar, ¡adelante! Si no tienes acceso a un tambor, busca en YouTube «tambores chamánicos» y escucha el que sientas que está más en sintonía con tu alma. Haz este ritual durante cinco minutos.

Cuando estés por terminar, agradece los sonidos de los tambores, agradece a tus guías y antepasados, agradece a tu alma y date gracias a ti también. Inclínate ante tu herida e imagina una luz que cae sobre ella. Estás descubriendo a la chamana que hay en ti cuando añades ceremonias a tu viaje de sanación.

Hacer este trabajo del alma te permite sanar y vivir una vida distinta. Hacemos este trabajo porque funciona; porque duele demasiado quedarse atrapada por los fantasmas de la violencia, el dolor y la vergüenza; porque nuestra alma es como una luz brillante que alumbra en medio del caos de nuestras heridas. Eres una hermosa guerrera que va hasta el fondo. Siempre me recuerdo a mí misma que para tener un hogar hermoso, debo tener cimientos fuertes. En muchos sentidos, mis cimientos cuando me criaba eran inestables, tambaleantes. Tuve que regresar a sanar lo que me había hecho daño, a reprogramar las ideas que había incorporado y a sanar el sistema nervioso de mi cuerpo, que había sido afectado por el daño. Tuve que cambiar poco a poco lo que me tenía apartada de mi verdadero «yo». Si estás haciendo este trabajo es porque no estás aquí para perder el tiempo. Tienes que ir al meollo de la cuestión y ver qué hay que sanar. Ahora que hemos explorado algunas de las sombras y de las heridas, vamos a hacer conexiones. Vamos a explorar cómo tu pasado afecta ahora mismo tu presente. Cuando logras esto, comienzas a cambiar a la vida y la persona que quieres ser con el regalo de la elección consciente. Recibes el poder de tomar decisiones. Además, cuando ves cómo tu pasado afecta tu presente, entonces puedes hacer los ajustes, cambios, modificaciones y reprogramaciones necesarios para crear la vida que en realidad deseas y no la vida que repites una y otra vez por cuenta de la programación de nuestra familia y de tu vida. Abre tu corazón y tu mente a las conexiones de tu vida. Pídele a tu alma que te guíe y déjate guiar. Mi esperanza y mi deseo es que, al hacer esto, puedas comenzar a tomar decisiones distintas y a hacer cambios internos que te permitan recordar *cuánto vales*.

Tú, amada, no eres
más hermosa cuando sonríes
que cuando lloras.

Tus lágrimas son ríos sagrados de sanación.
#yosoydiosa

CAPÍTULO 3

CÓMO EL PASADO TE AFECTA AHORA

I walk down the street. There is a deep hole in the sidewalk.
I fall in.
I am lost . . . I am helpless.
It isn't my fault.
It takes forever to find a way out.

I walk down the same street.
There is a deep hole in the sidewalk.
I pretend I don't see it.
I fall in again.
I can't believe I am in the same place.
But, it isn't my fault.
It still takes me a long time to get out.

I walk down the same street.
There is a deep hole in the sidewalk.
I see it is there.
I still fall in. It's a habit. My eyes are open.
I know where I am.
It is my fault. I get out immediately.

I walk down the same street.
There is a deep hole in the sidewalk.
I walk around it.
I walk down another street.

Camino por la calle. Hay un hoyo profundo en la acera.

Caigo en él.

Estoy perdida..., estoy indefensa.

No es mi culpa.

Me toma una eternidad encontrar una salida.

Camino por la misma calle.

Hay un hoyo profundo en la acera.

Finjo que no lo veo.

Caigo en él de nuevo.

No puedo creer que estoy en el mismo lugar.

Pero no es mi culpa.

Todavía me toma mucho tiempo encontrar una salida.

Camino por la misma calle.

Hay un hoyo profundo en la acera.

Veo que está ahí.

Aun así, caigo en él. Es un hábito. Tengo los ojos abiertos.

Sé dónde estoy.

Es culpa mía. Salgo de él de inmediato.

Camino por la misma calle.

Hay un hoyo profundo en la acera.

Camino alrededor de él.

Camino por otra calle.

—Portia Nelson, *There's a Hole in My Sidewalk:*
   The Romance of Self-Discovery

Reconocer los factores que desencadenan tus emociones es clave en el proceso de sanar las heridas del alma. ¿Reconoces ese sentimiento que se experimenta cuando no recibes un mensaje de texto del muchacho que te gusta después de haber salido con él y haberla pasado, según tú, increíblemente bien? Empiezan a pasarte mil cosas por la cabeza y te metes en ese lugar oscuro e inseguro. ¿O la sensación cuando alguien dice algo así como «¡Ay, tú eres tan sensible!»? Y de inmediato te encierras en ti misma, hecha un ovillo emocional y ofendida. Es como si una parte delicadísima de tus entrañas entrara en contacto con un hierro candente.

Te saca de quicio, te desconcierta y sientes que pierdes el control. Todas tus emociones brotan y te inundan la ansiedad, la depresión, la vergüenza y toda una gama de emociones difíciles.

Antes de continuar, comencemos por definir qué es un desencadenante emocional. Un desencadenante es una situación que te sacude emocional o psicológicamente y te trae a la memoria un recuerdo, emoción o situación anterior que te hizo daño. Esto podría suceder de manera consciente o inconsciente.

La herida está en carne viva y con frecuencia el sistema nervioso queda expuesto cuando ocurre el trauma y el dolor. Estas heridas entonces aprenden a sobrevivir y a adaptarse. Y gracias a Dios que lo hacen porque necesitábamos algunos de esos mecanismos y tácticas de defensa para sobrevivir, en especial frente al abuso o al peligro durante la infancia. Sin embargo, al pasar a la fase de la adultez, queremos reconocer los efectos que han tenido las heridas en nuestra vida.

Queremos ver cómo nos ha afectado esa herida: nuestros pensamientos, relaciones, emociones, temores, los factores desencadenantes emocionales y cómo respondemos cuando nos tocan esas heridas.

Imaginemos, por ejemplo, la herida del abandono.

Fuiste abandonada por tu padre, quien tenía un problema

con el alcohol y, debido a su adicción, no pudo mantenerte segura ni mantener la relación de pareja con tu madre, así que se fue. Cuando se fue, te quedaste con un hueco en el corazón y con un convencimiento profundo y subconsciente de que «No soy digna. Me olvidan fácilmente. Me abandonan fácilmente».

Ahora imagínate que tienes veintiocho años, hace dos años que no bebes, y has vuelto a salir después de estar dos años sin pareja. Conoces a un tipo que te gusta. Tiene cualidades que te encantan. Bebe «lo normal», no usa drogas ni fuma, hace ejercicio físico, le gusta la misma música que a ti, las conversaciones fluyen y románticamente hay pasión y conexión.

Te das cuenta de que en verdad te gusta este tipo. De repente, te empieza a inundar el temor. Aumenta el nivel de riesgo cuando proyectas tus temores a esta situación presente.

El temor dice algo así: «Te gusta y la vas a cagar. Él se va a ir. Te vas a quedar abandonada, con el corazón hecho pedazos. Tú no eres suficientemente buena para que él se quede».

Tu corazón se acelera. Pasas de estar fluyendo, llena de alegría, a la locura y el temor. A esto, mi amiga le llama la «zona loca», cuando empiezas a buscar la manera más catastrófica de hacerlo implosionar todo.

Creas la mejor novela en la cabeza: «En realidad, yo no le gusto. Sé que estaba estornudando sin parar la última vez que lo vi, pero es probable que estuviera mintiendo. Se inventó que estaba enfermo. Probablemente tomó clases de actuación y sabe cómo imitar un estornudo. Quién sabe si tomó una clase específica de cómo fingir estar enfermo. Sí, me parece que es eso. Está mintiendo. Me odia. En realidad, nunca le gusté. Probablemente se fijó en algo de mí, algo que no era suficientemente bueno para él, y ahora me va a dejar. Siempre me dejan. Mi papá me dejó. Es fácil dejarme».

¿Por qué sucede esto? ¿Por qué algo que aparenta ser «pequeño» puede sacarnos de quicio tan completa y profundamente?

Pues, porque todos tenemos experiencias de la niñez y de la vida que nos dejan heridas emocionales que van acompañadas de pesar y dolor. Muchas veces, de niña, no tuviste el espacio o la guía adecuados para cuidar esa herida. La herida no sana y permanece dentro de ti. Imagina dejar una herida abierta sin protección, sin medicina, sin ningún bálsamo sanador, sin vendaje. Cruda y expuesta. Cualquier cosa —hasta el viento— puede hacerla arder, doler y, quizás, infectar.

Esa «bromita» sobre lo «sensible» que eres, que puede que haya sido dicha sin intención de hacer daño, te puede llevar atrás diez años al momento en que llorabas histéricamente, pidiéndole a tu mamá que te escuchara y ella se reía en tu cara y decía: «No te voy a hacer caso. Ya para. Eres tan sensible». Ese abuso verbal e irresponsabilidad emocional dejan la herida ahí.

Cada vez que una situación o una persona se parezca a tu herida original —aunque sea distinta— la herida se activa. Se desencadenan las emociones.

Se dice que, si es histérico, es histórico. Existe una razón histórica para que respondas de esta manera.

EXPLOREMOS TUS DESENCADENANTES EMOCIONALES

Los desencadenantes emocionales no son fáciles de identificar porque están ocultos detrás de la reactividad o sepultados bajo piedras que no han sido tocadas en años. Pero debes llegar a conocer tus heridas de inmediato y de cerca. Reconocerlas y saber a qué huelen, cómo se mueven, qué las desencadenan, cómo responden, qué requieren para que se calmen. Este es el momento de traerlas a la superficie, nutrirlas, cubrirlas con bálsamo y poco a poco comenzar a desactivar su capacidad de hundirte en situaciones y reacciones que no son saludables.

Mi desencadenante emocional personal, por ejemplo, es el distanciamiento emocional. Cuando crecía, era una niña perspicaz y sensible. Sentía el dolor del mundo y de mi familia. Sentía su estrés, su ansiedad y la dinámica de las familias rotas. Aunque ambos hicieron lo mejor que pudieron, mis padres en realidad no tenían el espacio para procesar sus propias heridas de la niñez, y como resultado cargaban con estrategias de afrontamiento inadecuadas que hacían que se cerraran emocionalmente o que actuaran con ira. Mi madre se callaba y me ignoraba en las situaciones emocionales, mientras que mi padre atacaba verbalmente y era abusivo. Ambos eran afectuosos y, al mismo tiempo, abusivos. No conocí la seguridad y la constancia y, en consecuencia, me sentí emocionalmente insegura e inestable.

Durante muchos años, cuando alguien se callaba o no respondía, yo me volvía loca y caía en un espiral de pánico y temor. Intensos sentimientos de rechazo, abandono y falta de valía aparecían de la nada. Y yo hacía cualquier cosa, *cualquier cosa*, con tal de evitar sentir distanciamiento emocional o falta de reacción. De niña a menudo me sentí aislada, impotente, ignorada y desapercibida, de modo que sentir cualquier grado de soledad o rechazo o falta de conexión emocional como adulta era un enorme desencadenante para mí. Al aprender a identificar este desencadenante emocional, este desencadenante de mi herida, comencé poco a poco a nutrir a la niña interior que se sentía así. Le hablaba a la herida, escuchaba las necesidades de mi herida, sabía cuándo mi herida estaba siendo desencadenada. Esta es la meta para ti también: acercarte a tus heridas, no huir de ellas y evadirlas, relegándolas a una sombra que inevitablemente regresará de forma más horrible y destructiva.

Pues no es posible ignorar la herida. Siempre pedirá que la sanen. Mientras menos caso le hagas, más crece y se encona.

Necesitarás un alto nivel de autocompasión durante este proceso. Como también ser capaz de ir hacia tu interior y desarrollar un buen nivel de «observador» para, así luego, conectarte con el dolor que experimentaste de niña. Recuerda hablarte con dulzura al hacer este trabajo.

Tu niña interior merece tu validación como adulta amorosa. Tu niña interior merece saber que tus heridas originales y tus emociones y sufrimientos eran importantes, que tus sentimientos de rechazo y soledad eran importantes. Si no tuviste el cuidado que necesitabas, tu trabajo como adulta es cuidar el «yo».

Un desencadenante emocional común de muchas de mis clientas es «ninguna respuesta del tipo que te gusta». (Recuerda cambiar el género, los pronombres o datos específicos en cualquier momento; este libro es tuyo).

A nadie le va a gustar si un tipo no responde. Todas deseamos respuestas amorosas, de modo que es normal estar molesta. En ocasiones hasta podrías sentir la intuición de que algo no anda bien.

El problema surge cuando se activa el desencadenante emocional como si fuera una bomba y tu respuesta está a un nivel de 90 en una escala de 100 —donde 100 es el estado más alto de activación emocional y 1 es el más bajo.

Esto sucede porque algo en ti siente que la situación tiene mucho poder sobre ti. Te sientes descentrada, insignificante, que fue culpa tuya y que estás rota. Te sientes igual que cuando fuiste abandonada antes.

¿Cómo reconocer que se trata de un desencadenante emocional?

- Te sientes superaturdida.

- Te sientes fuera de centro.

- Podrías sentirte disgustada sin saber por qué.

- Reaccionas de una manera que, en retrospectiva, parece exagerada dadas las circunstancias (pero que en el momento se siente de manera intensa y casi insoportable)

- Te sientes demente, enojada, pequeña, insignificante, ansiosa, deprimida

- Sientes como si no estuvieras en tu cuerpo o como si hubieses perdido el conocimiento.

- Empiezas a tener pensamientos catastróficos.

- Tu cuerpo se altera con una sensación de calor, temor, pánico y desasosiego.

- Sientes náuseas.

- Le atribuyes un significado a la situación que en realidad podría no tenerlo.

Una vez que los desencadenantes se localizan e identifican, la herida puede sanar. Paso a paso, con paciencia, elegancia, valentía y trabajo.

Sabes que estás sanando el desencadenante emocional cuando sucede una situación que podría funcionar como un disparador emocional y, en vez de que se active como una bomba, te enfrentas a él. Volviendo al ejemplo del tipo que no responde, una posible reacción es que su «no respuesta» no te guste. Esta es una reacción humana normal y saludable; de hecho, es importante conocer tus necesidades y tus deseos. Así que bien: quieres que alguien te envíe mensajes y que sea consciente y exprese que te desea. No hay nada malo en eso. Mereces tener estándares altos, necesidades emocionales y deseos hermosos.

Al cambiar de la reactividad a la proactividad, te haces el regalo de la gracia de observar lo que no deseas y recuperas tu poder diciendo: «No deseo estar con alguien que no me textea después de salir con él para decirme que la pasó bien. Y si no la pasó bien, sólo quiero estar con alguien a quien yo le guste y que exprese su interés en mí». Entonces, desactivo el desencadenante porque no creo que me están rechazando, ignorando, abandonando, porque es fácil no amarme, es fácil dejarme y no valgo nada. En su lugar, digo: «Me amo lo suficiente para saber lo que me merezco y escojo no estar contigo».

Esta es una oportunidad para incrementar tu valía personal y dejar de buscar validación externa para centrarte en tu valía interna. Al repetirlo una y otra vez, cada vez que el obstáculo o aparente obstáculo sucede, adelantas la sanación del desencadenante. Continúas enfrentando el desencadenante emocional cuando te calmas, le hablas a la voz autosaboteadora que surge de la herida y que viene a destrozarte y a recordarte por qué no te aman, por qué no vales, por qué no eres importante, etc.

Háblale al monstruito inseguro. Di «no» con voz de autoridad: «¡NO! Me niego a escuchar estos ataques. Me niego a escucharte. Te ordeno callar».

Muchas de estas cosas no tendrán mucho sentido hasta que estés en la situación real que te genera un disparador emocional y en donde puedas poner esto en práctica. No es algo que puedas hacer con sólo leer el libro. Esto tiene que suceder en la vida real, con desencadenantes verdaderos que te hacen sentir como mierda. Así que practícalo y úsalo cuando sientas un desencadenante. No sólo *leas* esta parte. *Haz* esta parte. *Tienes que hacer este trabajo del alma para que funcione.*

¿Será divertido? ¡Claro que no! En realidad, se va a sentir como una pequeña muerte. Te sentirás horriblemente desorientada. Pero también te sentirás empoderada. Te levantarás como una guerrera con la espada lista para atajar las mentiras e ilusiones y acceder a la dicha de tu verdad y de tu valor personal. Al practicar esto mediante la acción, se convertirá en sabiduría y conocimiento en tu cuerpo y en tus huesos, en lugar de sencillamente recordarlo en un nivel superficial de la mente.

Y mientras más lo hagas, más fuerte te harás para no creer las mentiras de que el obstáculo significa algo horrible sobre ti. Mientras más lo hagas, cambias la reactividad en proactividad y creas espacio entre el desencadenante y tú. Y en ese espacio, tienes el poder, el prana y la presencia para escoger tu «yo» empoderado y no tu «yo» herido y fracturado. Porque el «yo» herido viene de un lugar de desesperación y pánico, y en ese estado no puedes ver lo que tienes que hacer para sentirte segura. En esencia, en esos momentos desencadenados, te sientes insegura. Este trabajo del alma tiene la intención de hacerte sentir segura.

Desde luego, si en verdad estás en una situación externa de inseguridad con una persona abusiva, tienes que conseguir ayuda profesional de inmediato para salir de esa situación. Más allá de eso, este trabajo se trata sobre: cómo puedes cuidarte de modo que tus nervios no estén tan expuestos, que tus heridas no sangren y que el «yo» sabio y centrado se levante con ingenio, inteligencia, estilo, poder y verdad y diga: «Muy bien, confío en mí. Observaré y veré qué sucede; y, si no llama, no importa, porque de todas formas sólo deseo hombres que estén presentes. Y, ¿sabes qué? No me puedes abandonar, porque soy una mujer hecha y derecha y me tengo a mí misma. Yo me tengo. Dios me tiene. Nadie me puede abandonar; sólo yo. Yo me escojo. Escojo cuidar mi herida y no reaccionar a ella».

Así que, ¿cuáles son tus desencadenantes? ¿Te desencadena alguna de estas situaciones? Si piensas en alguna otra, escríbela aquí debajo. Piensa sobre las situaciones que realmente te sacan de centro.

- Que alguien te rechace, te ignore o esté enojado contigo

- Que alguien no quiera resolver un problema

- Que alguien diga: «Tenemos que hablar»

- Que alguien diga que eres «sensible»

- Que alguien no demuestre abiertamente amor ni sea una persona expresiva

- Que alguien diga que eres vaga

- Que alguien se retraiga o se calle

- Que alguien no diga que hiciste un buen trabajo después de haber trabajado duro en algo

- Que alguien no dé las gracias

- Que alguien te dé una mirada de desaprobación

- Que alguien te culpe o te avergüence

- Que alguien te critique

- Que alguien esté demasiado ocupado para atenderte o que de más prioridad al trabajo que a ti

- Que alguien aparente no alegrarse de verte

- Que alguien te necesite sólo sexualmente o que te diga que te ve sólo como amiga

- Que alguien te bese o te haga sexo oral

- Que alguien trate de controlarte

- Que alguien sea emocionalmente dependiente

- Que alguien cambie sus patrones: por lo general llama todos los días, y un buen día, no llama

- Que alguien te diga algo sobre tu cuerpo

- Que alguien te diga un piropo

- El olor del alcohol

- Alguien con una cierta apariencia o que habla de cierta manera

Al hablar de sanar heridas del alma y desencadenantes emocionales, debemos entender que, con frecuencia, son las heridas no sanadas las que toman las decisiones por nosotros. Y obviamente no queremos que esto ocurra. Al sanar las heridas, recuperamos nuestro poder y tenemos la capacidad de decidir como adultos saludables y empoderados.

A su vez, cuando tomas acciones desde la herida, podrías estar suprimiendo, evitando, escondiendo en clósets oscuros a esos disparadores emocionales.

¿De qué maneras evitas tus desencadenantes?

- Me pongo superansiosa.

- Me pongo emocionalmente dependiente.

- Paso por alto mis necesidades emocionales y me convierto en una persona complacedora.

- Digo que sí cuando quiero decir que no.

- Amenazo con irme para que no me dejen.

- Dejo de hablarle a la otra persona y me alejo de ella.

- Le echo la culpa de mi dolor a otra persona.

- Me refugio en una adicción: drogas, comida, alcohol, sexo, pornografía, compras, trabajo, juego, etc.

- Lo ignoro y hago como que no está sucediendo.

- Lucho, pero no comunico cuán adolorida estoy.

Quiero que conozcas tus desencadenantes emocionales como si fueran tus mejores amigas, para que así puedas decir: «Maldita, *te veo venir*. Esta vez no voy a caer en tu trampa». «Déjame darte amor antes de que te autosabotees y lo mandes todo al carajo». (Dicho a ti misma con mucho amor, desde luego).

FÓRMULA PROACTIVA

Un concepto importante que quiero presentar al hablar de heridas y desencadenantes emocionales es el *qlifot*, que en el misticismo judío se define como una cáscara hecha de tu sombra o *tikún*. Cuando encaras esos obstáculos y los sobrepasas, abres la cáscara y logras acceder a la luz.

Este concepto llegó a mi vida cuando más lo necesitaba y de verdad que me ayudó a establecer una pauta en torno al «por qué», a nivel del alma, este patrón de mi herida se repetía y ocurría en mi vida. Yo me imagino las heridas como el *qlifot*: donde dentro de la dura cáscara de la herida hay luz, sanación, milagros, crecimiento emocional y crecimiento del alma. Según sanas, recuperas esas chispas de luz perdidas. Tu meta, entonces, es enfrentar constantemente el obstáculo cuando surge y saber que existe un significado espiritual más profundo. Los desencadenantes emocionales, las situaciones que te sacan de quicio, existen para que sanes la herida y recuperes la luz perdida en esas áreas.

Eres un recipiente, y mientras más llenes el recipiente con la verdad de quién eres como un ser divino, una Diosa, más vives tu vida y escoges empoderar a la totalidad de tu alma en vez de darle poder al «yo» herido y fragmentado.

Para ayudarte en esta tarea, te recomiendo la fórmula proactiva, que se basa en principios cabalísticos.

Cuando experimentes una conducta, pensamiento o emoción desencadenante, en vez de saltar al estado reactivo, haz una PAUSA. Al pausar en lugar de reaccionar, tienes tiempo para volver a tu estado empoderado, en el que la divinidad te puede ayudar a ESCOGER desde un espacio proactivo: un espacio centrado.

Se trata de una forma de autorregulación, para que tu sistema nervioso esté calmado antes de reaccionar. Puedes reducir la ansiedad y el temor y estar en un lugar en que te sientas bien. Ves cosas que, de otro modo, no verías. Te *das cuenta* de las señales (banderas rojas emocionales) y puedes escoger tomar otro camino en lugar de traumatizarte otra vez.

Así que, ¿cuál es tu *tikún*? Digamos que tu *tikún* es «me abandonan y me dejan; todos me dejan». Has empezado a salir con alguien y las cosas fluyen y van bien. Entonces, recibes un mensaje de texto: «Amor, he estado estornudando sin parar y me siento bien débil. ¿Te importaría mucho posponer la cena de esta noche? Me encantaría salir contigo el lunes, martes o jueves. ¿Tienes inconveniente en salir uno de esos días cuando ya me sienta de nuevo bien? Así que, si no me ves en el gimnasio mañana, ya sabes por qué. Estoy en la cama, en posición fetal».

¿Tu reacción inmediata? «¿Así que quieres terminar conmigo? Ya no te gusto, ¿verdad?».

He aquí el truco: nunca se sabe con seguridad si alguien

miente, excepto si confiamos en nuestra intuición y observamos cómo se comporta la persona. En este caso, el tipo en realidad es honesto. Pero digamos, por ejemplo, que el tipo es un embustero que en realidad está cancelando para salir con otra persona. De hecho, esto no importa porque, diga o no la verdad, la herida que se desencadena requiere el mismo tipo de sanación.

De manera que aquí el problema u obstáculo no es el tipo que cancela la cita, a quien quizás no le gustas, y que es un mentiroso que no merece confianza. El obstáculo es realmente tu respuesta a la herida, porque debes aprender a apaciguar el desencadenante interno, a convertirte en observadora de la situación y a tener un sentido de ti misma lo suficientemente desarrollado para saber si alguien está diciendo la verdad o no.

En esencia, sanar el desencadenante supone ir de lo reactivo a lo proactivo. He aquí lo que puedes hacer:

Una situación u obstáculo desafiante surge en tu vida:

- **PASO 1:** Pausa. Observa tu naturaleza reactiva.

- **PASO 2:** Date cuenta de que tu verdadero enemigo no es la situación u obstáculo desafiante que ha surgido. El problema es tu *reacción* al obstáculo.

- **PASO 3:** Comprende que este obstáculo te lo brinda la Divinidad para tu crecimiento.

- **PASO 4:** Pide ayuda a la Divinidad para que te guíe a la solución más proactiva de la situación. Por ejemplo, puedes decir algo así: «Poder superior, ayúdame a tener la paciencia y la gracia para caminar por esta situación de manera distinta. Dame la fortaleza y la claridad para manejar este asunto de manera que alimente el «yo» más elevado de mi alma. Lléname de tu fortaleza y sabiduría. Ayúdame a escoger lo proactivo en lugar de lo reactivo. Gracias».

- **PASO 5:** Luego, una vez que sientas que has recibido guía y estás calmada, toma una acción proactiva.

Esta fórmula proactiva me ha salvado tantas veces. En momentos de desencadenantes reactivos me permitió hacer una pausa y escoger calmar mi sistema nervioso e insertar una solución proactiva en lugar de una conducta reactiva. Otra herramienta que ayuda para pasar de la reactividad a la proactividad es la siguiente:

Herramienta extra: Di en voz alta o a ti misma lo que deseas encontrar al otro lado del desencadenante emocional. Por ejemplo: «Deseo sentirme segura y es mi intención compartir de manera que me sienta segura y escuchada. Tengo miedo, pero estoy aquí por mí. Estoy asustada, pero deseo sentirme calmada. Deseo tener una conversación desde un espacio que me haga sentir confiada, serena y en mi centro. Quiero ser una mujer de gracia. Quiero ser una mujer que dice su verdad con vulnerabilidad y honestidad. Quiero hablar en paz». Así, te recuerdas a ti misma cómo quieres ser y sentirte en contraposición a ceder y alimentar el desencadenante.

Por último, repite el mantra: «Lo que pasa ahora no es lo que pasó antes». Mejor aún, di: «Si esta situación me resulta familiar, puedo echar mano de las herramientas que tengo hoy para lidiar con esto de otra manera. Escojo lidiar con esto de una forma nueva que me produce más paz». Si una situación desencadenante es similar, tendrás que responder al desencadenante de manera diferente para que sane. De otro modo, la situación seguirá repitiéndose hasta que lo logres.

Te ofrezco estos pasos, pero también quiero recordarte que esto es un viaje. ¿Por qué? Porque demasiados libros de autoayuda dependen demasiado de «si das estos pasos así, serás feliz siempre». Eso es mentira. Es psicológicamente dañino y puede ser realmente destructivo para alguien que esté lidiando con traumas, sufrimientos, abuso, pobreza, enfermedad mental, racismo, etc. Me interesa ayudar a la gente a encontrar una manera sostenible de manejar sus emociones y de ser todo lo que son; y, en ocasiones, eso significa sentirse triste o deprimida o ansiosa, pero a pesar de todo maravillosa, y alegre y perfectamente imperfecta. Así que es importante recordar esto, particularmente cuando se exploran las heridas del alma y los desencadenantes emocionales.

Sin embargo, el beneficio de la fórmula proactiva es que te permite pausar, interrumpir la sensación de caos y cambiar el patrón negativo.

- Respira

- Tómate un vaso de agua

- Escucha una canción

- Haz algo, cualquier cosa, con tal de que no sea alimentar tus desencadenantes

Este interruptor de patrones te permite dejar entrar a la luz, al Creador, Dios, la Fuente; y en esta pausa, puede ocurrir la sanación. Ahora tienes tiempo para pasar a un espacio nuevo y *escoger*, no desde la compulsión y el «yo» fragmentado y herido, sino desde el «yo» sanado. Obtienes más claridad.

Esto también lo logra la meditación. Te permite que llegues a tu centro, a tu ser, que tu alma vuelva a tu cuerpo. Le da a tu sistema nervioso la oportunidad de calmarse, de pasar del estado de luchar, huir o paralizarse a un estado más neutral en que tienes la posibilidad de escoger de nuevo.

Prepara una lista de los interruptores positivos de tus patrones que puedes aplicar cuando sientas un desencadenante.

No es posible borrar por completo una experiencia traumática, pero puedes aprender a manejarla mejor. Así que mi meta aquí al enseñarte acerca de las heridas, los desencadenantes emocionales y algunas de las herramientas que puedes usar para nutrir la herida en un nivel psicológico y espiritual, no es que puedas tratar de sentirte feliz y sin desencadenantes permanentemente. Se trata de estar en sintonía contigo misma, de conocerte y de conocer tus puntos dolorosos; así como observar como respondes a ellos para que puedas aceptar todo lo que eres. Desde ese punto, puedes continuar a ser más saludable emocionalmente... un día a la vez, un momento a la vez.

CÓMO CONVERTIRTE EN LA PROGENITORA DIVINA DE TU NIÑA INTERIOR

Al convertirnos en adultas, parte de nuestro trabajo es volver a cuidar y a criar a nuestra niña interior, convirtiéndonos en los padres que hubiéramos querido tener la mayor parte de las veces. (Advertencia de desencadenantes en los párrafos a continuación).

Una de mis clientas es una mujer cuyo padre la violó cuando ella era más joven. (Llamo *violación* a todos los actos de abuso sexual porque la palabra describe mejor el acto de violencia que se comete contra una criatura). Ella creció sintiendo una vergüenza profunda y mucho odio hacia sí misma porque internalizó que la violación significaba que ella no merecía amor y que, de alguna manera, había sido culpa de ella. Cuando finalmente tuvo la valentía de decir lo que le había sucedido, le dijeron que estaba mintiendo. No le hicieron caso y la ignoraron. La vergüenza que sentía se intensificó. Sentía que se volvía loca y estaba avergonzada de haberlo contado. Durante años después del incidente tuvo que ver a su padre y hacer como si nada hubiese sucedido. Siguió su vida escogiendo hombres que reflejaban su dolor original. Se criticaba muchas veces. Se insultaba a sí misma de la peor manera. Se decía a sí misma que era «tonta, insegura, loca» y muchas otras cosas. «Esto es porque estás herida. Tu padre te violó y por eso no confías. Estás tan jodida...».

Pensar en todas las mujeres que he conocido a lo largo de los años —yo incluida— que se han autoflagelado y que han tapado su herida. La idea de esto me hace llorar. Tanto sufrimiento. Tanto odio. Tanta autoflagelación.

Imagina que en lugar de rechazarla y no confiar en sus palabras y lo que tenía que contar, la hubieran recibido con amor y respeto incondicionales. Imagina que alguien la hubiese abrazado con fuerza y le hubiese dicho: «Te creo. Dios mío, lamento tanto que esto te haya sucedido. Vamos a buscarte ayuda. Vamos a denunciarlo y vamos a llevarte a un lugar seguro lejos de él. Estoy aquí para ti. Te amo. Te creo. Llora, grita, suéltalo todo. Puedes tener coraje; él está enfermo y tú no te merecías nada de esto». Imagínate ese tipo de amor y validación.

Entonces, quizás, ella habría podido darse ese tipo de amor, aceptación y confianza. Pero si nos encontramos suficientes veces con este tipo de rechazo, creamos vías internas que nos llevan a rechazar, castigar y abusar al «yo». Acercarse al sufrimiento y a las emociones no es fácil, pero vale la pena. Acercarnos a nuestras heridas y desencadenantes y convertirnos en padres saludables para nuestra niña interior es clave. Enfrentar el sufrimiento con amor es la manera de sanar.

En este proceso, presta atención a lo que está sintiendo tu niña interior.

Paso 1: Reconocer el llanto de tu niña interior

No podemos ayudar a nuestra niña interior si no estamos en sintonía con las necesidades, deseos y emociones de nuestra niña interior. Como muchas de nosotras estamos anestesiadas y hemos huido de nosotras mismas porque el sufrimiento es demasiado, debemos dar pasos para sintonizarnos con lo que nuestra niña interior está sintiendo.

«Amor mío, ¿qué sientes?». Sintonízate con el cuerpo; el

cuerpo es el mensajero de las emociones del alma. ¿Tienes el estómago hecho un nudo? ¿Te duele el corazón?

Paso 2: Conviértete en el progenitor amoroso que siempre deseaste tener

A esto le llamo encarnar a los progenitores divinos —el padre y la madre—. Ese padre y madre en su divinidad, que va más allá de este ámbito y encarna los ideales saludables del arquetipo del padre y la madre; por ende, hayas tenido o no padres saludables en esta vida, he aquí la oportunidad de soñar con el ideal. ¿Qué habría querido escuchar de pequeña? ¿Qué me habría hecho sentir segura, escuchada, apreciada, reconfortada, amada, nutrida, abrazada, protegida, respetada y en paz?

Imagina las emociones que querrías ver en estos padres ideales. Encárnalos mientras le hablas a tu niña interior. Lo que tu niña interior expresó, ellos lo sintieron. Háblales. Responde a sus necesidades, sus sentimientos, sus emociones. Mira a tu niña interior a los ojos y dile: «Te escucho. Te veo. Estoy aquí para ti. Está todo bien y va a estar bien». Sé curiosa y amorosa con tu pequeña «tú». La pequeña «tú» necesita tu amor al explorar tus heridas esenciales.

Paso 3: Enfrenta las principales convicciones basadas en la vergüenza

He aquí un ejemplo de una convicción basada en la vergüenza: nadie me ama porque mi padre abusó de mí, y si él abusó de mí fue porque no soy suficientemente buena para ser amada, y si no soy suficientemente buena para ser amada, todos los hombres me abandonarán. Es fácil no amarme. Es difícil amarme.

Ahora puedes hablarle a la convicción basada en la vergüenza en calidad de padre amoroso. He aquí una situación hipotética:

María Sofía ha salido con varias personas que ha conocido en aplicaciones de citas y finalmente conoce a un tipo que le gusta, Julio. En su cuarta cita, Julio comienza a decir que su exnovia le consiguió el trabajo que tiene en la actualidad y que, a pesar de que está contento de no seguir en una relación con ella, le agradece que le ayudara a crecer profesionalmente.

De inmediato, María se siente desencadenada emocionalmente y comienza a compararse. Sus pensamientos empiezan a dispararse en rápida sucesión. El cuerpo se le pone rígido; se siente paralizada. «¿Debo ayudar a Julio profesionalmente? Quizás no le saque mucho partido el salir conmigo. ¿Le gustará esa chica todavía si es que la sigue mencionando? Quisiera que la odiara, pero parece agradecido con ella por algunas cosas».

Aquí vemos que María Sofía se siente desencadenada por algunas convicciones profundas. Necesita tiempo con su niña interior para hablarle a la herida esencial en calidad de un progenitor amoroso.

Niña interior María Sofía: No me gusta cuando habla de su ex. Me duele y me hace sentir atemorizada de que la ama a ella más que a mí.

Progenitor amoroso adulto María Sofía: ¿Por qué te duele cuando él habla sobre ella?

Niña interior: Porque me hace sentir que no soy suficientemente buena, y si habla sobre ella, entonces claramente la ama todavía. Y si la ama todavía, entonces no me ama a mí. No puedo enfrentar ese sentimiento. Me duele demasiado.

Adulto amoroso: ¿Por qué duele tanto? ¿Crees que al él mencionarla significa que no te ama?

Niña interior: Sí.

Adulto amoroso: ¿Eso te recuerda a algo de las heridas de tu niñez? ¿Algo que te recuerde acerca de tu relación con tu madre o padre?

Niña interior: Sí, mi padre siempre comparaba a las mujeres y luego terminaba siendo infiel. Hasta engañó al amor de su vida con la prima de ella. Luego se arrepintió, pero en el momento de la infidelidad no le importó. Estoy asustada. Si eso lo hizo mi papá, Julio puede hacerlo también.

Adulto amoroso: Julio no es tu papá y que él te cuente que su ex hizo algo bueno no significa que quiera estar con ella. Él es capaz de expresar que, a pesar de que no quiere estar con ella, está agradecido de algunas partes de su relación y eso no le resta a la gratitud que siente por ti ahora.

Niña interior: ¿Y si me deja?

Adulto amoroso: Que tu papá engañara a alguien tenía que ver con su autoestima y su búsqueda de validación fuera de sí.

Él estaba herido y su sufrimiento lo llevó a actuar de manera no íntegra. ¿Julio ha actuado de manera no íntegra contigo? ¿O te ha mentido?

Niña interior: No, no me ha mentido, pero temo que lo haga.

Adulto amoroso: Aunque él se fuera, recuerda que tú estarías bien porque si hace algo así claramente no querrías estar con él. El temor y la anticipación del sufrimiento es lo que te está haciendo daño y volviéndote loca. En vez de presumir que las cosas irán mal, debes estar atenta a lo que se presenta en la relación. ¿Acaso él ha sido honesto? ¿Ha demostrado que merece confianza? ¿Están alineadas sus palabras y sus actos?

Niña interior: Sí, pero tengo miedo de que deje de hacerlo.

Adulto amoroso: Sea lo que sea que pase recuerda que estás segura conmigo. Te amo y estoy aquí para ti. Estás segura en ti misma, más allá de lo que pueda ocurrirte. Tu intuición te guía. Permítete seguir confiando en tu instinto, un día a la vez.

Niña interior: Está bien. Me siento más segura al saber que estoy segura de mí misma y que mi padre amoroso me cuida.

Paso 4: Pide al espíritu que te guíe

Esta pieza es necesaria y quiero destacarlo aquí. No importa lo que te haya sucedido, creo en el poder del espíritu que vive en ti —en tu alma— fuerte y brillante como el sol. Creo en nuestra capacidad innata de sanar de los crímenes horribles e incomprensibles cometidos contra nosotras mismas. Por momentos podrás sentir que no quieres hacer el trabajo. Porque, seamos honestas, hacer trabajo emocional de este tipo no es para los débiles de corazón. Pero adivino que, si estás aquí, tu corazón arde con el fuego de tus antepasadas y late con la sangre del deseo de cambio. Eres más fuerte de lo que crees, así que continúa... un paso a la vez.

Trabajo del alma

Llegó el momento de ahondar en ti y llegar a conocer mejor tu paisaje emocional. En tu diario, escribe las respuestas a las siguientes preguntas:

1. ¿Cuales son tus desencadenantes emocionales principales?

2. ¿Cómo te sientes cuando estás emocionalmente reactiva?

3. ¿En qué área de tu vida tienes más desencadenantes emocionales?

4. ¿Cuál es la herida original que se relaciona con este desencadenante emocional?

5. ¿Cuáles son las maneras poco saludables que tienes de afrontar tus desencadenantes emocionales?

6. ¿Cuáles son las formas saludables que tienes de afrontar tus desencadenantes emocionales?

Mantra

Tengo derecho a satisfacer mis necesidades emocionales. Siento la seguridad de ser amada, abrazada y percibida. Me tengo.

Ceremonia

Sanación del plexo solar

Cuando te desencadenas emocionalmente te alejas de tu centro, de tus entrañas, de tu plexo solar. El plexo solar se asocia con el color amarillo. El mantra asociado con el fortalecimiento y sanación del plexo solar es el sonido «RAM». Este mantra es un *beej*, y *beej* significa «semilla». Lo que me encanta de los mantras semilla es que van a la raíz.

Según nos dirigimos a la sanación de raíz, queremos trabajar con los sonidos y colores asociados con estas partes y centro de energía del cuerpo. Esta ceremonia combinará el color amarillo, una vela y el sonido del mantra *beej* al repetir «RAM».

Compra una vela votiva amarilla, idealmente una que no sea tóxica sería mucho mejor. Una vez tengas la vela, antes de encenderla, quiero que busques un rotulador indeleble y escribas sobre un cristal: «Soy fuerte y segura. Mi autoestima resplandece como una luz brillante». Siéntete libre de escribir cualquier otra cosa pues esta ceremonia sagrada es tuya.

Antes de encender la vela, la intención que le pongas a la ceremonia es clave. Respira, considera tu intención y permite que tu oración, intención y energía saturen la vela. La energía que pongas en tu intención hace la magia. Esta vela representará tu autoestima y la sanación de tus desencadenantes emocionales.

Enciéndela y colócala en un lugar seguro, por ejemplo, en tu altar.

Toma asiento en un lugar de meditación cómodo y repite las palabras «RAM, RAM, RAM». Pon un contador de tiempo inverso ya sea en tres o cinco minutos —cualquiera de los dos tiempos va a funcionar para ponerse en ritmo y que fluyan el mantra y la meditación . Recuerda que al repetir el mantra RAM, estás sanando tu autoestima. También puedes colocarte las manos en el plexo solar; el tacto añade un elemento adicional de energía sanadora. El plexo solar es el área que se encuentra justo encima del ombligo, debajo de las costillas. Y al tocarte el plexo solar, puedes continuar repitiendo el mantra «RAM».

Te estás sanando con estas herramientas ceremoniales que puedes continuar usando por tu cuenta siempre que las necesites. Siéntete orgullosa de ti misma por hacer este trabajo. Al terminar, date las gracias, da las gracias a tu alma y da las gracias a nuestros guías. Respira por la nariz y exhala grande, en entrega total, por la boca. Vuelve a este ejercicio tantas veces como sea necesario a lo largo de este proceso.

¡Hónrate a ti misma, Diosa, por el trabajo del alma que estás haciendo! Entusiásmate con cada pequeño paso que das, porque todos se suman. Vivimos en un mundo obsesionado con el éxito exterior, pero el trabajo del alma se hace en la oscuridad, en el silencio de la noche, en los momentos contigo y con tu almohada; con las lágrimas que bajan por tu rostro y la luz tenue de la esperanza cuando te comprometes a hacer este trabajo duro pero gratificante. Atar los cabos y ver cómo tu pasado afecta tu futuro es algo poderoso y profundo. Espero que veas que, haciendo esto, se encienden las luces. Las neuronas se encienden y encuentran el sentido de las cosas; la consciencia se expande y crece.

Durante este proceso, recuerda pedirle a tu alma, a tus guías, a tus ángeles guardianas, que te ayuden en tu sanación. Esta es una sanación práctica, bien fundamentada, basada en la psicoterapia y en la experiencia espiritual del alma. Para mí, tienen que ir juntas. A medida que van avanzando, pide atar más cabos: «Espíritu, llévame a atar los cabos de mi psiquis y alma a fin de hacer los cambios que tú querrías que haga para alcanzar mi «yo» más elevado en esta encarnación. Gracias y que así sea, amén».

A continuación, exploraremos las trampas del alma. Este es uno de mis capítulos favoritos pues pienso que es esencial que reconozcamos las formas en que generalmente caemos en la trampa. De esa manera, podremos reconocer esas trampas fácilmente y olerlas desde lejos. Quiero que seas capaz de descubrir lo que no está alineado con el alma, para entonces reconocer lo que está alineado con el alma. Hacia allá vamos.

Tengo el derecho de satisfacer
mis necesidades emocionales.

Puedo sentirme segura de ser amada, abrazada y percibida.
Me tengo a mí misma.
#yosoydiosa

CAPÍTULO 4

CÓMO RECONOCER LAS TRAMPAS DEL ALMA

*Practica el escuchar a tu intuición, tu voz interior; a hacer
preguntas; sé curiosa; mira lo que miras; oye lo que oyes;
y luego actúa según lo que sabes que es verdadero. Estos
poderes intuitivos los recibió tu alma cuando naciste.*

—*Dra. Clarissa Pinkola Estés*

Es importante que una mujer que está en proceso de asumirse
Diosa —de asumir su «yo» sabio, pleno e intuitivo— aprenda
a oler las trampas que tienen la intención de atrapar nuestra
alma fiera, creadora, plena y dinámica. Es importante detectar el peligro antes de que llegue y cuando se vaya acercando.
Es importante sentirlo, como cuando los animales de la selva
sienten al depredador cuando viene. Porque estar atrapadas
psicológica y espiritualmente también es una muerte.

Nosotras, al igual que un conejito a punto de ser engullido
por un zorro, podemos caer en las trampas de los depredadores.
Algunas trampas son personas, otras el esperar demasiado; otras

son negarnos lo que nuestra alma en realidad desea, o rendirnos ante las cosas del mundo y no escuchar el paso que marca nuestra alma. También puede ser sacrificar las cosas del alma por las cosas del mundo.

Al leer este libro y hacer el trabajo reparas y sanas tu intuición. Esto te permite estar alerta a las trampas que te impiden vivir la versión más alineada de la expresión suprema de tu alma. Pues cuando no hacemos caso de las señales y de las trampas, perdemos nuestro color; nuestro brillo; nuestro propósito; nuestra esperanza. Perdemos a Shakti; perdemos la luz encendida. Nos perdemos a nosotras mismas

SIETE TRAMPAS COMUNES DEL ALMA

Vamos a examinar algunas trampas comunes y ejemplos de cada una. Según lo vayamos haciendo, ve fijándote en las trampas que en este momento están presentes en tu vida. Cobrar conciencia de las trampas es el primer paso para no permanecer en ellas o caer en ellas otra vez.

Trampa 1: El confort

El confort nos atrae porque su olor nos es familiar. Es como la sopa de tu hogar de infancia. Aunque no fuese buena si la comías todos los viernes al regresar de la escuela, tiene algo de reconfortante y conocido. El confort tiene su lugar. Lo familiar, cuando es saludable, es distinto al confort del que hablo aquí. El confort al que me refiero es el confort de ir a lo seguro y conformarse, pero no necesariamente es porque lo desees o quieras.

He aquí una situación común entre las mujeres de mi práctica terapéutica y de sanación: «Estoy saliendo con un tipo. He estado con él diez años. Hace poco nos separamos por un tiempo. En realidad, me gustó estar por mi cuenta. Pero empecé a asustarme. Tengo treinta y dos años y no tengo hijos ni familia. Estoy ansiosa por tener familia y marido. Quiero ser madre. Me espanta la idea de que eso no suceda y, bueno... Sé que él no es precisamente saludable desde el punto de vista emocional y es un poquito tóxico, pero pienso: «¿*Podemos* hacer que esto funcione, quizás? ¿Quizás puedo tener un hijo con él y criarlo yo sola? Puedo usarlo, de cierta forma, ya que está ahí. ¿Quizás podemos resolver la cosa de alguna manera?».

El instinto le dice que se está conformando. Con frecuencia, alguna clienta hasta llega a decir: «Creo que es porque estoy cómoda». Pero el temor que siente porque no tiene pruebas de que va a conocer a su futuro esposo y tener un bebé, la mantiene atada a algo más tangible. Lo que es tangible es el tipo que tiene ahí. Aunque sea tóxico, es algo que conoce; alguien con quien tiene recuerdos y años compartidos juntos.

Y así, el confort la mantiene viva aunque su interior emocional esté muriendo lentamente. Una muerte que la lleva a estar atrapada, quizás como lo hayan estado anteriormente su madre y abuela. Se dedica a imitar las historias familiares en lugar de romper con el ciclo, porque tiene demasiado miedo de hacerlo. ¿Cómo puede confiar en la voz interior que le dice «Dedícate a estar sola, viajar; este es el próximo paso»? Está tratando de sujetarse con fuerza a sus mandatos familiares por temor a terminar sin familia ni bebé. Quiere hacer que todo funcione, aunque no funcione en su corazón. Forzar algo es una señal segura de que no es el camino del alma. El confort la ha dominado y ella está tratando de encajar en algo que no le da impulso de vida ni alimenta su alma. De hecho, roba su vida y le produce sensación de muerte. Es falso y paralizador. De esta manera, renuncia a vivir su verdadera vida del alma. Está asumiendo una vida falsa a cambio de un confort seguro, pero temporáneo.

No obstante, como Diosas empoderadas estamos aprendiendo a detectar esta trampa y a conocerla en todas sus manifestaciones. A estar alertas y precavidas cuando asoma la cabeza.

Háblale a la trampa: «Oye, trampa del confort: estás tratando de que me conforme con poco. Te veo venir. Te conozco. No me vas a dar la vida que deseo. No me engañas con tus mañas. Sé que quieres que me quede tranquila, pero no es mi alma la que está tranquila con esta elección, sino mis temores. Mi alma quiere que sea valiente, no que me conforme. Me niego a quedarme. Daré el salto. Voy a dar el paso difícil pero bueno para mí. Esto de conformarme es un callejón sin salida. Si escojo la vía de mi alma puede que sea difícil al principio, pero al final cuando esté en sintonía con ella, le daré vida a mi alma».

Aquí, el trabajo consiste en escoger la valentía en vez de la comodidad. Enviar ese mensaje de texto de despedida, bloquearlo en las redes sociales, cortar los lazos con el tipo, el ex, el empleo, los amigos que ya no te sirven. Dar el salto. Matricularte en esa clase de dibujo porque tu verdadero sueño es ser artista, o escritora, o viajar por el mundo, o salir en citas, o estar sola. Haz lo que es más difícil, pero que es lo mejor para tu alma. No elijas lo que es fácil y bueno solamente en este momento de tu vida.

Lección del alma: «Escojo la valentía en vez del confort».

Trampa 2: Oro falso

Esta próxima trampa es quizás una de las más atractivas de todas. Viene vestida de brillo; relumbrando por todas partes. Es la más sexy y atractiva de todas. Te llama por tu nombre y conoce todos tus deseos. Pero cuando te muestra tu deseo, hay una cosita que está fuera de lugar y puede ser tan pequeña que a veces ni siquiera es detectable.

Imagina que pones absolutamente todo lo que deseas en un mapa de sueños: un tablón con fotos de lo que quieres que se manifieste en tu vida. Tienes una foto de un tipo de piel chocolate y ojos verdes. Al lado, un hospital porque quieres que sea médico. Junto a eso, una foto de Jamaica, porque siempre soñaste conocer a tu esposo durante unas vacaciones, en un romance relámpago.

Ahora, adelanta dos meses; estás en tu viaje a Jamaica. Hiciste tu mapa de sueños, escribiste tu lista de cualidades del esposo ideal y con el rabo del ojo ves a un hombre que se parece increíblemente al hombre de tus sueños. Te sonríe mientras se acerca. Tú le sonríes, tímidamente, pero con seguridad. Tu corazón empieza a palpitar. Piensas: «Esto es demasiado bueno para ser cierto. Creo que este tipo es el que me estaba imaginando». Sientes que la temperatura de tu cuerpo sube. En un instante, se acerca a ti. Viene a saludarte. Te calmas, respiras y lo miras a los ojos.

—Hola —dice él.

—Hola —respondes.

—No pude evitar darme cuenta de lo deslumbrante que eres y quería saludarte. No sé si tienes novio y por lo general no acerco a las mujeres para hablarles, pero tenía que decir hola y ver qué pasaba.

—No tengo novio y me alegro de que me saludaras. Yo también te estaba mirando.

Ambos se sonríen y comienzan a conversar. A mitad de conversación, te fijas que su camisa tiene escrito el nombre de un hospital.

—¿Qué camisa es esa? —preguntas.

—Es de mi trabajo. Hicimos una actividad de recaudación de fondos para una organización de caridad y a todos nos dieron una. Trabajo como doctor, en pediatría.

Tratas de que no se te caigan los pantis, pero ¡ESTÁS ALUCINADA! Tu mente se dispara a pensar en tu hermosa boda en Italia y a dos niños en una preciosa e inmensa casa. No lo puedes creer. Lo sabías... justo como en tu mapa de sueños. Continúas hablando y, quién lo diría, él se mantiene sobrio al igual que tú. Es decir, la cosa se pone mejor y mejor. Terminan buscando algo de comer y una cosa lleva a la otra y terminan bailando. Él baila muy bien y tú te estás enamorando más y más con cada segundo que pasa. Al separarse, se besan y a él se le van un poco las manos, pero no demasiado. Sonríes, le agarras las manos y le dices:

—Eso me encanta, pero no tan pronto. No me gusta que me toquen así en público.

—Lo siento. Tienes razón, me entusiasmé demasiado.

Lo invitas a pasar un rato a tu cuarto, pero aclaras que no

quieres tener sexo. Él dice que le parece perfectamente bien, así que se dirigen a la villa. Cuando llegan allí, dice:

—Creo que no debo subir. Me gustas. Mejor vamos a vernos mañana.

Te sientes confundida, pero dices que sí. Piensas: «Quizás es verdaderamente cortés. Vaya. Le debo gustar de verdad. Hace dos segundos estaba superentusiasmado y ahora no quiere subir; qué extraño. Pero qué caballeroso». Le das un último beso y se despiden. Te envía un texto tan pronto llega a su casa. «Qué bueno fue conocerte, fue maravilloso. Hablaremos por la mañana. Fue difícil no subir; como que me arrepiento. Pero me alegro de que nos besáramos. Dulces sueños».

A la mañana siguiente, el primer mensaje de texto de tu teléfono lo envía él. Estás radiante. Sientes que esto podría ser algo más que una aventura de vacaciones. Él te escribe: «Buenos días, hermosa». Sonríes y respondes: «Buenos días :)». Él dice: «¿Qué te parece si nos encontramos y nos reunimos con tus amigos y mis amigos en la playa mañana?». Tú respondes: «Eso suena fantástico. Textéame y lo planificamos». El día siguiente llega..., pero el texto, no. En ese momento, sientes la intuición de que algo no anda bien. Parecía tan impaciente y después no quiso subir a la habitación. Dijo que quería que nos viéramos durante el día y luego no hubo respuesta. Está comenzando a sentirse como que algo ocurre... y te falta información. No quieres hacer una montaña de un grano de arena así que no dices nada. Pero estás triste y desilusionada. No cumplió su palabra. Finalmente, decides enviarle un mensaje por la noche antes de irte a la cama: «Oye, voy a ser transparente y, aunque normalmente no hago esto, quiero decirlo porque pensé que de verdad nos habíamos entendido. Nos besamos, fue maravilloso y hablamos durante horas. Dijiste que vendrías y luego cambiaste de parecer a último minuto y sugeriste que mejor saliéramos durante el día y entonces no supe más de ti. Aunque nos acabamos de conocer y no me debes nada, sentí una vibra transparente y *cool* de tu parte. Pero este no es mi estilo de comunicación. Espero que entiendas. Te deseo lo mejor y espero que disfrutes del resto de tu viaje». De inmediato te arrepientes de haberlo enviado, pero tu intuición se siente confiada y orgullosa de que fuiste clara, confiada y honesta. Una parte de ti tiene miedo de que la cagaste y que fuiste demasiado dura

Él responde al día siguiente. «Tienes razón. Te debo una explicación. De verdad me gustas y nunca he conocido a alguien como tú. Sé que te acabo de conocer, pero tienes todas las cualidades que he querido siempre. Tantas cosas de ti las siento mías. Pero me asusté. Acabo de terminar una relación hace un mes y me prometí que en este viaje estaría solo». Tú respondes: «Gracias por tu sinceridad. De verdad que me encanta hablar honestamente, con claridad y transparencia. Aunque aprecio tus palabras, habría deseado que me dijeras algo antes de que nos besáramos. Había ambivalencia en las intenciones. De todos modos, respeto tu honestidad, y yo también he tomado tiempo para estar sola después de terminar una relación, así que te recomiendo que lo hagas. Es lo mejor que he hecho por mí. Disfruta tu viaje y ojalá que tu corazón sane y encuentres paz aquí en esta isla. Que estés bien». Para tu sorpresa, él responde. «Me entristece, sin embargo; no quiero perder la oportunidad de hablar contigo. Me gustas. ¿Quizás podamos vernos antes de irme? No sé, no quiero no verte». Ya estás observando un para delante y para atrás, pero le sigues la corriente. Tú también quieres verlo.

Sabes que nadie es perfecto. De nuevo te percatas de que algo no anda bien, pero lo dejas pasar. Todo lo demás es perfecto. Haces una búsqueda en Google y te das cuenta de que también es empresario y millonario; ama los animales, los niños y el trabajo voluntario; y hasta tiene un blog en el que escribió una reseña de uno de tus libros de espiritualidad favoritos. Lo tomas como una señal y te dejas ir. Pero día tras día, hay muchas palabras y nada de acción. Tu intuición crece. Algo no anda bien y no sabes lo que es. Pero el oro y el brillo de que todo se vea perfecto en papel te hace continuar hablando. Tu intuición sigue insistiendo en que algo no anda bien. Pasa un mes y hay pocas llamadas, sólo textos y ningún plan de encontrarse y ver si esto puede llegar a ser algo verdadero.

Aquí está la trampa: ¿vas a seguir buscando el oro, lo que se ve perfecto en papel, o vas a confiar en tu intuición que te dice que algo no anda bien? Es fácil quedarse y seguir el señuelo. La atracción te ciega. Pero debemos confiar en la intuición en vez de en el brillo.

Tiempo más tarde te conectas con otra persona. Es alguien que ha estado en tu vida durante años; nunca pensaste que te casarías con él o que saldrías con él, pero siempre te ha atraído. No estás preocupada por el futuro, sencillamente lo estás disfrutando y te sientes segura. Tan segura que le cuentas la historia del tipo que era perfecto en papel. Y él te recuerda amorosamente:

—¿No dices siempre que la intuición no miente? Confía en tu intuición. Si sientes que algo no anda bien, confía en eso.

—Tienes razón —respondes—. Me siento segura contigo, así que supongo que algo no anda bien porque no me siento segura con él.

En ese momento hay una elección, una decisión que tomar;

elegir el oro del alma, no el oro falso. Es difícil porque pocas veces hay pruebas contundentes. Es más bien una sensación en el estómago, un jalón en el corazón. Y debes ser suficientemente valiente para no permitir que las riquezas te cieguen, sino esperar el verdadero milagro... el verdadero oro del alma.

La mejor parte de esta historia es que se basa en una historia real, aunque he cambiado algunos de los detalles por motivos de privacidad. Y, al final, el tipo con quien me sentía segura y que insistió en que confiara en mi instinto es mi esposo. Llamo a esto mi prueba final. El tipo perfecto en papel y el tipo perfecto para mi alma. Estoy tan agradecida de que no caí en la trampa porque por años habría tratado de refutar mi intuición en lugar de confiar en ella. Esta vez, confié en ella y recibí recompensas que jamás hubiese podido imaginar.

Lección del alma: «Escojo el oro del alma en vez del oro falso».

Trampa 3: «¿Y si...?

¿Y si cambia? ¿Y si éste es el que es? ¿Y si ésta es la que es? ¿Y si espero y regresa? ¿Y si recibimos terapia? ¿Y si le doy otro par de años para decidir si quiere lo mismo que yo? ¿Y si logro hacer que funcione?

Los «y si...» son una trampa para muchas de nosotras. Nos inventamos mil «y si...» en vez de ver lo que en realidad es. La fantasía nos puede dejar esperando algo. Darle alas al «y si...» es una trampa que con frecuencia nos deja esperando años algo que no va a venir; y, durante esa espera, los huesos se nos debilitan, se nos marchita la frescura y vendemos el alma a cambio de una quimera. Tómate un momento y sé brutalmente honesta contigo. ¿En qué situación estás jugando a «y si...»? Y recuerda, esto aplica no sólo a tus relaciones, sino también a otras áreas de tu vida, como tu carrera.

Tuve una clienta que trabajaba en una influyente organización sin fines de lucro. Tenía estabilidad económica, pero su alma se estaba marchitando. Quería aventurarse a una profesión más sanadora, pero constantemente pensaba: «¿Y si no funciona?»; «¿Y si las cosas en este empleo mejoran?»; «¿Y si mejor espero un poco más?». Los «y si...» habían extendido la fecha de expiración de su alma. En tu caso, analiza los hechos para que puedas liberarte de esta trampa. ¿Qué es, en realidad, lo que está sucediendo en tu empleo? ¿Te han aumentado el sueldo? ¿Te valoran y aprecian? ¿Te nutre y te entusiasma? ¿El trabajo lo hace, en realidad, tu pareja romántica? ¿Están comprometidos con tu salud mental y espiritual? ¿Ves resultados? Recuerda los peligros del mundo de la fantasía. Dejarse atrapar por los mundos de la fantasía es muy común entre los adictos al amor, que crean este ideal en la cabeza por temor a dar el salto y hacer el verdadero trabajo que requiere tener una relación verdadera.

Tú te mereces enfocarte en la realidad del momento. Es importante descorrer el velo de la ilusión de lo que quisieras que sucediera y enfrentar lo que está sucediendo. Existe una diferencia entre soñar un futuro y fantasear de manera poco saludable. La clave aquí es observar la realidad y empoderarte para moverte.

Lección del alma: «Me enfoco en lo que *es*, no en *«y si...»*.

Trampa 4: La trampa de ser demasiado buena

En nuestra cultura a las mujeres, en particular, se nos educa para pensar en blanco y negro. Somos la virgen o la puta. Somos santas o demonios. El camino de la mujer salvaje es el camino que nos permite ser ambas: nos afianzamos en la realidad de que somos amorosas y feroces.

Nos venden el espejismo de que lo que necesita la sociedad es que seamos «buenas». Quizás de niña nos dijeran: «Las niñas no hablan. Escuchan y ya». Estos mensajes se nos graban en la mente y luego creemos que si nos apoderamos de nuestra voz y poder estamos mal y somos malas. Nos sentimos culpables de llamar al pan, pan y al vino, vino. Pues ya basta, Diosa. Llegó el momento de reclamar tu voz y tu poder.

Una de mis clientas, Clarissa, hace poco decidió dejar de hablarle a un tipo con quien sostenía una relación casual. Tenían sexo y salían, pero él no quería comprometerse con ella. Finalmente, ella se dio cuenta de que sus metas no estaban alineadas y que ella tenía que seguir su camino. Le envió un mensaje de texto claro, amoroso y potente en el que decía algo como: «Gracias por los momentos que hemos vivido. He madurado y aprendido mucho durante nuestro tiempo juntos. Me he dado cuenta de que no tenemos los mismos deseos y metas. Yo busco compromiso y eso es algo que tú no me puedes ofrecer. Respeto el lugar donde te encuentras y ahora voy a respetar donde me encuentro yo. Te pido que respetes mi espacio y no me busques, porque quiero enfocarme en mí para realmente progresar. Te deseo lo mejor en el camino de tu vida».

Él entendió el mensaje y estuvo de acuerdo en que él no le podía ofrecer más. Que la echaría de menos, pero que entendía. Hasta ahí, todo bien. Entonces, preguntó: «¿Podemos ser amigos?». Clarissa tuvo que buscar en su interior y determinar si eso en realidad estaba alineado con ella. Indagó y su alma dijo: «No estoy abierta a la amistad. Lo más saludable para mí es seguir mi camino y no tener contacto. Una amistad dolería demasiado. Pero te agradezco todo lo que he aprendido con esto. No tengo resentimientos. Es sólo que esto no me viene bien. Cuídate».

Fue al grano de manera clara y segura. Él entonces respondió: «Vale, entiendo. Respetaré eso».

Pasaron varias semanas y Clarissa estaba en París pasándola bien. Se sentía fuerte, como una Diosa, empoderada porque había escuchado a su intuición, había soltado amarras y había sido clara y directa. Fue feroz y, como resultado, se sentía ella misma. De repente, él le envío un texto que decía: «Te extraño». Ella no le contestó. Luego, unos días más tarde le volvió a escribir: «Sé que se supone que no te busque, pero te extraño mucho, Clarissa». No le respondió; seguía fiel a sí misma. La tercera vez le escribió diciendo: «Espero que estés bien; me pregunto cómo estás. Significas mucho para mí. Estoy triste porque no podemos ser amigos. ¿En realidad no es posible? ¿Quizás podemos almorzar cuando regreses?».

Esta vez hizo su aparición la tentación. Dos veces fue fuerte y en alineación con su alma, pero la tercera vez, cedió. Comenzó a racionalizar: «No debo ser mala. Él está siendo amable y, me pregunto, ¿cuán terrible puede ser que seamos sólo amigos?». Ella respondió: «Vale, podemos tratar. Me parece bien». Ella decidió ser la niña buena.

Cuando regresó del viaje, salieron a almorzar y en menos de diez minutos él le estaba contando sobre la otra mujer con quien estaba saliendo y que él la había escogido a ella en lugar de a Clarissa. Le dijo que siempre habría escogido a la otra porque ella nunca quiso una relación. Le destrozó el corazón en diez minutos en aquel almuerzo. Clarissa llegó a ver la oscuridad. Él le puso un señuelo y, una vez la tuvo, le sofocó el alma y trató de arrebatarle su chispa, su poder, su confianza. Ella había sido tan clara y segura, y había dejado la relación con tanta facilidad y elegancia, que desencadenó las inseguridades de él. Y recuerda que los hombres heridos así son peligrosos; te acosan y esperan a que estés fuerte para tratar de acabar contigo. Es una dinámica de poder.

Por suerte, Clarissa y yo habíamos estado trabajando juntas, así que ella sabía que no debía echarse la culpa. Recibió un golpe a la autoestima, desde luego, porque ¿quién no lo habría sufrido? Pero se compuso y dijo: «Tú sí que estás bien jodido. Yo nunca debí venir aquí. Tienes razón, siempre la habrías escogido a ella porque yo no te escogí a ti. Te dejé porque tú no eres para mí. No quiero verte más; no me llames, por favor».

A veces tenemos que pasar por la prueba varias veces antes de que entendamos. Es parte del proceso. Así que, si esto te pasa a ti, ya sabes que es normal y que sólo debes regresar a tu centro, a tu alma. Clarissa programó otra sesión conmigo para volver a tomar su rumbo. Durante nuestra llamada, yo le decía en broma que me gusta imaginarme a un equipo de ángeles tiernos, todos monísimos, que dan mensajes de luz y susurran: «Él no es para ti. Hay más por ahí». Tratan de que les hagas caso y, si no lo haces, viene el ángel mafioso y dice: «¡NO, MAMITA! Esto no funciona, reina. Tienes que despertarte, mama. Este hijo de puta es un cabrón, un vampiro de energía, ¡y estás por caer en la trampa! ¡Lárgate rápido!».

Lección del alma: «Respeto la dirección que me da mi alma».

Trampa 5: Pensar que eres «demasiado»

Da miedo decir nuestras verdades, y pensar que somos «demasiado» puede llevarnos a pasar por alto nuestra intuición y a dejar de comunicarnos. Esta trampa aparece comúnmente cuando hablo con mujeres sobre las citas románticas.

Durante nuestra sesión de *coaching*, Jazmín relató lo siguiente: «Creo que no debo decirle que no me gustó que me hiciera esperar hasta el último minuto para darme los detalles del restaurante, la hora y lugar. Quizás sea demasiado pronto para decir eso y, si digo algo, él pensará que soy demasiado, que soy loca y no le voy a caer bien. Debo quedarme tranquila y responder: 'Perfecto, te veo allí'». El problema aquí es que la persona con quien iba a salir no le confirmó los planes hasta una hora antes de la hora de la cita. Ella no pudo planificar su día. Llegar al lugar toma alrededor de cuarenta y cinco minutos, y ella estuvo todo el día esperando que él se comunicara.

Muchas veces se cree que decir lo que se piensa no es sexy o no es una cualidad atractiva. Por el contrario, decir lo que se piensa es como un campo de fuerza que protege nuestro espíritu, nuestro campo de energía, nuestras necesidades, nuestra verdad y nuestra confianza.

Cómo decimos las cosas es mucho más importante que lo que decimos. Y a la mayoría no nos enseñan a decirlo, o siquiera que tenemos derecho a decir nada, así que las mujeres se quedan esperando, sintiéndose inseguras, habiendo regalado su poder. Las Diosas cuando salen en citas escogen decir su verdad, con amor, pero también con seguridad. ¿Por qué perder tiempo? Esta no comunicación en realidad te hace aceptar los malos comportamientos durante más tiempo que si fueras capaz de denunciarlos.

En vez de eso, le aconsejé a Jazmín que dijera: «Oye, estaba entusiasmada con la idea de salir contigo esta noche, pero, como no te comunicaste para decirme cuándo y dónde, hice otros planes». Esto le mostraba al tipo que ella valoraba su tiempo y sus límites. O él se hace cargo o no lo hace, pero esto saca a relucir la verdad. Aquí, la verdad puede aparecer antes que en el espejismo de «actuar fríamente» y aceptar conductas que no están alineadas con su alma.

Toma consciencia de cuando tienes miedo de denunciar conductas que no te agradan. Resulta clave romper la trampa diciendo tu verdad de manera amorosa y directa.

Lección del alma: «Digo mi verdad cuando algo no está alineado con mi verdad».

Trampa 6: La ley de la atracción

Ha habido muchas enseñanzas espirituales sin una base psicológica firme, basadas en la Ley de la Atracción, que han llevado a muchas personas en busca de espiritualidad a creer que si algo llega a su vida, sencillamente deben aceptarlo y creer que lo atrajeron y de algún modo «se lo merecen». Esta manera de pensar puede ser muy peligrosa. Resulta más útil preguntarse: «¿Esta situación (o relación, o cosa) de mi vida, está alineada con quien yo quiero ser?». ¿Me estoy quedando más tiempo en esta situación porque pienso que voy a aprender algo, aunque sufra como resultado?». Si sufres emocional, mental o psicológicamente, no te tienes que quedar. En ocasiones, la lección espiritual consiste en aprender a *irse*.

La Ley de la Atracción tiene ciertos principios que son atractivos para muchos y algunas de sus partes son importantes, pero carece de la sustancia psicológica que empodera a las personas para hacer preguntas y ser curiosos y para apoyarlos a tomar decisiones empoderadas. Le hace pensar a la gente que son tan importantes que ellos mismos hicieron que todo les sucediera. Nadie es tan poderoso como para hacer que le suceda todo lo que le sucede. La vida es la vida y debemos entender que hay una fuerza mayor en juego. Así, no estamos atados por la Ley de la Atracción. Así, podemos analizar, escoger y aceptar que no *todo* se debe a ti... pero una vez que la situación hace su aparición, es decisión tuya cómo manejarlo.

Lección del alma: «El universo es misterioso y no todo se debe a mí. Por el contrario, con los pies firmes en la tierra y con intención, escojo qué hacer cuando surgen situaciones en mi vida».

Trampa 7: La desconfianza en sí misma

En el camino de aprender a cómo confiar más en nosotras mismas, es muy común que se experimente mucha desconfianza antes de llegar a confiar. Dudas de que vales lo suficiente como para poner límites en tu relación con los hombres. Dudas de que eres lo suficientemente buena como para comenzar ese negocio. Dudas de que puedes estar bien por tu cuenta y de que lo estarás. Dudas de tu voz interior.

La trampa de la desconfianza en ti misma disminuye tu autoestima y tu seguridad. Es la voz que siempre está confundida. Debes estar atenta a la desconfianza en ti, pero, en lugar de rehuirla, escúchala y háblale directamente.

Cuando comiences a escuchar o a sentir la desconfianza, cuestiónala y háblale tu verdad. Con frecuencia, cuando tienes dudas, es porque no has tenido tiempo de estar serena contigo misma para llenarte con tu propio poder, divinidad y confianza de Diosa. Así que busca el tiempo y espacio, por poco que sea, para

escucharte antes de actuar. Trata de no tomar decisiones cuando
está presente la desconfianza en ti misma. Cuando te sientas confiada, entonces toma las decisiones. Puedes estar confiada, aunque nerviosa, pero no escuches el consejo de la desconfianza en ti.

Una amiga me leyó una vez este verso de la Biblia, 2 Timo-
teo 1:7, que ella lee cuando se siente insegura: «Porque no nos
ha dado Dios espíritu de cobardía sino de poder, de amor y de
dominio propio». Cuando no tienes dominio propio, estás en el
espíritu del temor. No confíes en el temor y la desconfianza en ti
porque esa es la voz de la oscuridad. El Amor y la Divinidad no
te van a pedir que escuches la trampa de la duda. Así que, cuando se presente la duda, denúnciala. Reza y medita, y cuando te
sientas en dominio propio, entonces allí escucha.

Lección del alma: «No creo en la voz de la duda. Creo en la
voz de la confianza y del dominio propio».

SORTEAR LAS TRAMPAS

La idea de destacar estas trampas del alma es que puedas avanzar
con consciencia. Ser consciente será tu escudo a lo largo de la
vida. Te permite proteger tu intuición. Recuerda, y no lo olvides
nunca, que tu intuición es un regalo, una guía sagrada y divina
para toda la vida. Si conoces las trampas se te hará más fácil evi-
tarlas o, si caes en ellas, aprenderás a salir de ellas más rápido.
Algunas nos quedamos atrapadas en las trampas durante años.
Todas conocemos por lo menos una mujer que ha vendido su
alma a cambio de un empleo de oro falso o un hombre del montón que no llena su alma. Todas conocemos a alguien que ha colocado su sueño de escribir un libro en un estante a recoger polvo

por temor a no ser buena escritora. Todas conocemos a alguien que ha permanecido en una relación tóxica y ha perdido todo su brillo en brazos de un vampiro de energía. Algunas trampas conducen no sólo a la muerte espiritual y la muerte emocional, sino también a la muerte real. Mujeres que han muerto a manos de sus abusadores o que se han matado porque el camino del alma les pareció inalcanzable. Mi propósito no es infundir miedo, sino presentar una dosis saludable de realidad. Pues la espiritualidad bien fundamentada tiene que ver con la realidad y la magia; no con escapar de duras verdades sino de aceptarlas para que entendamos con qué lidiamos. Queremos romper generaciones de mujeres que se han quedado atrapadas en la trampa.

Estas trampas del alma son oportunidades de crecimiento profundo. Están ahí para ponerte a prueba. Están ahí para que aprendas de ellas y crezcas con ellas. Una vez que comienzas a oler las trampas y a tomar acciones alineadas, obtienes acceso a una intuición más profunda, así como a un renovando sentido de valentía, autoestima, valía propia y crecimiento pleno del alma. Si logramos enfrentar las situaciones que se nos presentan como tareas espirituales diseñadas para hacernos crecer, podemos entusiasmarnos con el trabajo por hacer. Recuerdo el momento en que en realidad comencé a entender que cada vez que se asomaba una trampa u obstáculo que me confundía, o me desencadenaba, o me aterrorizaba, simultáneamente había un milagro esperando... y comencé a entusiasmarme con la idea de conquistar la siguiente misión. Resulta esencial que nos mantengamos alertas y que miremos tras los momentos que parecen ser los más difíciles para que podamos acceder a la sanación que nos espera ahí. Estas limitaciones son clave para las mujeres en su jornada de vuelta a su «yo» y a su alma. Cuando conocemos esto y lo reconocemos, tenemos más posibilidades de no tomar los callejones sin salida, los caminos sin vida.

Trabajo del alma

Para transitar las trampas del alma, primero tenemos que aprender a reconocerlas. En tu diario, escribe tus respuestas a estas preguntas:

1. ¿Cuáles son las trampas predominantes de tu vida?

2. ¿Cómo se ha perjudicado tu vida por ignorar las trampas del alma?

3. ¿Qué sientes en el cuerpo cuando no le haces caso a una trampa del alma?

4. ¿En qué animal te quieres convertir para aprender a descubrir las trampas? Por ejemplo, podrías ser un búho, para ver claramente durante la noche, o un lobo, para oler mejor. No hay respuestas equivocadas; escucha tu intuición.

5. ¿Qué quieres descubrir al otro lado de ignorar las trampas del alma? Por ejemplo, al otro lado de ignorar las trampas del alma hay una mujer empoderada e intuitiva que percibe la verdad y le hace caso a la verdad que percibe.

Mantra

Despierto la sabiduría ancestral que llevo en mi interior. Huelo las trampas con anticipación, y actúo en congruencia para mantenerme segura.

Ceremonia

Prepara tu trampa

Para esta ceremonia, escoge una de las trampas más presentes en tu vida hoy. Vas a crear una manifestación física de la trampa para que puedas reconocer dónde te encuentras y puedas escoger cómo seguir adelante.

Hice una ceremonia como esta hace años, y hoy sigue siendo una de las experiencias más profundas de mi vida. En aquella época todavía estaba batallando con el alcohol y, cuando estaba borracha, lo manifestaba con una conducta sexual inapropiada. El asunto no es que mi sexualidad estuviese mal; el asunto es que venía de un lugar herido. Debió venir de un lugar de elección consciente con sobriedad emocional en vez de desde un lugar fragmentado de comportamiento reactivo. Sabía que algo no andaba bien con este comportamiento compulsivo y sabía que quería respetarme más y sanar esta relación con mi sexualidad. Visité a mi consejera espiritual y creamos una pieza de arte que representaba la trampa de «la solución rápida del sexo tóxico». Era responsabilidad mía pensar y usar mi creatividad para hacer una representación de esta versión oscura de mi sexualidad. Mis guías me llevaron a buscar un montón de condones y cinta adhesiva gruesa negra. La enrollé alrededor de los condones para representar estar atada en una maraña de distintas cuerdas sexuales de distintas energías. Luego terminé la pieza colgando distintas cuerdas que representaban todas las cuerdas no cortadas que yo había creado debido a mi conducta sexual inapropiada y descontrolada (*acting out*). Era un ejercicio sencillo, pero profundo. Materializar algo que yo había estado haciendo lo hizo más real aun para mí. Entonces compré una postal y me escribí una promesa en la que me comprometía a respetar mi sexualidad y a sanar la raíz de mi alcoholismo. La disposición a hacer este ritual y a *ver* los condones, la cinta adhesiva negra y las cuerdas me permitió asumir lo que estaba sucediendo dentro de mí. Los rituales y el arte son prácticas poderosas que permiten transformaciones y sanaciones profundas del alma.

Ahora quiero que practiques este ritual:

1. Escoge la trampa del alma que esté más presente en tu vida hoy.

2. Crea algún tipo de pieza de arte que represente esta trampa.

3. Escríbete una carta en la que te comprometes a no caer más en esa trampa, y a proteger, respetar y reverenciarte como la Diosa que eres.

¡Estupendo trabajo! Estas ceremonias podrían despertar algunas emociones. Si lo hacen, maravilloso. Deja que todo fluya. Lágrimas, aperturas del corazón, purgas: que venga todo. Sigue respirando. Debes estar orgullosa de haber hecho este profundo trabajo del alma.

¡*Yes*, mami! Aquí estamos bailando para celebrar contigo. Estamos despertando nuestros poderes ancestrales femeninos y comenzando a ver, a oler y a saborear lo que no está alineado con el alma. Me encanta este capítulo porque nos permite llamar a las trampas en voz alta y darles un nombre. Nombrarlas y ser conscientes de ellas, les resta poder sobre tu vida. La loba vive en ti —está oliendo las trampas diseñadas para dejarte estancada, para hacer que te conformes y, en esencia, matar al monstruo interior—; la esencia primigenia. El despertar de tu consciencia ancestral, hace que recibas con todo su ser a tu poder intuitivo que había estado desconectado de ti por mucho tiempo. Lo recibes con confianza, serenidad, ojos sabios y elegancia. A este viaje de vuelta a tu verdadera alma y tu verdadero «yo», lo vives con algo distinto dentro de ti. Una nueva forma de conocer. El conocer que sientes cuando una mujer que ve con su vista espiritual y huele con el olfato del alma entra en una habitación. Lo real se siente real. Estoy orgullosa de ti. Si surgiera cualquier otra trampa, nómbrala, explórala y activa tus sentidos de loba para detectar las trampas que están cerca de ti —de manera que puedas evadirlas y aceptar el don que te espera cuando cumples tu misión espiritual de no ceder a la tentación de la trampa del alma.

Despierto la sabiduría ancestral que llevo en mi interior.

Huelo las trampas con anticipación
y actúo en congruencia para mantenerme segura.
#yosoydiosa

CAPÍTULO 5

EL CUERPO COMO MAPA: CÓMO RECABLEAR NUESTRO SISTEMA

*Quien ha experimentado traumas tiene regalos que
ofrecemos a todos: en su profundidad, en su conocimiento
acerca de nuestra vulnerabilidad universal y en su
experiencia acerca del poder de la compasión.*
—*Sharon Salzberg*

Como demostraron Buda y muchos otros, abrirse a la realidad del sufrimiento forma parte de lo que es vivir en el mundo. Es inevitable que todos experimentemos sufrimiento, aislación, dolor emocional y físico así como traición a manos de personas amadas y otras que encontramos en nuestro día a día. Este dolor nos puede obsesionar y quedarse en nuestro cuerpo y alma toda la vida, o puede ser algo que se limite a experiencias y momentos específicos. Cualquiera que sea el caso, el sufrimiento siempre viene acompañado de un residuo de trauma.

Hay muchísimas definiciones distintas de trauma, pero esencialmente puedes concebirlo como la respuesta psicológica a experiencias angustiantes o perturbadoras: un accidente, una enfermedad, una separación o divorcio, la pérdida de una persona amada o sobrevivir al abuso. Aunque estas experiencias no necesariamente amenazaran tu vida, pueden tener efectos adversos sobre tu capacidad para funcionar en toda la plenitud de tu humanidad. Pueden hacerte crispar de temor o explotar de rabia; y como el trauma tiene muchas capas no es necesariamente fácil de sortear o lidiar con él, y mucho menos sentir que lo controlamos.

Un acercamiento a nuestro bienestar emocional, físico, mental y espiritual que tenga en cuenta el trauma resulta clave. Como terapeuta que ha trabajado con cientos de mujeres ayudándolas a sanar de traumas de toda la vida, sé que requiere mucho más que sencillamente hablar sobre el tema. Todas podemos ofrecer descripciones racionales de lo que es el trauma y cómo se manifiesta en nosotras individualmente, pero eso no es suficiente para superarlo. El trauma es algo que debe sanarse en un nivel fundamental, en el cuerpo y en el alma. Esto se debe a que el trauma se queda literalmente atrapado en el cuerpo cuando pasamos por una experiencia traumatizante, de manera que no se trata de algo que podemos solucionar con afirmaciones positivas; no podemos sencillamente «desear que se vaya» o convencernos de que el pasado es el pasado y que no debemos quedarnos estancadas ahí. La negación o evasión es un mecanismo de defensa completamente comprensible cuando se enfrenta un trauma, pero no lo hace desaparecer.

El psicólogo clínico Peter Levine escribió un libro maravilloso

titulado *Waking the Tiger* (*Curar el trauma*) que recomiendo a
cualquiera que quiera entender mejor cómo funciona el trauma,
particularmente en el cuerpo y en el cerebro. Él dice: «El cuerpo de las personas traumatizadas presenta algo así como 'instan-
táneas' de sus intentos fallidos de defenderse ante una amenaza
de peligro. El trauma es una respuesta biológica incompleta,
sumamente activada a la amenaza que queda paralizada en el
tiempo. Por ejemplo, cuando nos preparamos para luchar o huir,
los músculos de todo el cuerpo se ponen en tensión con patrones
específicos de disponibilidad de alta energía. Cuando no logramos completar las acciones apropiadas, no liberamos la tremen-
da energía generada por la preparación para sobrevivir. Esta
energía queda fijada en patrones específicos de apresto neuro-
muscular. La persona se queda en un estado de agitación agudo
y luego crónico y de disfunción del sistema nervioso central. Las
personas traumatizadas no padecen una enfermedad propia-
mente dicha, sino que se han quedado atascados en un estado
de agitación. Es difícil, si no imposible, funcionar normalmente
en estas circunstancias».

Como explica Levine, ante el trauma, la incapacidad para
defenderte crea energía acumulada que se queda encerrada en
el cuerpo y el sistema nervioso. Quedarse atascado en este estado de agitación significa que somos mucho más susceptibles
al trastorno de estrés postraumático y a volver a traumatizar-
nos debido a incidentes desencadenantes que nos recuerdan
el trauma que experimentamos, aunque haya sucedido décadas
antes.

Estoy segura de que puedes recordar haber experimentado un estado de agitación, por ira u otra emoción intensa, y la

sensación de no poder escapar de ella o sencillamente «sacudír-tela» de encima como lo habría hecho un animal de la selva después de un encuentro peligroso con un depredador.

Desde la edad de catorce años, solía sufrir de ataques de pánico y sentía que literalmente me iba a morir. En momentos de mucha ansiedad y paranoia, sentía como si la mente se me desconectara y flotara fuera de mi cuerpo. Era una experiencia extracorporal de la peor índole y me aterrorizaba.

Recuerdo claramente mi primer ataque de pánico. Caminaba a la pizzería y mi cuerpo comenzó a sentirse raro. Me pasaron miles de cosas por la cabeza y el temor se apoderó de todo mi cuerpo. Tenía la piel ardiendo y las mejillas rojas. Estaba convencida de que todos a mi alrededor podían verlo. Pensaba que sabían que me estaba volviendo loca. Era una sensación intensa y horrible que ahora entiendo que era consecuencia de vivir constantemente en un ambiente de mucho estrés, griterío, maldiciones, golpes y objetos rotos. Esa volatilidad estaba rebotando de un lado a otro en mi sistema nervioso y, como nunca había tenido oportunidad de procesarlo de manera saludable —quizás recibiendo validación de un adulto confiable—, mi cuerpo reaccionó y recurrió a los ataques de pánico como medio de afrontar el trauma. El cuerpo es un ente en verdad muy inteligente e incluso cuando las sensaciones que experimentamos no son «buenas», están ahí esencialmente para ayudarnos a liberar la energía de la que hablaba Peter Levine.

Lamentablemente, esa sensación de tensión y ansiedad me persiguió durante años. Recuerdo la sensación de temor intenso en las entrañas cuando estaba cerca de mi ex, que era abusivo y me era infiel con frecuencia. Literalmente, me daba náuseas.

Sentía todo el cuerpo caliente y el pecho apretado. De hecho, esta sensación persistía incluso cuando no estaba cerca, casi como si mi cuerpo me estuviese diciendo que él estaba allá afuera, engañándome. También vendía drogas en esa época y, aunque mi cuerpo lo sabía, él me mentía diciendo que estaba haciendo ejercicio físico. El hecho de que él trataba de engañar a mi intuición y lo que yo sabía de manera innata era doblemente perturbador y traumatizante.

Me crié en un hogar lleno de mentiras que nunca salieron a la luz, sino que fueron encubiertas por los miembros de mi familia. Durante todo ese tiempo, mi intuición estaba constantemente en conflicto con lo que la gente insistía que era cierto. Esto puede hacer muy, pero muy difícil el confiar en tu propio cuerpo. Lo que experimentaba con mi ex era frustrantemente familiar. Cada vez que surgía el desencadenante emocional como consecuencia de sus mentiras, mi cuerpo enviaba señales vitales a mi sistema nervioso. Mi trauma se reactivaba y cuando esto sucedía, era muy debilitante. Mediante las prácticas que he enseñado aquí y a lo largo de años de terapia, pude trabajar poco a poco con mi sistema nervioso para llegar a sentirme segura otra vez.

Mediante trabajos de respiración, las prácticas de *grounding* (o anclaje), y sencillamente recibiendo una psicoeducación valiosa que me informó sobre la manera en que opera el trauma y cómo puede producir ataques de pánico, pude sanar profundamente. De hecho, pasé de sufrir ataques de pánico todas las semanas a ni siquiera poder recordar la última vez que tuve uno.

Desde luego, no puedo afirmar que los ataques de pánico o las sensaciones físicas, que están directamente relacionadas con mi trauma, nunca volverán. Pero como mínimo, poseo herramientas que mantienen mi ansiedad y los ataques de pánico a raya. Además, con terapia continua y el apoyo de los grupos a los que asisto, tales como Alcohólicos Anónimos, sigo encontrando oportunidades para expresarme de manera saludable. De alguna manera, encontré métodos eficaces para liberar la energía intensa que me genera el trauma y de calmar mi sistema nervioso, en lugar de permitirle circular por mi cuerpo y mantenerme en un estado alterado.

Algunas de las herramientas de este libro se convertirán en ayudas y compañeras para toda tu vida y otras quizás se queden en el camino. Quizás las vuelvas a retomar en algún otro momento de tu vida. Independientemente de lo que hagas, te recomiendo ponerlas en práctica y hacerlas tuyas. Muchas de las prácticas que he mencionado han salvado no sólo mi vida, sino también la de innumerables Diosas con las que he trabajado. Nos han ayudado a perseverar y a convertirnos en nuestro mejor «yo», en lugar de creer que nuestro trauma es lo único que es real.

Tu cuerpo es la interfaz entre tu experiencia interna y tu experiencia con el mundo. También es el lugar donde reside una información muy importante acerca de cómo y dónde guardas tu trauma. En el diagrama que sigue te invito a escribir dónde en tu cuerpo sientes trauma y recuerdos traumáticos.

Pero antes, vamos a ir en un viaje al interior a conectar con tus experiencias de ira, tristeza y soledad, que son las emociones primarias conectadas a nuestro trauma. Te recomiendo a que viajes al pasado y sientas dónde exactamente experimentas esas emociones y sensaciones atrapadas que necesitan espacio para expresarse saludablemente y así liberarse. Sólo recuerda que en este mismo instante estás segura. Tal vez quieras grabarte a ti misma mientras dices la meditación en voz alta o si no, puedes ir a mi portal web a descargar la meditación guiada (es gratuita y está en inglés) en christineg.tv/iamdiosameditations. Si la meditación llega a sentirse demasiado intensa en cualquier momento, te recomiendo que te detengas, respires para centrarte y que la hagas con un terapeuta capacitado. Sólo haz la meditación con la intensidad que puedas sintiéndote segura.

VIAJE SOMÁTICO GUIADO EN TRES PARTES

En esta meditación, primero nos enfocaremos en la emoción de la ira: cómo reaccionas ante ella, tu primer recuerdo de la ira y, por último, cómo superarla. Puedes leer la meditación completa antes de hacerla. También puedes grabarte leyéndola y luego escucharte. También tengo las meditaciones a continuación disponibles gratuitamente y en inglés en mi portal web.

Primera parte

Comienza buscando una posición cómoda, ya sea sentada o acostada. Coloca las manos en tu regazo o a los lados. Toma unos instantes para acomodarte, no importa dónde estés.

Cierra los ojos lentamente. Respira hondo varias veces. Inhala lentamente... y exhala lentamente. Con cada exhalación, comienza a soltar la tensión que puedas tener. Relaja los hombros, alisa la frente y relaja la tensión que tengas en la quijada.

Fluye con el ritmo natural de tu respiración. Inhala... y exhala.

Comencemos como lo hago siempre, diciendo: «Me convoco a regresar de todos los tiempos y lugares. Me convoco a regresar de todos los tiempos y los lugares. Me convoco a regresar de todos los tiempos y lugares. Estoy aquí ahora. Me convoco a regresar a casa hoy, sin importar cuán lejos me haya descarriado. Me convoco a regresar a casa hoy. Me convoco a regresar a mi hogar del alma».

Ahora, déjate regresar a tu cuerpo. Siente tus emociones. Date permiso para explorar la ira. Con frecuencia, rehuimos de esa emoción o la expresamos en conductas inapropiadas y descontroladas (*acting out*). Esta es la oportunidad de sentir las emociones para que puedas enfrentarlas, nutrirlas, escucharlas e identificar dónde viven en tu cuerpo y en tu sistema nervioso. Tendrás oportunidad de encontrar el trauma que vive bajo esta emoción tan fuerte. Cuando la traemos a la consciencia, pueden lograrse cambios; ocurre la sanación.

Cuando aprendes a llegar a estas emociones mediante la respiración y a llegar hasta donde existen en tu terreno emocional interior, haces la elección de asegurarte de que la ira no tome el mando. Puedes darte cuenta de cómo te afecta y realizar cambios para transformarla y canalizarla, en lugar de permitirle que te controle y sabotee.

Como humanos, enfrentamos situaciones que pueden desencadenar emociones de rabia que no sabemos cómo solucionar de inmediato. Quizás, cuando manejabas, un conductor te cortó el paso en la carretera. Quizás a tu pareja se le sigue olvidando un compromiso que le pediste que anotara. Quizás es algo más serio. Quizás es ira extrema hacia un miembro de la familia o una amiga cercana que te ha hecho daño. Debajo de estas emociones de rabia hay colores, sensaciones, recuerdos.

Resulta fácil obsesionarse y enfocarse en echar a un lado la rabia, tanto que nos ponemos más tensos, distraídos, molestos y hasta nos enfermamos. Vayamos a la raíz ahora, a sentir la rabia que quizás has suprimido.

Permite que la rabia se manifieste. Si la idea de que se manifieste te da pánico, consuélate pensando en que será temporáneo. Piensa en tus recuerdos de la rabia cuando eras niña. Quizás uno de esos recuerdos se destaca. No pienses mucho en él; sólo deja que lo que quiere venir, llegue. Date permiso para respirar y regresa en el tiempo para recordar tu primera experiencia con la rabia. Piensa sobre los detalles de ese momento ¿Qué edad tenías? ¿Cómo se sentía el aire? ¿Qué acción específica te provocó rabia?

Sigue inhalando y exhalando para que te facilites este trabajo profundo y poderoso. Permite que la respiración te nutra.

¿En qué parte del cuerpo sientes la rabia?

¿De qué color es la rabia?

¿Qué texturas o formas tiene?

¿Es puntiaguda? ¿Es roja?

Adéntrate en la sensación y explora el meollo de la rabia y cómo se manifiesta en tu cuerpo.

Permite que surjan símbolos que representan esta rabia en tu cuerpo.

Observa las emociones que surgen de esto sin reaccionar.

Ahora imagina que estás sentada frente a un fuego; el fuego te trae de vuelta a casa y le habla a tu alma. En las grandes nubes de humo que surgen del fuego, visualmente coloca tus pensamientos y emociones de rabia en ellas. Déjalas subir y flotar hacia la oscura noche estrellada.

Mientras las miras alejarse flotando, enfócate en la respiración, que es lo que te mantiene anclada.

La meditación es la forma de transformar la rabia en claridad y guía. Te ayudará a enfrentar los problemas de manera distinta y con mayor compasión y comprensión.

Permite que tus pensamientos se vayan disolviendo como el humo en el cielo. Permite que el temor, las críticas, el exceso de análisis o el resentimiento que surgen de tu rabia se disuelvan en la vastedad de la noche. Enfócate en la respiración profunda. Estás sanando. Estás regresando a tu verdadero hogar del alma.

(Pausa durante veinte segundos).

Cuando la mente divague, tráela de nuevo al fuego. Usa la respiración como ancla.

(Pausa de treinta segundos).

Inhala. Exhala.

(Pausa de treinta segundos).

Antes de terminar esta meditación, respira hondo. Inhala y cuenta 1, 2, 3, 4, 5, 6... y exhala y cuenta 1, 2, 3, 4, 5, 6.

Convócate a regresar a casa de todos los tiempos y todos los lugares. Estás aquí ahora.

Cuando te sientas lista, mueve los dedos de las manos y de los pies.

Abre los ojos y con calma, observa lo que te rodea.

Mis felicitaciones por terminar esta meditación. Puedes

volver a esta técnica en cualquier momento que quieras sentir la rabia y localizarla para liberarla de manera saludable.

Segunda parte

En esta parte, nos enfocaremos en la emoción de la tristeza y cuándo surgió dentro de ti el primer recuerdo de esa emoción.

Comencemos buscando una posición cómoda, ya sea sentada o acostada. Coloca las manos en tu regazo o a los lados. Toma unos instantes para acomodarte, no importa dónde estés.

Comencemos como comienzo siempre, diciendo: «Me convoco a regresar de todos los tiempos y lugares. Me convoco a regresar de todos los tiempos y lugares. Me convoco a regresar de todos los tiempos y lugares. Estoy aquí ahora. Me convoco a regresar a casa hoy, sin importar cuán lejos me haya descarriado. Me convoco a regresar a casa hoy. Me convoco a regresar a mi hogar del alma».

Ahora, permítete regresar a tu cuerpo en este instante. Siente tus emociones. Date permiso para explorar la tristeza. Con frecuencia, intentamos escaparnos de esa emoción o la expresamos en conductas inapropiadas y descontroladas (*acting out*). Esta es la oportunidad de sentir las emociones para que puedas enfrentarlas, nutrirlas, escucharlas e identificar dónde viven en tu cuerpo y en tu sistema nervioso. Tendrás la oportunidad de encontrar el trauma que vive bajo esta emoción tan fuerte. Cuando la traemos a la consciencia, pueden lograrse cambios; ocurre la sanación.

Ya sea que grabaste esto con tu propia voz o que estés escuchando mi meditación guiada, cierra los ojos lentamente.

Respira hondo varias veces. Inhala lentamente... y exhala lentamente. Con cada exhalación, comienza a soltar la tensión que puedas tener. Relaja los hombros, alisa la frente y relaja la tensión que tengas en la quijada.

Permítete fluir con el ritmo natural de tu respiración. Inhala... y exhala...

Comencemos.

Permítete regresar en el tiempo hasta recordar la primera vez que te sentiste triste.

¿Dónde estabas?

¿Qué edad tenías?

¿Qué colores u olores te vienen a la mente?

¿Qué ropa vestías?

¿Quién estaba cerca?

¿En qué parte del cuerpo sentiste la tristeza?

¿Qué te hizo sentir triste?

Mírate a los ojos a la edad que tenías en el momento de este primer recuerdo de tristeza. ¿Qué dicen tus ojos?

Toma un momento para sentir tu energía y tu tristeza.

Cuando aprendes a llegar a estas emociones mediante la respiración, haces la elección de asegurarte de que la tristeza no tome el mando. En su lugar, puedes honrar todas las emociones que surjan. Nuestra sociedad nos ha hecho pensar que las emociones difíciles son malas, pero las emociones reprimidas son las únicas emociones por las que nos debemos preocupar. Todas las emociones son hermosas. Debemos honrarlas y darnos el espacio de sentir todas las que llevamos dentro. Y llevamos tanto alegría como tristeza, a veces en el espacio de un minuto.

Debemos aprender a observar la tristeza. A hundirnos en la

tristeza. A localizar la tristeza. Y a tocar las emociones básicas que nacieron en nuestra niñez para que podamos entendernos y liberarnos así de la esclavitud de las emociones reprimidas.

Debes sentirte muy orgullosa de haber hecho este trabajo. Has hecho una labor excelente.

Respira hondo otra vez y aguanta la respiración mientras cuentas hasta tres: 1, 2, 3. Exhala por la boca, contando hasta cinco... con un hermoso suspiro: 1, 2, 3, 4, 5. ¡Excelente!

Como humanos, enfrentamos situaciones que pueden desencadenar emociones de tristeza que no sabemos cómo solucionar de inmediato. Quizás acaban de tocar una canción triste. Quizás tu pareja tuvo que cancelar los planes. Quizás es algo más serio. Quizás es el duelo por la pérdida de alguien a quien amas. Y en muchas ocasiones, algo de este momento te puede recordar algo de tu pasado.

Resulta fácil tratar de echar a un lado la tristeza; tan fácil, que nos ponemos más tensos, distraídos, molestos y hasta nos enfermamos.

Fíjate si te sientes triste por algo que sucedió hoy o algo que se remonta a tu niñez. Sigue respirando mientras piensas, inhalando por la nariz y exhalando por la boca. Estupendo.

Ahora localiza una sensación reciente de tristeza. Si comienzas a sentirte ansiosa, puedes quedarte tranquila porque sólo se trata de una exploración temporánea. Toma tiempo para recrear la situación que te hizo sentir triste y desesperanzada. ¿Quién tuvo que ver con la situación? ¿Dónde estabas? ¿Qué acción específica creó esta tristeza? ¿Te trae a la memoria tu recuerdo de infancia? No hay respuestas correctas o incorrectas. Sólo observaciones.

Continúa respirando, con inhalaciones y exhalaciones profundas.

Observa las emociones que surgen de esta experiencia sin reaccionar. Ahora imagina que estás sentada frente a una cascada; la cascada te trae de vuelta a casa y le habla a tu alma. Visualmente tira tus pensamientos y emociones de tristeza al agua, como si estuvieses tirando piedritas. Míralas caer en el agua y desaparecer en el río. Honra cada piedrita con amor y reverencia, pues la tristeza es una maestra sagrada. Mientras las observas alejarse flotando, enfócate en la respiración, que es lo que te mantiene anclada.

La meditación es la forma de aprender sobre ti misma y sanar esta tristeza. Te ayudará a enfrentar los problemas de manera distinta y con mayor compasión y comprensión.

Permite que esos pensamientos vayan desapareciendo con el agua de la cascada. Permite que el temor, las críticas, el exceso de análisis o el sufrimiento que surgen de tu tristeza se disuelvan en el agua purificadora. Enfócate en la respiración. Estás sanando. Estás regresando a tu hogar del alma.

Cuando la mente divague, tráela de nuevo a la cascada. Usa la respiración como ancla. Inhala. Exhala.

(Pausa de quince segundos).

Antes de terminar esta meditación, respira hondo. Inhala y cuenta, 1, 2, 3, 4, 5, 6... y exhala y cuenta, 1, 2, 3, 4, 5, 6.

Nos convocamos a regresar de todos los tiempos y todos los lugares. Nos convocamos a regresar de todos los tiempos y todos los lugares. Nos convocamos a regresar de todos los tiempos y todos los lugares. Estamos aquí ahora.

Cuando te sientas lista, mueve los dedos de las manos y de

los pies. Abre los ojos y con calma, observa lo que te rodea. Mis felicitaciones por terminar esta meditación. Puedes volver a esta técnica en cualquier momento que quieras sentir la tristeza y localizarla para liberarla de manera saludable.

Tercera parte

Por último, vamos a explorar la emoción de la soledad y la primera vez que la soledad tocó a tu puerta. Recuerda, estamos tocando base con estas emociones para averiguar cómo siguen dominándonos y manifestándose. Queremos una relación saludable con las emociones difíciles para poder procesarlas y afrontarlas de manera más eficaz.

Comencemos buscando una posición cómoda, ya sea sentada o acostada. Coloca las manos en tu regazo o a los lados. Toma unos instantes para acomodarte, no importa dónde estés.

Ya sea que grabaste esto con tu voz o que estés escuchando mi meditación guiada, cierra los ojos lentamente. Respira hondo varias veces. Inhala lentamente... y exhala lentamente. Con cada exhalación, comienza a soltar la tensión que puedas tener. Relaja los hombros, alisa la frente y relaja la tensión que tengas en la quijada.

Déjate fluir con el ritmo natural de tu respiración. Inhala... y exhala...

Comencemos como comienzo siempre, diciendo: «Me convoco a regresar de todos los tiempos y lugares. Me convoco a regresar de todos los tiempos y lugares. Me convoco a regresar de todos los tiempos y lugares. Estoy aquí ahora. Me convoco a regresar a casa hoy, sin importar cuán lejos me haya descarriado.

Me convoco a regresar a casa hoy. Me convoco a regresar a mi hogar del alma».

Ahora permítete regresar a tu cuerpo. Siente tus emociones. Date permiso para explorar la sensación de soledad. Con frecuencia, rehuimos esa emoción o la expresamos en conductas inapropiadas y descontroladas (*acting out*). Esta es la oportunidad de sentir las emociones para que puedas enfrentarlas, nutrirlas, escucharlas e identificar dónde viven en tu cuerpo y en tu sistema nervioso. Tendrás la oportunidad de encontrar el trauma que vive bajo esta emoción tan fuerte. Cuando la traemos a la consciencia, pueden lograrse cambios; ocurre la sanación.

Cuando aprendes a llegar a estas emociones mediante la respiración y exploras el espacio donde existen dentro de tu terreno emocional interior, haces la elección de asegurarte de que la soledad no tome el mando. Puedes entender mejor cómo te afecta y así hacer cambios para que puedas progresar hacia un mayor sentido de conexión.

Como humanos, enfrentamos situaciones que pueden desencadenar emociones de soledad que no sabemos cómo solucionar en ese momento. Quizás te sientes aislada dentro de una comunidad a la que perteneces. Quizás te sientes incomprendida por tus amigos o tu familia. O quizás te preocupa que nunca tendrás las relaciones cercanas e íntimas que tanto deseas. Detrás de estas emociones de soledad hay colores, sensaciones y recuerdos.

Resulta fácil obsesionarse y enfocarse en tratar de echar a un lado la soledad; tan fácil, que nos ponemos más tensas, distraídas, molestas y hasta nos enfermamos. Vayamos ahora a la raíz, a sentir la soledad que quizás has reprimido.

Permite que la soledad se haga presente. Si la idea de

hacer presente la soledad te da pánico, consuélate pensando que esto es temporáneo. Remóntate a tus recuerdos de soledad cuando eras niña. Quizás un recuerdo se destaque. No pienses mucho en él, sólo deja que lo que quiera venir, venga. Date permiso para respirar y dar marcha atrás en el tiempo hasta recordar la primera vez que experimentaste la sensación de soledad. Piensa en los detalles de ese momento. ¿Qué edad tenías? ¿Quién más estaba ahí? ¿Dónde estabas? ¿A qué olía? ¿Cómo se sentía el aire? ¿Qué experiencia específica te hizo sentir sola?

Sigue inhalando y exhalando, para facilitarte este trabajo profundo y poderoso.

¿En qué parte del cuerpo sientes la soledad?

¿De qué color es la soledad?

¿Qué textura y forma tiene?

Permite sumergirte de lleno en la sensación y explora el centro de la soledad y cómo se manifiesta en tu cuerpo.

Permite que aparezcan símbolos que representan esta soledad en tu cuerpo.

Observa las emociones que surgen de esta experiencia, sin reaccionar.

Ahora imagina que haces contacto con un hermoso y robusto árbol. Imagínate sentarte cerca de él y sentir el confort de sus ramas y hojas que te ofrecen sombra. Al mismo tiempo, siente la suavidad del suelo, que te ofrece un lugar hermoso y acogedor donde sentarte. Este árbol es tu amigo y sus raíces penetran la profundidad de la tierra, te dan apoyo y te sostienen. Apóyate en el árbol. Permite que tus sentimientos de soledad se hundan en la tierra para que las raíces del árbol los transformen, y que alimenten el suelo con la energía que puede transmutarse en nutrientes. Siente la sensación de alivio que reemplaza la soledad.

Mientras observas cómo tus sentimientos de soledad se alejan flotando, enfócate en la respiración, que es lo que te mantiene anclada.

(Pausa de quince segundos).

La meditación es la forma de transformar la soledad en serenidad y quietud. Te ayudará a enfrentar los problemas de manera distinta y con mayor compasión y comprensión.

Permite que tus pensamientos vayan desapareciendo en la tierra. Permite que el temor, las críticas, el exceso de análisis o el resentimiento que surgen de tu soledad se disuelvan en suelo fuerte y sostenedor. Enfócate en la respiración. Estás sanando. Estás regresando a tu hogar del alma.

(Pausa de veinte segundos).

Cuando la mente se ponga a divagar, tráela de nuevo al árbol donde estás sentada y a la tierra que tienes debajo. Usa la respiración como ancla.

(Pausa de treinta segundos).

Inhala. Exhala.

(Pausa de treinta segundos).

Antes de terminar esta meditación, respira hondo. Inhala y cuenta, 1, 2, 3, 4, 5, 6 ... y exhala y cuenta, 1, 2, 3, 4, 5, 6.

Convócate a regresar a casa de todos los tiempos y todos los lugares. Estás aquí ahora.

Cuando te sientas lista, mueve los dedos de las manos y de los pies. Abre los ojos y con calma, observa lo que te rodea. Mis felicitaciones por terminar esta meditación. Puedes volver a esta técnica en cualquier momento que quieras sentir la soledad y localizarla para liberarla de manera saludable.

ENCARNAR LA SEGURIDAD, EL AMOR Y LA ALEGRÍA

Una vez que termines esta meditación observa el siguiente diagrama. ¿Dónde guardas emociones de rabia, tristeza y soledad, ya sea en tu realidad en el presente o en recuerdos del pasado? ¿Qué sensaciones experimentas (por ej., calor, opresión, pánico, adormecimiento)?

Dibuja en el diagrama que aparece a continuación lo que sentiste durante esos tres viajes somáticos. Si tienes lápices de colores distintos, úsalos. Usa tu creatividad. Puedes escribir palabras, edades, símbolos, nombres; escribe todo lo que haya surgido. Poder ver dónde viven estas emociones en nuestro cuerpo nos permite sanarlas.

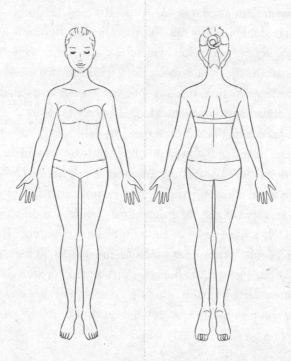

Ahora que sabes dónde guardas estas emociones, puedes enfocarte en dirigir más amor, atención y respiración a estos lugares de tu cuerpo que requieren tu mayor compasión y atención. Con el tiempo, al ir trabajando con tus emociones, notarás que tienes más espacio en estas partes de tu cuerpo para expresar y sentir otras emociones, entre ellas la seguridad, el amor y la alegría. Llenarte de estas emociones es una parte crucial del recableado de tu sistema nervioso para que se sienta íntegro después de un trauma.

Lamentablemente, el trauma desregula el cuerpo. Te puede llevar a un estado de hiperactivación (que yo lo llamo «modo de pánico») o de hipoactivación (sentimientos de vacío, depresión y falta de energía). Y cuando estamos atascados en el trauma, uno puede fácilmente oscilar entre estos extremos. La desregulación puede conducir a todo tipo de mecanismos de confrontación negativos desde la adicción al alcohol y otras sustancias, hasta la adicción al trabajo, a la disociación y a ensimismarse. Afortunadamente hay prácticas que nos pueden ayudar a resensibilizarnos somáticamente a la seguridad, el amor y la alegría.

Ahora, al escuchar a tu cuerpo, bríndate la experiencia de la seguridad, la que probablemente no recibiste en algún momento crucial de tu vida. Por fortuna, puedes hacerlo ahora. Colócate la mano sobre el corazón y di: «Estoy aquí para ti, [di tu nombre]. Nunca te voy a dejar. Te encuentras segura y todo va a estar bien». Debes hacer esto cuando no te sientas segura. También toma en cuenta las acciones sencillas que pueden llegar a aliviarte, como por ejemplo: hablar con una amiga cercana sobre tus emociones, darte un baño calientito, o cualquier otra cosa que te conecte con un sentido visceral de seguridad.

Puedes hacer lo mismo con el amor y la alegría. Te recomiendo que hagas la meditación de amor y bondad. Es una práctica contemplativa que se enfoca en el cultivo del amor incondicional. Aunque puedes llegar a hacerla para otros, es particularmente hermosa cuando la haces para ti. Bríndate a ti misma cuidado, ternura y amistad. Colócate la mano sobre el corazón y siente cómo tu mente y tu cuerpo se relajan con la experiencia del amor puro; ese amor que es, en definitiva, el origen de tu identidad. Inhala y exhala desde el centro de tu corazón. Podrías sentir algunos bloqueos al principio, pero no importa. Pasa por encima de cualquier crítica a ti misma hasta que llegues a un lugar de amor incondicional hacia ti. Entonces, di en voz alta: «Quiero ser feliz; quiero ser libre; quiero estar en paz; quiero vivir en este mundo con alegría y tranquilidad».

También puedes permitir que haga su aparición la experiencia de la alegría, que está muy conectada con el amor. Mereces sentirte animada, ocupada, satisfecha y exuberante en este mismo instante. Con frecuencia, el trauma puede interferir negativamente con nuestra capacidad para sumergirnos por completo en el disfrute de nuestra vida, pero no tiene que ser así. Colócate la mano sobre el corazón y conéctate con las partes más profundas de tu alma. Entonces, piensa en todas las cosas que te brindan alegría, aunque sean cosas aparentemente tan pequeñas como la sonrisa de una niña que viste en un parque. Todo vale. Permite que la gratitud llene tu corazón, pues donde hay gratitud, se magnifica la alegría. Y recuerda que la alegría no es un escape de tu vida. Tampoco es un estado de perfección; es reconocer lo extraordinario, lo maravilloso y lo bueno, como también el entramado de conexiones positivas en tu vida.

Deja que todo esto te nutra, Diosa. Sobre todo, sé consciente de que es posible crecer y sanar después de nuestro trauma y volver a la vida después de las pequeñas muertes que puedes haber experimentado. Sé de lo que hablo por experiencia propia.

Contienes el mundo en tu cuerpo, en tus huesos. La seguridad, el amor y la alegría te pertenecen por derecho natural. Permitirte incorporarlos a tu vida requerirá paciencia y perseverancia, pero te prometo que el camino a la liberación te conducirá a la restauración de tu integridad.

HERRAMIENTAS PARA LIDIAR CON EL TRAUMA

Es importante que te conectes con una serie de herramientas que te ayudarán a enfrentar los efectos del trauma en tu vida. La realidad es que con frecuencia puede resultar difícil estar en paz. Esto no se debe sólo a condicionamientos pasados, sino además a la manera en que estamos diseñados. Todos somos seres porosos, más que cápsulas autosuficientes de órganos y sensaciones. Aunque nos levantemos completamente serenos, lo más probables es que nuestros paisajes interiores respondan a la más mínima fluctuación de nuestro ecosistema emocional. En otras palabras, si allí se está formando una tormenta, es probable que yo la sienta aquí antes de caer en cuenta de lo que sucede.

Te ofrezco las siguientes herramientas de sanación.

ANCLAJE (GROUNDING): Conectarnos con la tierra es una manera poderosa de traernos a nosotros mismos al momento presente y de conectarnos con un sentido de realidad sólido. El pánico que surge cuando nos retraumatizamos o nos desencadenamos emocionalmente puede llevarnos a un torbellino de emociones desconectadas; pero, por suerte, la tierra siempre está ahí para volver a conectarnos. De hecho, la vibración de la tierra es armoniosa, porque las plantas se sanan a sí mismas naturalmente y sus cuerpos no tienen la tendencia a actuar como vertederos permanentes de energía. Los árboles son maestros particularmente poderosos en cuanto a demostrarnos cómo vivir en el mundo: profundamente enraizados e infinitamente flexibles. Cuando te estés sintiendo ya sea muy nerviosa o con el ánimo casi por el suelo, ve y siéntate con la espalda apoyada en un árbol; así como te enseñé en la meditación somática. Al sentir que el árbol te sostiene la espalda, imagina que los sentimientos de pánico o ansiedad salen de tu cuerpo como el agua que se descarga en un baño. Imagina que la energía que se traga la tierra se transforma y retorna, reciclada, como una luz brillante que ayuda a crecer a las plantas que te rodean. Es una visualización sencilla, pero podrás advertir que, luego de hacerla, sales con más claridad y tranquilidad.

Una versión más sencilla de esto es conectarte con la sensación de tu cuerpo en contacto con el suelo. Puedes ponerte de pie con los pies firmes en el suelo, las rodillas un poco dobladas, y sentir que tu peso se hunde en la tierra. Mientras inhalas y exhalas, recuerda que estás aquí; estás presente; estás viva.

Otras herramientas de anclaje incluyen llevar siempre una bola antiestrés relajante y apretarla cuando quieras conectarte con el momento. También puedes usar cristales de anclaje; estos se llevan en las manos mientras se hacen visualizaciones y ejercicios de respiración sencillos. Los cristales que he encontrado que son eficaces para anclar tu cuerpo y mente incluyen:

- El granate
- La hematita
- La obsidiana
- El ónix
- La turmalina negra
- El cuarzo ahumado

AROMATERAPIA: Desde que los antiguos egipcios ungieron a la realeza con aceites aromáticos, la gente los ha usado con propósitos terapéuticos. Aparte de hacer que tu hogar huela delicioso, brindan una manera discreta de calmar tu sistema nervioso y poner tu mente en orden. El abeto, el pino, el cedro, la salvia, el incienso y la lavanda todos anclan el cuerpo y las emociones, a la vez que brindan una estimulación y detoxificación suaves. Como de costumbre, debes prestar atención a los aceites que uses. Asegúrate de que no son de especies en amenaza y que han sido obtenidos responsablemente. Siempre debemos honrar y respetar las plantas medicinales, las hierbas y los aceites, así como las tierras y los pueblos de los que provienen. Pedir permiso para usar la planta o aceite también es una práctica maravillosa que puedes incorporar al comenzar a usar estas antiguas plantas medicinales.

TRABAJO CORPORAL Y MASAJES: Los masajes regulares ayudan mucho a liberar los traumas a nivel fisiológico. Si no puedes darte el lujo de darte masajes regularmente, consigue una pelota de tenis y pasa las plantas de los pies sobre ella. También puedes colocar la pelota en la pared y recostarte sobre ella, poniéndote en cuclillas para que puedas subir y bajar por la pared, con la bola que también sube y baja, y así liberando la tensión del cuerpo. Trata de evitar pasar por la columna vertebral. También podrías conseguir un rodillo de espuma, lo que te puede ayudar a liberar la tensión y el dolor de la fascia de tu cuerpo. Con frecuencia, en la fascia (que es el tejido conectivo del cuerpo) vive nuestro trauma. Es por eso por lo que cuando hacemos yoga o entrenamos intensamente podríamos sentir una repentina oleada de emociones que se liberan del cuerpo.

EL TAPPING DE LA TÉCNICA DE LIBERACIÓN EMOCIONAL (TLE): El *tapping* es una herramienta maravillosa que he descubierto que me ha ayudado mucho en mi vida personal. Te recomiendo encarecidamente trabajar con un médico capacitado en TLE; en particular, si te han diagnosticado un trastorno de salud mental. Y quiero remarcar la importancia de trabajar junto a un médico capacitado en lugar de practicar la TLE por tu cuenta. Yo trabajo con la Dra. Rossana Massey y la recomiendo como profesional. La práctica del *tapping* te permite hacer presión sobre determinados puntos de los meridianos del cuerpo que se relacionan con las emociones guardadas. También se trabaja con afirmaciones amorosas y con guiones mientras se dan los golpecitos, para liberar el trauma y los recuerdos atrapados en el cuerpo. A continuación, se muestran algunos puntos de acupresión en el diagrama y guiones que puedes usar mientras das los golpes:

«Aunque hay partes mías que todavía no se sienten seguras, estoy dispuesta a amarme y a aceptarme por completo».

«Aunque me da miedo soltar las amarras, estoy dispuesta a amarme y aceptarme por completo».

«Aunque hay partes mías que rechazo, estoy dispuesta a amarme y aceptarme por completo».

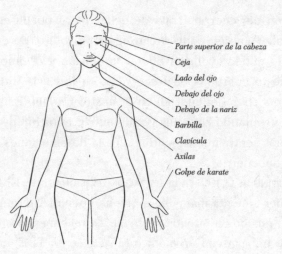

Parte superior de la cabeza
Ceja
Lado del ojo
Debajo del ojo
Debajo de la nariz
Barbilla
Clavícula
Axilas
Golpe de karate

LA DESENSIBILIZACIÓN Y REPROCESAMIENTO POR MOVIMIENTOS OCULARES (DRMO): La DRMO es una forma no tradicional de psicoterapia especialmente eficaz para tratar el trastorno de estrés postraumático (TEPT, PTSD, por sus siglas en inglés). Un terapeuta entrenado en DRMO mueve los dedos de lado a lado frente a la cara del cliente y le pide que siga el movimiento sólo con los ojos. A la vez, el cliente está recordando un incidente doloroso o traumático de su vida, incluidas las emociones y las sensaciones del cuerpo. Al cabo de un tiempo, el terapeuta le pide al cliente que redirija sus pensamientos hacia otros más alegres. Sugiero enfáticamente buscar un terapeuta entrenado que practique la DRMO, que es una terapia de punta con un cuerpo de investigaciones que respaldan su eficacia.

RESOURCING: El *resourcing* es una práctica muy poderosa para crear seguridad. El trauma provoca que el cuerpo no se sienta seguro; y, aunque puede tomar tiempo, dicho trauma puede sanarse. Piensa en las cosas que te gusta hacer que te hacen sentir segura. Se trata de llevar tu mente y cuerpo a una frecuencia de seguridad. La meta, entonces, es sentir la emoción del pánico y traer el cuerpo de nuevo al estado de «estoy bien»; de manera que, cuando sientas un desencadenante emocional, puedas brindarte a ti misma tranquilidad y seguridad.

Trabajo del alma

Reflexiona por un momento sobre la meditación somática y cómo fue esa experiencia para ti. En tu diario escribe las respuestas a las siguientes preguntas:

1. Durante la meditación somática, ¿qué notaste cuando volviste a sentir la ira? ¿Qué sensaciones y recuerdos surgieron?

2. ¿Qué observaste cuando volviste a sentir la tristeza? ¿Qué sensaciones y recuerdos surgieron?

3. ¿Qué notaste cuando volviste a sentir la soledad? ¿Qué sensaciones y recuerdos surgieron?

4. ¿En qué parte del cuerpo tiendes a guardar esas sensaciones y recuerdos?

5. ¿Qué aprendiste de la meditación somática?

6. ¿Cómo te sentiste cuando hiciste los ejercicios sugeridos para experimentar seguridad, amor y alegría?

7. ¿Qué herramientas para combatir el trauma de las mencionadas en este capítulo has usado ya o quisieras incorporar a tus prácticas de autoayuda?

Mantra

El ayer no es hoy. Y hoy estoy aquí, segura y contenida en mis amorosos brazos.

Ceremonia del alma

El toque sagrado

En esta ceremonia, te vas a regalar un masaje o día en el spa. Si tu presupuesto no te lo permite, puedes darte un masaje en los pies con aceite de coco, prestando atención especial a tu respiración, inhalando y exhalando cada vez que toques un punto de tus pies.

Esta conexión con tu cuerpo es clave cuando estás estableciendo nuevas conexiones neuronales en tu sistema nervioso. Hiciste un trabajo profundo al localizar las emociones y recuerdos traumáticos en tu cuerpo; el otro lado de este trabajo es el descanso para el alma. Después de una sanación tan intensa, debes recompensarte y celebrarte. Si encuentras un terapeuta de masajes que también se especialice en técnicas chamánicas o de sanación de energía, eso sería mejor todavía. Pero esto es algo que puedes hacer en casa, tú sola. No es necesario ponernos exquisitas.

Aquí la clave es tocar con amor, suavidad, gentileza, estando presente. Al tocarte el cuerpo y darte masajes, repítete: «Me siento segura en mí. Estoy sanando de manera profunda y me permito experimentar un momento de pausa y relajación».

También recomiendo obtener un aceite esencial de lavanda para frotar en las palmas de las manos; también puedes mezclar una gota con aceite de coco orgánico, si no eres alérgica, y usarla para incrementar tu experiencia de relajación. El olfato y el tacto son herramientas que no se utilizan lo suficiente para sanar el trauma, y ambas son muy necesarias para sanar la energía del cuerpo y el sistema nervioso.

Continúa practicando estos rituales durante tu viaje. Te servirán de gran apoyo y de sustento constante mientras haces este importante trabajo del alma.

Las prácticas de anclaje de este capítulo tienen el propósito de servir como instrumentos de tu botiquín para el alma. Inicia una búsqueda de recursos que están disponibles y que te funcionan. Yo me obsesioné con sanarme y amarme porque sabía que, estableciendo un compromiso mayor con mi sanación, mejoraría mi vida. Sanar mi trauma y continuar cuidando mi estado emocional y mental es mi prioridad porque, cuando no lo era, sufrí una muerte espiritual. Ahora conozco el costo de no haberme cuidado y no ponerme a mí misma como prioridad. Ya no puedo seguir jugando con mi vida. Quiero decir, podría, pero decido no hacerlo. Las recompensas del camino del alma han sido mucho más sostenibles. Confía en que, al comprometerte con este trabajo profundo, te estás preparando para ganar. Este trabajo es la base de una vida mucho mejor de lo que jamás hayas soñado. Debes estar orgullosa y alegre de saber que estás sanando. Es un honor y un privilegio hacer este trabajo juntas.

El ayer no es hoy.

Y hoy, estoy aquí, segura y contenida
en mis amorosos brazos.
#yosoydiosa

CAPÍTULO 6

DE LAS HERIDAS A LA SABIDURÍA

*Lo que me sucede podría cambiarme, pero
no permitiré que me degrade.*

—*Maya Angelou*

Existe un poder que vive dentro de nosotras. Una llama en nuestra alma que arde constantemente. Una llama que transforma el sufrimiento y lo convierte en propósito, que convierte las heridas en sabiduría. Creo que nuestro camino en esta vida ha sido establecido de antemano. Creo que cada una de nosotras tiene contratos y lecciones del alma que debemos aprender en un viaje espiritual en este cuerpo humano. Continuamente digo que no le deseo trauma, ni dolor, ni lecciones difíciles a nadie, pero debo admitir que no conozco a muchas personas que no hayan sufrido alguna mala pasada. Algunos más que otros. Y no puedo evitar pensar que quienes nos hemos quemado muchas veces tenemos un sentido más real de lo que es la naturaleza.

La naturaleza es muerte y renacer. Y si pruebas más la muerte, entonces pruebas más renacer. La Diosa de la muerte sabe que de las cenizas y de la muerte resurge la vida.

Tus heridas acarrean consigo sabiduría y lecciones. El abuso verbal, físico y emocional que experimenté no se lo desearía a nadie. Ninguna niña se merece que la insulten o que le peguen o que la asfixien por no levantarse a tiempo para ir a la escuela. Ninguna niña se merece que le tiren la comida en la cara porque está llena. Pero como viví estos malditos incidentes traumatizantes, decidí que los usaría para hacerme más fuerte, más sabia y más compasiva. No escogí que me sucedieran estas cosas horribles, pero puedo escoger que no me destruyan y que no me impidan vivir. Como resultado de haber sanado estas heridas, tengo la posibilidad de sanar a quienes han pasado por experiencias similares; no sólo por mi experiencia clínica como terapeuta, sino por mis experiencias de vida real también. Yo entiendo el alma de mis Diosas porque yo soy ellas también. Y nada puede anular el poder de que alguien te entienda hasta en lo más profundo de tus entrañas.

Esto no es excusa para el comportamiento. Esto no lo arregla. Esto no deshace el desastre. Esto no significa que tu abuso «estaba destinado a ser». No. Debe haber prevención para que los padres no sigan criando más a sus niños con tanta hostilidad y temor. Pero ya que pasaste por eso, trabaja con eso y consigue la medicina de eso para ti y para otros.

Cuando la vida te presenta algo difícil, lo mejor es que hagas algo bueno con eso. No desperdicies esa situación de mierda o incidente traumatizante sin usarlo para sanarte. Debes transformarlo. Te mereces eso. Uno de los momentos más profundos para mí fue cuando le contaba a mi terapeuta todas las cosas por las que había pasado y lo furiosa que estaba por eso. Lloraba histéricamente con una vela de mocos que me bajaban de la nariz. Le dije que estaba rabiosa por todas las veces que me habían traicionado y herido. Recuerdo estar en mi balcón en Puerto Rico, llorando hecha una bolita en el piso. Acababa de enterarme de que mi pareja de aquella época me estaba engañando. Él tenía otra cuenta de correo electrónico para comunicarse con su ex, la llamaba todas las semanas y hasta se encontraban y tenían sexo. Yo estaba desconsolada. Todo lo que antes era seguro para mí ahora lo sentía extraño. Mi mundo se venía abajo. Me dolían los huesos. Y, de nuevo, sentí la familiar energía de la muerte tocando a mi puerta. Estaba ya muy cansada. Sabes, a veces los humanos nos cansamos de tanta mierda. Y yo estaba exhausta. Llorando, le dije a mi terapeuta: «¿Esta va a ser mi vida siempre? ¿Enormes heridas que no cesan? ¿Engaños y desamores eternos?». Y, en ese momento cuando lloraba, un espejo que estaba recostado de la pared se cayó. Había vidrio por todas partes. Me asusté; todavía estaba al teléfono con mi terapeuta, contándole lo que estaba sucediendo, e hice una pausa. Miró el desastre a mi alrededor y el desastre en mi interior. Miré un pedazo de espejo roto, y vi sólo un pedazo de mí. No me vi toda, sino una parte de mí en ese pedacito de espejo roto. Le dije a mi terapeuta, entre lágrimas: «Esta es la representación perfecta de donde estoy. Veo la herida; sólo veo una parte de mí. Quiero sentirme completa otra vez».

Me sentía vulnerable, con el corazón en carne viva y ansiosa por cambiar. Necesitaba lograr que esto significara algo más. Necesitaba encontrar la medicina, la lección, la sabiduría. Mi terapeuta me dijo: «Es importantísimo que hagas que esto signifique algo para ti. No lo desperdicies. Úsalo. Transfórmalo». Y lo sentí. Lo sentí en mis huesos. Cambié de la desesperanza a la esperanza. En ese momento, decidí sanar, aprender y aprehender mi lección espiritual. Desde ese día en adelante, me prometí nunca desperdiciar una situación jodida sin aprender de ella. Ese maldito engaño me forzó a confiar en mi intuición. Recuerdo que lo sentí y lo sabía, pero no le hice caso. Esa maldita situación me ayudó a regresar a mí y a escoger parejas mejores. Me ayudó a ver que podía ser fuerte y vivir por mi cuenta. Me sentí más fuerte con cada lección que saqué de una de las penas más grandes de mi vida. Esa pena se convirtió en un adelanto importante.

Este mensaje «de las heridas a la sabiduría» me recuerda a mi clienta Diosa, Marita Maeland. Ella me encontró a través de la plataforma de Rachel Brathen, yogagirl.com (antes, oneoeight .com). Luego de ver algunos de mis videos sobre el amor saludable y cómo identificar las relaciones de amor tóxicas, ella se sintió en sintonía conmigo y empezamos a trabajar juntas. Nuestro viaje comenzó como de costumbre: con el corazón abierto y el deseo de sanar. He aquí la historia de Marita en sus propias palabras.

EL VIAJE A CASA

«Estaba tirada en el suelo. Sentía el calor tibio y reconfortante de las losas en la piel y no tenía deseos de levantarme jamás de allí. Anteriormente sentía todo y, ahora, no sentía nada. Estaba adormecida, pero el adormecimiento era peor que el dolor. Estaba tan cansada. Pero, sobre todo, estaba cansada de estar cansada y de sentirme tan sola en el mundo. Este es mi viaje de sanación de lo que pensé que nunca podría sanar, de búsqueda del camino de regreso a mí y, al fin, a levantarme.

Me crié en un hogar sin amor donde no me sentía emocionalmente segura ni sostenida. No sabía cómo dar ni recibir amor. Era sensible y sentía mucho, pero no me sentía segura de poder ser quien era. Escondí más y más de mí y de mi esencia femenina y comencé a depender más de mis características masculinas.

Más que nada, quería sentirme libre y ser libre. Pero en su lugar, aprendí a esconder y suprimir mis emociones, a proteger mi corazón y a alejarme de mi intuición y de los dones de mi alma. Me acondicionaron para creer que la fortaleza consiste en conducirse aceptablemente y estar en control.

Siendo una persona muy sensible y empática, quería salvar a todo el mundo, pero no tenia límites. Podía cuidar a todos los demás, sólo que no sabía cómo cuidarme yo. Esto se convirtió en mi modo de vivir. Absorbía el dolor de los demás, para que sufrieran menos, pero cargaba un peso sobre mis hombros que a la larga se hizo demasiado pesado y, a los veinticuatro años, me derrumbé. El colapso fue un despertar espiritual y un punto de partida para mi nueva vida.

Las cosas comenzaron a cambiar; yo comencé a cambiar. Tres años más tarde, renuncié a la vida que conocía para así poder enfrentar lo desconocido; para responder finalmente a la llamada de mi corazón y explorar el mundo en busca de mi verdad. A la edad de veintiocho años me mudé a una isla del Caribe y, por primera vez en mucho tiempo, me sentí viva.

Estaba en un nuevo camino, el camino del corazón, pero todavía tenía mucho que aprender y las heridas no sanadas eran lo que todavía me empujaban. Seguía tratando de salvar a otros, buscando el amor fuera de mí. Terminé pasando cinco años en una relación muy tóxica y emocionalmente abusiva.

Emocionalmente, él estaba en bancarrota. Yo, desde luego, iba a ayudarlo. La relación pronto se tornó tóxica. Yo no sabía dónde terminaba yo y comenzaba él; todo era un embrollo. Me sentía obligada a ayudar y a mantenerlo. Yo realmente estaba en una relación con su potencial, con lo que podría llegar a ser, y me estaba aferrando a esta imagen. Me sentía responsable de su felicidad. Me sentía responsable de hacer que la relación funcionara. Me sentía responsable de todo, como me había sentido tantas veces antes.

"Salvar a otros" había sido la historia de mi vida, pero era todo tan distinto cuando se trataba de la persona que amaba. Me perdí a mí misma por completo tratando de salvarlo.

Le di todo el amor que tenía. Amo profundamente y se lo entregué todo. Y mientras más empeoraba la situación, más amor trataba de dar. Si sólo daba un poco más, las cosas cambiarían. Si sólo pudiese ser mejor, o diferente, no me engañaría tanto o seríamos felices. Toda mi fortaleza y mi confianza se erosionaron poco a poco. Di y di y di, hasta que no quedó nada más que dar. Entonces comencé a morir poco a poco. Y entonces apareció la culpa: por caminar por esta Tierra; por absolutamente todo lo que hacía. La culpa se adueñó de mi cuerpo y, de muchas maneras, dejé de vivir.

Estaba atascada en el sentimiento de falta de valía y de ser difícil de amar. Lo que tenía era lo que me merecía, me había convencido de eso. Mientras más impotente me sentía, mayor era mi apego a él. No aguantaba la idea de estar sola. No sabía quién era sin él. El temor, el sufrimiento, las desilusiones constantes, las lágrimas. Luchando para que la relación funcionara. El melodrama. Era lo único que yo conocía.

El abuso emocional es como vivir en una prisión, pero con la puerta abierta para poder salir. A veces caminaba hasta la puerta y sentía la luz de la libertad en mi alma. Podía oír la voz de mi pareja que me decía: «No puedes hacerlo. Estás sola. ¿Quién crees que eres? No eres nada». Ansiaba la libertad, pero decidí que no era para mí. Regresé a la seguridad, a lo que se sentía como mi hogar, que era el abuso mismo.

Ya que no podía salir, lo único que podía hacer era hacer como que era feliz, hacer como que la herida no había sucedido e intentar vivir así de la mejor manera posible. Inventaba excusas y trataba de mantenerlas como verdades lo más posible. Lo justificaba todo, inventaba mentiras que me decía a mí misma y a otros. ¡Cuántas noches sin dormir y cuántas lágrimas de dolor! Era una montaña rusa.

Durante todo esto, vivía mi vida y trabajaba como sanadora, maestra de yoga y *coach* de salud holística. Pero me perdí a mí misma y perdí mi intuición, mi fortaleza, mi dignidad, mi libertad: lo perdí todo. Hasta comencé a sentir que estaba perdiendo la cabeza. Me convertí en una persona que ni yo misma reconocía.

"Se siente como una adicción", le comenté una vez a una amiga. No me imaginaba que, en realidad, lo era.

Vivía en un mundo de fantasía, de finales felices. La adicción te hace eso. Ya no veía la realidad. Había inventado tantas mentiras que ya no sabía lo que era cierto. Traté demasiadas veces de arreglarlo y de hacerlo funcionar, pensando que si lo hacía, no sería una inútil y un fracaso. Me autocriticaba por no poder irme; era tan dura conmigo misma que comencé hasta a odiarme.

En mis muchos intentos por abandonar la relación, recaí una y otra vez. Estaba buscando confort cuando me sentía sola. No sabía cómo contenerme y amarme a mí misma. Había llegado a depender precisamente de lo que me estaba destrozando.

Ahora las cosas estaban peores que nunca y estaban afectando todas las áreas de mi vida. Había estado deprimida muchas veces durante los años previos y había luchado por mantenerme a flote. Había muchas cosas positivas en mi vida y en mi trabajo, pero por dentro, sentía que estaba muriendo.

Más que nada, quería liberarme de esta persona y de lo que me atormentaba tanto: el recuerdo de mi pasado, el sufrimiento constante y el eterno intento de salir de este patrón tóxico. Me dio mucho trabajo aceptar lo que me había sucedido, aceptar la vida y enfrentar la realidad. Sólo quería que todo ese dolor desapareciera. Supliqué que desapareciera y deseé que un día me despertara y me diera cuenta de que todo había sido una pesadilla. Sólo quería ser libre y tener una vida nueva. Alejada de todo esto. No quería que esto fuera parte de mi historia.

"Por favor, envíame alguien que pueda ayudarme", pedía en mis oraciones. Y cuando Christine apareció unos días más tarde en mi vida, supe que era la respuesta a mis oraciones. Finalmente había aceptado que necesitaba ayuda y, cuando la pedí, apareció rápidamente.

Lloré mucho cuando le dije, "Creo que nunca seré libre. Es demasiado complicado. Es tan doloroso. Estoy tan perdida".

Estaba dispuesta a intentarlo, a pesar de que en realidad no creía que esta oscuridad pudiese convertirse en claridad.

Pero sucedió. Christine me dio fuerzas cuando perdí las mías. Habló por mí cuando perdí mi voz. Gritó conmigo y lloró conmigo. Me tomó de la mano y me condujo por el camino de la sanación. Nunca me soltó y por eso siempre le estaré agradecida. Me apoyé en su fortaleza y saber que ella estaba ahí me dio fuerzas para seguir.

Ahora me daba cuenta de mi codependencia y mi adicción al amor y, así, podía comenzar a sanar. Después de tres meses de trabajar juntas, finalmente me sentí libre. Era un sueño hecho realidad y estaba feliz y orgullosa de mí.

Poco después, recaí. Y luego de cortar toda comunicación otra vez, tuve otra recaída. Me apoyé en Christine para que me diera fuerzas. Ella me abrazó con muchísimo amor y compasión, para que yo pudiese abrazarme de la misma forma. Con amor, no con críticas. Le escribí una carta al Universo que decía algo así:

"Estoy cansada. OK. Sólo quería decirte que estoy sumamente cansada. Estoy cansada de sanar y crecer, y sufrir y sentir. ¡Carajo! No me pidas que sienta porque no he hecho otra cosa más que sentir y ¿para qué? ¡Me da tanta rabia! ¡Estoy frustrada! ¡Estoy hasta las narices! He muerto una y otra vez y he tratado de salir de esto, pero estaba tan perdida y confundida y desilusionada que no sabía ni para que lado escapar. Lo único que he querido es ser feliz. Volver a estar contenta. Volver a ser quien solía ser. La muchacha que no le tenía miedo a amar o a vivir.

"Durante meses he hecho todo lo que podía hacer. Todos los

días. ¿No has visto lo que he estado haciendo? He tenido conversaciones diarias contigo y he expresado tanta gratitud. Me he dicho todos los días que puedo hacer esto, ¡maldición!, y sé que puedo. Y me he sentido superbién. ¿No has visto todas las cosas que he estado haciendo y lo mucho que he tratado?

"Así que ahora tengo miedo de por fin estar bien, para luego levantarme un día y no estar bien. Y también me da miedo extrañarlo nuevamente. Yo sólo quiero ser libre. ¿Entiendes? Más que nada, quiero ser libre".

Sentí que estaba perdiendo el control nuevamente, que la adicción y la obsesión me dominaban. Poco a poco, con apoyo psicológico y tomando las cosas un día a la vez, pude superarlo nuevamente. Fue mi última recaída y nunca volví a comunicarme con él.

El abuso y adicción en mi vida eran asuntos que se originaron de mi pasado por traumas en mi niñez. Yo llevaba un vacío enorme dentro mío; un vacío que trataba desesperadamente de llenar. Un convencimiento radical de que yo no era lo suficientemente buena, de que no era valiosa, de que no era digna de amar. Y mientras siguiera creyendo la historia de que no era suficiente para el otro, seguiría atrayendo hombres que confirmarían que esto era cierto y que reforzarían mi herida.

Hui durante tanto tiempo. La herida se complicaba cada vez más y me aterrorizaba enfrentarla. Sólo quería que se fuera. Pero la única manera de encontrar la liberación era enfrentando lo que quería evitar. Mientras siguiera huyendo, la herida me controlaría y me mantendría prisionera. Sólo transitándola, sintiéndola, abrazándola encontraría la libertad y aprendería las lecciones.

Quería que los otros me brindaran el amor que yo me negaba

a mí misma. El camino de regreso a casa era el camino al amor, a amarme. Poder ofrecerme esto es el mayor regalo de todos. Ahora alimento este amor y permito que brille.

Sanar nunca es fácil y siempre es caótico. Da miedo acercarse a la herida y permitirle sangrar. Requiere valentía sentarse con la sombra y retirar las capas una a una hasta llegar a las partes más profundas escondidas por largo tiempo dentro de ti.

Pero ¡Dios querido!, vale la pena. Recuperé mi vida. Encontré el camino de vuelta a mi alma, reclamé mi poder femenino y mi soberanía sexual. Encontré amor, libertad y paz.

No me estaban castigando, ni el Universo se había olvidado de mí. Era valiosa, fuerte y digna de amar. Todo estaba dentro de mí, esperando mi regreso.

Siempre estaré agradecida a lo que partió mi corazón, pues eso me enseñó cómo amar.

Siempre estaré agradecida de que tuve que navegar la oscuridad, pues así encontré mi luz.

Siempre estaré agradecida de que pedí ayuda, pues así aprendí el verdadero significado de la fortaleza.

Y, sabes, no vuelves a ser la misma después de levantarte de las cenizas, dejar atrás tu viejo yo y comenzar a caminar en otra dirección. No eres la misma y nunca lo serás. La historia, finalmente, es tuya».

TU HERIDA COMO SABIDURÍA ESPIRITUAL

Marita hoy lleva su mensaje de amor saludable por el mundo entero y se dedica a dirigir círculos de meditación y yoga, y a usar la sabiduría que obtuvo de su herida de amor. Esto es lo que me encanta sobre este trabajo: que funciona si te dedicas. Como has visto, su historia no fue un camino de sanación lineal sino de altibajos. Así es el verdadero trabajo; no se trata de un trabajo de autoayuda espiritual glamoroso. El trabajo real de crecimiento espiritual no es necesariamente fácil y tampoco es cierto que nunca te vayas a sentir desencadenado de nuevo; como tampoco que la vida no va a suceder en sus propios términos. Sino, más bien, este trabajo nos ayuda a ver que se puede sanar y que, en efecto, sanamos. Podemos superar situaciones imposibles y tener una vida extraordinaria. Es nuestro derecho. Nos han dado estas heridas para que las sanemos y nos levantemos.

No existe nada que tu alma no pueda transformar: del sufrimiento al propósito, de las heridas a la sabiduría. Es para lo que fueron creadas la divinidad y tu alma.

Es clave ser capaz de reconocer nuestras fortalezas aprendiendo de lo que ha sucedido.

A continuación, te presento algunos ejemplos de transformaciones de heridas a sabiduría, tomados de Diosas con las que he trabajo a lo largo de los años:

- De ser engañada... a aprender a confiar en mi instinto cuando las cosas no se sienten bien

- De ser abandonada o rechazada por una pareja... a aprender que puedo cuidarme y estar contenta por mi cuenta

- De contraer una enfermedad de trasmisión sexual... a aprender que nada puede arrebatarme mi valía y que mi energía sagrada es un tesoro para compartir sólo con los que se lo merecen

• De ser abandonada... a aprender que no puedo ser abandonada, pues mi alma nunca me abandonará

• De ser abusada... a saber que el abuso es un reflejo de la persona herida y no un reflejo de mi valía

Si necesitas ayuda con esto, toma un momento para llamar a tus guías espirituales. Pide orientación para que se revele la sabiduría que reside en la herida. Encuentra el espacio sagrado.

1. Toma un momento para encontrar un espacio tranquilo donde puedas estar sola contigo. Quizás en la naturaleza, o en una parte acogedora de tu habitación o incluso tu baño. Enciende una vela. Prende Incienso. Crea el ambiente. A mí los sonidos de flauta me ayudan a centrarme; quizás a ti también te ayuden.

2. Respira. Con una mano en el vientre y otra en el corazón, toma un momento para sentirte. Inhala por la nariz, contando hasta tres, y exhala por la boca, contando hasta cinco. Sigue respirando hasta que te sientas conectada.

3. Ahora pídele orientación a tu espíritu. Cuando necesitamos guía, debemos pedirla. Parece sencillo, pero con frecuencia cuando nos sentimos atascadas y agobiadas, descendemos más en el caos y el dolor, y se nos olvida pedir ayuda espiritual. Cuando rezas, en ese preciso momento te estás entregando. Y cuando te entregas, te conectas con la sabiduría interna y la voz del alma. En ese momento, aparece un puente invisible entre este reino y el reino del espíritu. Aquí es que viven nuestros antepasados, así como nuestros ángeles y guías. Aquí es que está viva tu alma.

«Divina Madre, Diosa, Poder Supremo, Jesús, Dios/Diosa, o lo que sientas
que quieres decir, guíame a descorrer el velo que oculta la herida y acceder
a la medicina y a la sanación del alma que reside detrás. Estoy lista
y me rindo a la sabiduría que aguarda. Muéstrame aquello a lo que me
has guiado, para que pueda usarlo para crecer, sanar y dirigir».

Al orar, algo se mueve adentro. Siempre que estemos dispuestas a dejárselo a la Diosa, cambian nuestra perspectiva y las células de nuestro cuerpo; siéntelo. Creo que la guía espiritual es una de las herramientas más poderosas que podemos usar. Y lo mejor es que no necesitamos a nadie más. Eres tú y la divinidad, y puedes acudir a la divinidad en cualquier momento.

En un diario puedes anotar las veces que la herida se desencadena y ver su trayectoria. Así, aumentará la conciencia que tienes acerca de ese comportamiento. Anota lo que sucede en el momento:

- ¿Con quién sucedió?

- ¿A qué hora del día?

- ¿Dormiste?

- ¿Comiste?

- ¿Estabas enferma?

- ¿Habías ido a terapia o habías tenido cualquier otro tipo de autocuidado?

- ¿Estabas en tu ciclo menstrual?

Ten curiosidad con respecto a los factores que fueron parte de ese momento.

Luego, usa la oración para ver qué puede estar detrás de la herida. En lugar de correr para salir rápido del momento, respíralo, siéntelo. Hónralo como algo sagrado, pues todas las emociones son mensajeras y deben honrarse como tal.

Mi deseo es que al hacer esto recuerdes que no hay nada con lo que tu alma no te pueda ayudar. Es tu compañera para siempre en esta vida. La vida es una serie de altibajos, de errores y cagadas. La vida sucede, así que no seas demasiado dura contigo. En vez de eso, date permiso para ser humana, pero permítete volver a tu meta del alma. Eres más fuerte de lo que piensas y más sabia de lo que puedes imaginar.

Trabajo del alma

Después de explorar tus desencadenantes emocionales, las heridas conectadas a ellos y tu herida más significativa, es importante ver la sabiduría que cargan esas heridas. En tu diario, escribe las respuestas a las siguientes preguntas:

1. ¿Cuál es la herida?

2. ¿Cuál es la medicina que reside al otro lado?

3. ¿Cómo creciste con esa experiencia?

4. ¿Qué parte de tu personalidad maduró como resultado de la situación?

Nota: Con respecto a las heridas del abuso, no quiero que las minimices y hagas como si estuvieran bien. No estuvo bien. Por el contrario, quiero que reclames lo que pasaste para hacer de esto medicina. Por ejemplo, el abuso que pasé me hizo más intuitiva hacia los otros que han padecido del abuso; y ahora me permite guiar a muchas almas alrededor del mundo a la sanación de traumas y sufrimientos profundos.

Mantra

Me permito abrazar la medicina sagrada que reside en mi herida.

Ceremonia

Ejercicio del espejo

Este capítulo trata sobre cómo honrar la sabiduría de la herida. Por momentos nos perdemos en la herida —y no por culpa nuestra—, pero al hacerlo, se nos olvida reclamar nuestro poder, nuestra valía, nuestra magia. Cuando hacemos contacto visual con nosotras mismas, nos acordamos de amarnos y observar el templo de nuestra propia alma. Busca un momento en que puedas estar sola contigo. Entra a una habitación donde tengas un espejo, donde puedas mirarte claramente a los ojos. Esto será una sesión de mirada a los ojos, alma a alma, ojo a ojo, contigo.

Respira mientras te miras profundamente a los ojos. Mirarse a los ojos es una ceremonia profundamente espiritual, y hacerlo contigo misma es un acto de devoción y de amor profundo a ti misma. Podrían surgir muchas emociones de esta intimidad contigo. No le huyas a las emociones. Sencillamente respíralas, permite que se muevan dentro de ti, siéntelas y suéltalas. Está presente contigo. Ojo a ojo, alma a alma. Comienza a decir lo siguiente en voz alta mientras continúas mirándote a los ojos:

> *Te amo.*
>
> *Sé que las heridas te han hecho daño, pero tienes*
> *mucha medicina en ti, Diosa.*
>
> *Eres muy fuerte y resiliente. Me asombras.*
>
> *Dulce niña, puedes descansar ahora.*
>
> *Aprende las lecciones y deja que sean tus alas.*
>
> *Toma la sabiduría y deja que sea tu valentía y tu*
> *ofrenda al mundo.*
>
> *Te amo.*
>
> *Estoy orgullosa de ti.*
>
> *Por todo lo que has pasado, por todo lo que te ha hecho*
> *daño, te amo. Estoy aquí para ti.*
>
> *Permítete sentir la fuerza de tus pies, que te han traído hasta aquí.*
>
> *Eres un regalo.*
>
> *Un milagro andante.*
>
> *Te amo.*
>
> *Te amo.*
>
> *Te amo.*

Respira y permítete sentir el poder de decirte esas palabras. Magnífico trabajo, Diosa. Céntrate respirando profundo y exhalando. Repite tres veces y tómate un vaso de agua o de té para que te relajes. Escribe en tu diario sobre esta experiencia y lo que sacaste de esta ceremonia.

Este proceso de encontrar sabiduría en la herida es un salvavidas. Infunde esperanza en lugares donde no la hay, vida donde sólo había muerte. Empoderamiento donde antes vivía la falta de poder.

Tu vida es tuya, única y especial. Diseñada estratégicamente para ti y sólo para ti, para que crezcas y sanes y te conviertas en la persona que estás destinada a ser. Estas heridas se convierten en lugares de crecimiento enormes si decidimos que lo sean. Decide sacar sabiduría de la herida. Crece, evoluciona, devuelve. Levántate, Diosa, levántate; especialmente si la herida era grande y profunda y te causa un daño gigante. No permitas que nada te impida levantarte, mereces vivir la vida del alma, aunque la oscuridad de alguien haya tratado de detenerte. Ahora estás lista para progresar a la siguiente iniciación; vivir alineada con el alma, con la luz. Aquí están las lecciones para que las encarnes y las vivas. En el siguiente capítulo hablaremos sobre cómo recuperar tu intuición y de las maneras en que tu alma podría hablarte. Es ahí donde recibirás la guía para mantenerte alineada con tu alma.

Me permito abrazar la medicina sagrada
que reside en mi herida.
#yosoydiosa

SEGUNDA PARTE

La luz: vivir alineada con el alma

CAPÍTULO 7

LA ALINEACIÓN DEL ALMA

Para mí, una bruja es una mujer capaz de dejar que su
intuición se apodere de sus acciones, que comulga con su
entorno, que no tiene miedo de enfrentar desafíos.

—Paulo Coelho

Parte de la sanación es reconectar con nuestro instinto y nuestra intuición. Cuando estamos emocional, física, sexual o mentalmente lastimadas, inconscientemente comenzamos a no confiar en nosotras mismas. Comenzamos a dudar de nosotras. Algunos de los pensamientos que nos pasan por la cabeza dicen cosas como: «Si yo fuese intuitiva, lo habría sabido. Debí haberme dado cuenta. ¿Cómo pude haber pensado que eso estaba bien? No tengo buena intuición ni instintos. Soy estúpida. No sé un carajo. Si supiera, no me habrían herido. Mi intuición me habría sacado de esto, pero no lo hizo, así que mi intuición no funciona».

La mente tiende a crear historias y proyecciones mentales basadas en lo que conoce y, si lo piensas, tiene sentido pensar que tu instinto no está funcionando porque algo malo sucedió.

Pero la mente con frecuencia piensa sólo en blanco y negro; no es capaz, en esos momentos, de ver matices. De ver que quizás sí sentiste algo que no andaba bien pero que lo adormeciste. O que quizás sabías que había algo peligroso, pero que en realidad no podías hacer nada porque eras demasiado joven, o no tenías dinero, o estabas demasiado atemorizada para irte por miedo a que te hicieran daño. Estas son razones válidas para que tus mecanismos de defensa se activen y traten de protegerte.

¿TEMOR O INSTINTO?

(Advertencia: posibles desencadenantes emocionales en el texto a continuación). Esta conversación sobre la intuición y cómo reparar la conexión con el instinto me recuerda a mi clienta, Sally. Ella estaba casada con un hombre al que amaba, pero con quien se sentía insegura. Debido a su tendencia a sentirse insegura y a no confiar debido a su trauma de niña, no sabía si «se estaba volviendo loca» o si «estaba siendo intuitiva». Se trata de un dilema común entre mis clientas: cómo saber la diferencia. Lo que he llegado a entender es que la herida que tiene que ser atendida tiene que ser atendida no importa qué, de modo que da igual si es intuición o no. Es imperativo y es clave que entendamos eso. No importa si la persona es infiel, mentirosa o absolutamente confiable; la confusión que sentimos por dentro tiene que sanar. Por ende, trabajamos con lo que tenemos y de ahí partimos.

Pues bien, ¿qué sabía yo con certeza sobre Sally? Sabía que tenía un historial de abuso durante su niñez —de abuso sexual y verbal. Sabía que tenía una relación de mierda con los hombres porque su padre era un enfermo mental, un pedófilo que abusó de ella. Sabía que su tendencia era escoger hombres que no eran confiables —iguales que su padre—, porque como resultado del abuso su autoestima estaba fragmentada. Sabía que su temor y su rabia andaban por las nubes, porque su herida no había sido atendida. Pero también sabía que Sally era sumamente intuitiva y confié en que algo estaba pasando.

En lugar de hacer que escogiera entre esta perspectiva dual («¿estoy loca o soy intuitiva?»), le pedí que honre a las dos y la ayudé a ver que había algo dentro de ella que pedía ser amada, nutrida, sanada; y que sólo cuando lo haga podría confiar en sí misma lo suficiente para saber qué estaba sucediendo. Se daban simultáneamente dos lecciones espirituales:

1. Aprender a confiar en ella y en su intuición sin evaluarse a sí misma como «psicópata», «rabiosa», «loca» o «insegura».

2. Aprender a calmar la herida de la inseguridad, el sufrimiento, la rabia y el temor producto del abuso durante su niñez.

Cuando comenzó a aceptar las dos lecciones sin forzarse a darse prisa, empezó a ver que quería sanar sus reacciones y manejar sus temores por sí misma. Comenzó a darse confort ella misma en lugar de castigarse por sentirse de esa manera, y gritar y volverse un saco de nervios hasta enfermarse. Comenzó a ir a terapia con más frecuencia, a trabajar conmigo en el nivel espiritual y a hacer yoga. Cuando se dio más espacio para sanar y atender sus propios terrenos psicológicos internos, la claridad comenzó a florecer.

Durante nuestras llamadas empezó a contarme cosas como: «Me da menos rabia. Me estoy permitiendo enfocarme en el abuso de mi niñez y sus consecuencias durante las sesiones de terapia, para saber lo que es verdadero para mí mientras también trabajo con las partes mías que no me gustan y que no quiero seguir cargando».

Me di cuenta de que el foco volvió a lo que ella podía sanar dentro de sí misma; y me sentí orgullosa de su cambio, porque esta era la única manera en que ella podría confiar en sí misma para tomar la decisión correcta y dejar para siempre esa relación. Mi instinto sabía qué él la estaba engañando, pero no estaba lista para darle a conocer esa información todavía. Mi espíritu me guía cuando estoy haciendo sanaciones, y fue claro cuando dijo: «Ella tiene que completar esta iniciación y descubrir la verdad una vez confíe en ella misma otra vez». Mi trabajo era sencillamente guiarla mientras sanaba el abuso de su niñez, recuperaba su paz y trabajaba con su reactividad.

En nuestra siguiente sesión volvió y me dijo: «He estado más relajada y me he sentido realmente bien. Estoy haciendo progresos con la rabia. Me estoy sintiendo menos loca y eso me gusta mucho. Todavía siento que algo está pasando y estoy empezando a ver —incluso en mi estado sereno— que algo no anda bien. Excepto que esta vez, siento una guía y me siento anclada. Me siento segura».

Los ojos me brillaban. Las cosas estaban cayendo en su sitio dentro de ella. Era una muy buena señal que tuviera una sensación de paz a la vez que sabía que algo no andaba bien. Aquí, era evidente que había aprendido la lección de su alma de sanar su reactividad y sus inseguridades y percibir, a través de su intuición, que las cosas no andaban bien. Ahora podía confiar en sí misma y reconectarse con su conocimiento interior femenino primitivo.

Es así como reestablecemos la conexión con nuestra intuición, haciendo el trabajo y luego entendiendo: «Sí, incluso en mi estado de seguridad, mi instinto me habla. Esto no es mi inseguridad ni mi locura; es mi verdad». Pero no debemos saltar las pruebas para llegar ahí. Debemos caminar sobre el fuego del cuestionamiento para llegar al conocimiento centrado. Y Sally se dedicó al trabajo.

En esa paz, recibió la guía de la información que necesitaba. Estaba lista para ver la verdad. Vio los mensajes, las conversaciones con otra mujer, fotos sexuales, todas las pruebas que necesitaba. Pero no hizo esto sin hacer el trabajo que tenía que hacer. Si se hubiese saltado esa parte, habría iniciado una próxima relación sintiéndose insegura, buscando una solución rápida y buscando constantemente pruebas de que la lastimarían. En lugar de ello viajó hacia su interior, esperó hasta sentirse segura y desde esa seguridad dejó hablar a su intuición sanada.

Cuando la intuición está lesionada y tomamos decisiones partiendo de ese lugar, nunca lo haremos completamente alineadas.

Cuando pidió el divorcio, habló con seguridad, claridad y calma porque sabía que estaba lista para irse. Se sentía empoderada y orgullosa de que había hecho el trabajo de sanación interior para poder irse habiendo completado sus lecciones espirituales. No era el temor lo que la impulsaba ahora, era su amor propio.

Piensa acerca de las situaciones que han ocurrido en tu vida o que están ocurriendo ahora. ¿Hay alguna situación que te tiene confundida?

Cuando hay confusión, hay que regresar a la raíz de la herida. Regresa a reconfortarte tú misma. Regresa a sanarte tú misma.

Una vez que te sientas segura y serena, entonces tu intuición puede sanar y hablar. Desde este lugar de claridad, conseguirás tus respuestas. No apresures este proceso.

Toma un momento para reflexionar sobre un área de tu vida en que haya confusión. Quizás se trate de que no te sientes amada por tu pareja, pero has tenido la tendencia a ser dependiente en el pasado. Antes de actuar, derrama más amor sobre ti. Ve a terapia, ve a reuniones, date un masaje, reúnete con tus amigas, busca tiempo para orar, para escribir en tu diario, para entrenar. *¡Ámate de una puta vez!* Luego, una vez te hayas dado a ti misma lo que buscas, tendrás la claridad mental para distinguir si en efecto todavía sientes que no estás recibiendo la atención que necesitas. Desde ese lugar, podrás tener una conversación amorosa con tu pareja. Pero las lecciones que tienes que aprender tienen que atenderse antes de confiar de nuevo en tu instinto. Si lidias con eso y llenas tu copa primero, siempre tendrás como resultado una mejor conversación. Y no hay *nada* mejor que saber que hiciste tu parte antes de tener una de esas conversaciones.

Recuerdo haber estado tan orgullosa de mí misma cuando finalmente descifré el código de las salidas románticas. Me sentía taaaan insegura cuando no recibía un mensaje de texto después de la salida. Pero como sabía que tenía una historia de codependencia y un temor al abandono, no siempre podía confiar en mi instinto. Mi instinto todavía estaba demasiado atado a mis temores, así que no estaba claro.

Después de hablar demasiado pronto, de sonar como una loca y de actuar, en general, desde el lugar de la herida, decidí tratar algo distinto. Me dije a mí misma: «Lo más importante aquí no es el desencadenante, sino mi reacción al desencadenante».

Me apoyé en la fórmula proactiva. Decidí enfocarme *sólo* en mis reacciones, sin importar si la persona estaba mal, o era desconsiderada, o sospechosa, etc. Esto fue sumamente difícil porque mi orgullo estaba como loco: «Oye, ¿vas a dejar que ese hijo de la gran puta piense que eres una tipeja? ¿Una boba, una pendeja? ¡Dile que se vaya al carajo!».

Entonces tenía que hablarme a mí misma y decirme: «Oye, tranqui, a lo mejor es un hijo de la gran puta, pero aquí está pasando algo más profundo; y hasta que no pueda distinguir si soy yo o si son ellos, no voy a confiar en mí. Tengo que calmar mis reacciones para así saber que no estoy loca, entonces recibiré guía. Estoy cerca, con un poco de tiempo lo descifraremos. Les diré algo cuando esté lista. No te preocupes».

Luego, la parte más difícil era no decir un carajo: practicar el poder del freno a la pluma y la lengua. Y quedarse quieta con la incomodidad de no decir nada cuando un tipo esperaba hasta el último minuto para confirmar los planes, o no responder a un texto de una compañera de apartamento cuando sentía que estaba siendo malvada. Mientras más hacía esto, más calmada me sentía. En lugar de sentirme como víctima y que me estaban ignorando y abandonando —como la niña interior volviéndose loca como si mi padre me estuviese dejando otra vez— me sentía como una Diosa adulta superpoderosa, sentada en su trono observando lo que me gustaba y lo que no. No era el dolor gutural y el rechazo. Era una simple observación y conversación.

¡Lo estaba comprendiendo, finalmente! Las cosas estaban cambiando. Mi energía estaba cambiando. Podía ver más claramente y mis palabras también se hicieron más claras.

Entonces me sentí lista para comunicar mi verdad. A veces el milagro era que estaba comportándome como una loca y mis heridas de la niñez estaban dominándome de manera destructiva, así que me alegré de no haber hablado. Luego, el otro milagro era que a veces tenía toda la razón y que lo único que tenía que cambiar era cómo y de dónde venía mi comunicación. Podía comunicarme fácilmente como mujer y no con terror, como una niña con temor a ser abandonada. «Oye, disfruté mucho nuestra última salida. Pero quiero ser transparente acerca de algo. Prefiero que me confirmen los planes con tiempo suficiente para hacer los arreglos en mi itinerario ;) Soy una mujer ocupada y me encantan los hombres que cumplen su palabra y respetan mi tiempo también ;) Como no tuve noticias tuyas, hice otros planes para esta noche. Estaba deseando verte, pero este estilo de comunicación no funciona para mí. Espero que comprendas».

Aquí me estaba comunicando de manera segura, desde una posición de empoderamiento e intuición. Si hubiese hablado antes, no habría tenido el regalo de darme el confort y la seguridad que necesitaba. Una vez que lo tuve, la conexión con mi instinto se restableció y recibí las palabras para expresarme.

En las reuniones de Alcohólicos Anónimos dicen: «Intuitivamente sabes cómo manejar las situaciones que antes te desconcertaban», y a través de mi compromiso con el amor propio y el trabajo del alma, estaba siendo guiada y eso se sentía bien.

Al enfrentar obstáculos, recuerda esta lección. Esto no vale cuando estás en una relación de abuso; esto es para situaciones en que estás segura, en el proceso de trabajar con tus desencadenantes, de confiar en ti misma, y de distinguir entre la voz de la intuición y la voz del temor. Cuando estás en peligro, buscas ayuda profesional, haces un plan de seguridad y te vas. Pero, aparte de esas situaciones, recuerda volver a esta lección porque te puede llevar muy lejos. Es un salvavidas y una herramienta que todas las Diosas necesitan tener.

PERMITE QUE LA VOZ DE TU ALMA SE COMUNIQUE CONTIGO

Lo genial, aunque contraintuitivo, de sintonizarte con tu intuición y la voz de tu alma es que no es algo que necesitas aprender a «hacer». Se trata más bien de no obstaculizarte tú misma y de conectarte con tu parte profundamente femenina, que está en toda su genialidad de Diosa cuando sencillamente «es».

El hecho de que se trate de «ser» no significa que no sea complicado, por lo menos al comienzo. A la mayoría de nosotras nos enseñan que debemos trabajar para mejorarnos, para obtener logros, pero la verdad es que la voz del alma es algo que siempre ha estado contigo. Vive bajo la neocorteza del cerebro, que es el centro de la mente consciente. Es la parte de ti que «sabe sin saber». Es antigua, sabia y nunca te conducirá por el mal camino. Tu capacidad para acceder a tu verdad está conectada con tu capacidad para estar serena, para escuchar y para recibir.

Afortunadamente, tu intuición es algo que vive en tu cuerpo y tus cinco sentidos, aunque tiene el superpoder de comunicar información de maneras aparentemente esotéricas. Lamentablemente, aunque la intuición siempre se siente en el cuerpo —en las entrañas, el corazón, la manera en que puedes sentir el «sí» y el «no» latir en algún punto del plexo solar— puede ser superdifícil de acceder cuando nuestros cuerpos han sufrido trauma y estamos en estado de contracción y de constante hipervigilancia.

Desde este lugar, puede ser difícil confiar o incluso advertir las señales que el cuerpo trata de darnos.

Hay muchas maneras de sonsacar la vocecita interior, o la sensación en las entrañas, o como quieras llamarle a tu intuición (es distinto para cada Diosa). He aquí algunas de mis favoritas.

RECOMPONERTE: Es completamente normal asumir los problemas de otros, entre ellos sus temores, deseos, creencias, etc., y pensar que son nuestros. Me gusta la práctica diaria de vaciarme de este tipo de influencias, incluidas las que inconscientemente recojo de personas, lugares, transportación pública, TV, las redes sociales y cualquier otra cosa con la que me tropiece durante el día. Logro esto sencillamente imaginando que estas influencias abandonan mi cuerpo a través de un cable que conecta mi chacra raíz con el centro del planeta, casi como si estuviese tirando de la cadena de un inodoro. Luego convoco a las partes de mi alma de donde quiera que las haya dejado, imaginándome que se reintegran a mí en forma de luz que entra a distintas partes de mi cuerpo, a los lugares donde haga falta mi energía. Siempre termino sintiéndome más en paz, con más claridad y más anclada, lo que facilita mucho sincronizarme con la voz de mi alma.

EL TRABAJO CON LOS SUEÑOS (DREAMWORK): Nuestra intuición nos habla todo el tiempo y el lenguaje de los sueños con frecuencia nos muestra lo que tenemos que saber en forma de símbolos y de ricas imágenes visuales. Formula una pregunta clara por la noche y quédate con esa pregunta mientras te quedas dormida, con la intención de que tu alma se comunique contigo mediante imágenes y mensajes en los sueños. Si tiendes a no recordar tus sueños, o si los recuerdas borrosos, presta atención a las emociones que sientes al despertar, así como a cualquier palabra que surja en tu consciente, pues la voz de tu alma también te puede hablar de esa forma. Me encanta un proceso de la Dra. Clarissa Pinkola Estés: ella sugiere que escribas tus sueños y que luego sustituyas los sustantivos (pájaros, pies, zapatos, etc.) con tus propias asociaciones simbólicas con esa palabra. Por ejemplo, quizás en tu propia simbología personal, los pájaros se traducen en «un sentido de libertad» o «un mensajero entre el reino del espíritu y el reino humano». Con el tiempo, entenderás mejor tu propia biblioteca de símbolos y tus sueños te brindarán una enorme comprensión de tu vida.

LA ADIVINACIÓN: Me encanta trabajar con formas sencillas de adivinación, también conocida como la práctica de buscar información sobre el futuro o lo desconocido mediante diversas estrategias. Todas las culturas antiguas tienen su propia forma de adivinación, desde el *I Ching* chino a las runas nórdicas. Las culturas indígenas también usan el trabajo con los sueños y los viajes chamánicos como formas de adivinación. A mí me gusta la siguiente práctica adivinatoria porque sólo necesitas una moneda. Formula tu pregunta antes de tirar la moneda y decide lo que significará la cara y la cruz (por ejemplo, cara, sí; cruz, no). Compara lo que esperabas y deseabas con la respuesta que te da la moneda. Si hay discrepancia, ¿cómo te hace sentir eso? Si prefirieses trabajar con mensajes más profundos, también puedes conseguir una baraja de oráculo de imágenes hermosas, que puede ser una forma maravillosa de desbloquear tus propios poderes intuitivos y brindar un lenguaje a las ricas metáforas de tu mundo interior.

PEDIR SEÑALES AL ESPÍRITU: Tengo una hermosa historia sobre el poder de buscar señales del espíritu. No hace mucho me comuniqué en silencio con mi difunta abuela materna, María Luisa. Es una de mis guías espirituales y alguien a quien busco en momentos de confusión o de querer confirmación de que estoy en el camino correcto. Quería confirmación de que mis próximos pasos tenían su bendición y aprobación. Fui muy específica cuando le pedí a mi abuela Luisa: «Muéstrame una pluma de pavo real, en las próximas horas, como señal de que estoy en el camino correcto». Luego procedí a prepararme para una sesión de fotografías con una fotógrafa llamada Federica, a quien conocí en Instagram, que se ofreció a retratarme. Me reuní con Federica y fuimos a su adorable apartamento en la ciudad de Nueva York. ¡Y allí me enseñó una pluma de pavo real! Me dijo que había sentido esta guía divina de que usara la pluma de pavo real en nuestra sesión de fotos. Yo estaba siendo guiada. El espíritu estaba trabajando a través de Federica para revelar la señal divina de mi abuela. De inmediato me sentí feliz de que el espíritu me respaldaba. Hacer una petición clara pidiendo una señal específica es algo poderoso porque la voz de nuestra alma y la voz del espíritu con frecuencia se comunican por medio de símbolos (el tuyo no tiene que ser una pluma de pavo real, desde luego; puedes usar el primer animal, número o palabra que te pase por la cabeza). Cuando suceden estos momentos, pueden darte escalofríos o sentir una profunda sensación de guía y protección espiritual. Me encantan estos momentos de Dios. Le conté a Federica lo que le había pedido a mi abuela y que en pocas horas me había brindado la señal a través de ella. Estábamos alegremente impresionadas y llenas de gratitud. A veces necesitamos esos guiños divinos del espíritu. Son una forma maravillosa de obtener apoyo espiritual y el empujoncito necesario para continuar.

REDACCIÓN LIBRE O DIBUJO LIBRE: Para aquellos de nosotros que tendemos a vivir demasiado en nuestra cabeza, escribir o dibujar libremente puede ser un método poderoso de permitirle al alma hablar a través de las manos. Me encantan los ricos mensajes y dibujos poéticos que vienen a través de mí cuando no estoy tratando de controlar lo que quiero decir. Es como despejar un espacio para que tu verdadera voz se comunique contigo y, con frecuencia, te verás agradablemente sorprendida por lo que tiene que decir. Toma una pluma y papel y comienza a escribir lo que sea que tengas en el corazón. No detengas el trazo de la pluma y déjala fluir libremente. Haz lo mismo con una imagen. Por ejemplo, puedes usar como pie: «Alma, guíame a dibujar una imagen que simbolice lo que debería hacer en el futuro. ¿Qué energía debo encarnar para dar el próximo paso?». Luego, toma tu pluma y papel y deja fluir las imágenes que surjan. Ten en cuenta que cada persona tiene su manera particular de sintonizarse con su intuición y su guía. Practica algunas de las que se mencionan aquí y usa la que sientas que está más alineada contigo.

ESCUCHAR LO QUE QUIERE TU CUERPO: Esta es una sencilla y poderosa manera de vivir una vida para que sea intencionalmente fortalecedora: averiguar qué es lo que el cuerpo desea. ¿Qué desea comer? ¿Cómo se quiere mover? ¿Qué tipo de actividades serían más estimulantes? Sencillamente al preguntarte a ti misma «¿Esto me fortalecerá o me agotará?» acerca de un alimento o de un ejercicio en particular o de una persona con quien estás pensando salir, te dará una respuesta inmediata. Quizás sea a través de una imagen en tu mente o de una sensación específica en el cuerpo. Por lo general asocio las contracciones y sensaciones de tirantez en mi cuerpo con «no» y la sensación de expansión con «sí». Pero experimenta con esto y dale permiso a tu cuerpo para que te hable. Mejor aún, cuando obtengas una respuesta clara, ¡actúa! Con demasiada frecuencia nos alejamos de la sabiduría que ofrece el cuerpo y dejamos de escucharlo. A la larga, eso puede hacer más difícil el acceso a nuestro conocimiento intuitivo.

PASAR TIEMPO EN CONTACTO CON LA NATURALEZA: La gran Diosa vive en la naturaleza, así que asegúrate de conectarte con ella a menudo, aunque sólo sea con un paseo en un parque o en un jardín botánico. Artistas y científicos famosos han contado cómo buscan en la naturaleza las respuestas a sus preguntas más importantes. Sucede algo mágico cuando nos comunicamos con un árbol, un río o una montaña. Estar en la naturaleza nos da una enorme perspectiva (después de todo, los árboles son más antiguos que nosotros y muchas montañas han visto surgir y morir un sinnúmero de civilizaciones) y tiene la capacidad mágica de darnos claridad y una mayor conciencia del panorama completo. La naturaleza tiene un efecto calmante en nuestra vida, algo que nuestro sistema nervioso —con frecuencia sobrecargado— necesita a fin de relajarse y abrir las líneas de comunicación con nuestro ser interior.

SINTONIZARNOS CON LA RESPIRACIÓN Y LA QUIETUD: Esto no significa meditación rigurosa diaria, aunque eso no hace daño. Pero siempre que puedas, busca el tiempo para alejarte de las distracciones de tu rutina diaria y sencillamente dedícate a estar contigo. Me encanta dedicar cinco minutos de mi vida a respirar conscientemente y estar en silencio con una taza de té. Cuando detengo el constante influjo de mi mente, puedo descansar en la vastedad y paz de mi verdadero «yo». Y créeme, los mejores mensajes surgen de ese lugar.

Desde luego, todas las herramientas mencionadas son meras sugerencias. Lo que funciona para ti depende de quién eres. Por ejemplo, sé que, debido a mi personalidad adictiva, ciertas formas de adivinación no van a funcionar para mí porque si las tengo cerca, estaré refiriéndome a ellas siempre que tenga que tomar una decisión.

Esto no tiene que ver con la obtención de validación externa o de depender de una herramienta que te dé las respuestas correctas. La fuente verdadera de las respuestas eres *tú*. Tu sabiduría intuitiva más preciada vive dentro de ti y, aunque todo lo que he mencionado ofrece una entrada a ese conocimiento poderoso, recuerda que la Diosa nos habla de múltiples formas. Busca lo que funciona mejor para ti y conviértelo en una práctica de conexión diaria. Te prometo que sentirás la diferencia.

Trabajo del alma

Reconectar con tu intuición y tu instinto es fundamental para vivir en alineación con el alma. En tu diario, escribe las respuestas a las siguientes preguntas:

1. ¿Qué tipo de situación por lo general desencadena más confusión y falta de confianza en ti? Por ejemplo: «Cuando se trata de relaciones, nunca sé si estoy exagerando demasiado o si tengo un límite real que tengo que respetar».

2. ¿Qué se siente en tu cuerpo cuando sabes que estás alineada con tu instinto? Quizás la diferencia no esté en tu cabeza, sino en una sensación de conocimiento en tus entrañas. Fíjate en las sensaciones del cuerpo y apúntalas para que puedas discernirlas en el futuro.

3. Nombra una situación en que estabas confundida acerca de algo y no estabas segura de que tu intuición estuviera correcta

y luego resultó que sí estaba correcta. Debes buscar pruebas de que tu intuición estaba funcionando aquí.

4. ¿Qué técnica para autoserenarte podrías usar para alcanzar un estado de neutralidad de modo que puedas escuchar a tu intuición? Por ejemplo, hablar con una amiga, repetir un mantra, escuchar música relajante, dar un paseo, usar cualquiera de las herramientas de la sección anterior de este capítulo, etc. Escoge una técnica para autoserenarte que te guste.

Mantra

Me doy el espacio para respirar y pido orientación para que mi voz intuitiva resuene a través de mí.

Ceremonia

Alineación del alma

Aquí te guiaré para que te sintonices con los reinos más profundos de lo espiritual y te conectes con tus guías espirituales. Puede ser algo en lo que crees profundamente, o con lo que te conectas como arquetipo que servirá de guía para mantenerte en alineación espiritual con tu alma.

Mientras escribía este libro, hice un viaje chamánico del alma para conectarme con el alma de este libro y fui conducida a un hermoso y majestuoso salón. Había allí una persona anciana sin género, un ser de luz y oscuridad, de sabiduría y heridas. Un ser que siempre ha sido. Ese ser me dijo: «Tú eres la guardiana de los patrones. Tú tienes las llaves del libro de los patrones. Tu don es ayudar a la gente a descifrar los patrones que los mantienen separados de su alma, de su verdad y de su divinidad».

Fue un momento impactante para mí. Mientras seguía rezando y meditando, fui dirigida a rezarle a santa Clara. «Santa Clara, aclárame esto». El velo se descorrió, la claridad se reveló, fue el mensaje que recibí. Fui guiada.

A veces, la guía aparece en un espíritu animal. Pedí que mi espíritu animal para este viaje del libro me fuera revelado y me mostraron la «grulla mística». Si lo pides, no sólo serás guiada a tu equipo de apoyo humano sino también a tu equipo de apoyo espiritual. Es aquí donde lo espiritual se funde con lo práctico. Esto es un elemento clave para verdaderamente vivir esta vida de mis sueños. Cuando dejé de beber, mi patrocinadora me dijo: «Por la gracia de Dios, estoy sobria». La gracia de Dios abre puertas. El espíritu de la Gran Madre te guía cuando estás perdida. Siempre hay apoyo espiritual para nosotros. Sólo tenemos que pedirlo y conectarnos.

Toma un momento para encender una vela. Ve a tu altar. Conéctate con tu alma. Respira. Toca música. Las flautas amerindias me sintonizan muchísimo con el espíritu. Cuando te sientas lista, pide ver a tus guías espirituales de este viaje. Fíjate en cómo las sientes y pregúntales qué mensajes de apoyo tienen para ti en este viaje para que puedas mantenerte en alineación con el espíritu.

Pregunta: «¿Cómo sabré si estoy en alineación con mi alma?» y deja que respondan. Y aunque no escuches nada, he aquí una respuesta a esa pregunta: te sentirás bien cuando estés en alineación con tu alma. Así que, si no surge nada, no te inquietes. Sencillamente ríndete, enfócate en sentirte bien. Y sigue pidiéndole a tu «yo» superior que esté ahí a tu lado, siguiendo adelante para tomar decisiones claras, conscientes y alineadas con el alma.

Tu alma tiene todas las respuestas que buscas. Tras la confusión y el temor hay una fuente de conocimiento puro, de apoyo y guía espirituales ilimitados. Busca tu alma; ella te busca a ti. Pide señales divinas y pide ser dirigida. Este capítulo trataba sobre cómo escuchar al espíritu para estar en alineación. Es más fácil de lo que pensamos. Cuando nos quedamos quietas, podemos escuchar. Convierte la quietud en prioridad —convierte conectarte al alma en prioridad— y fíjate cómo tu vida se hace mágica. Pide guía: «Alma, dirígeme a estar en alineación contigo. Muéstrame señales divinas, guíame, estoy abierta a ti». Tu intuición se está reparando y estás comenzando no sólo a escuchar sino también a oír la voz de tu alma. Continúa practicando pedir guía a tu alma y atender a lo que oyes para mantenerte alineada.

Me doy el espacio para respirar
y pido orientación para que mi voz intuitiva
resuene a través de mí.
#yosoydiosa

CAPÍTULO 8

INTIMIDAD CON EL «YO»

A la larga, cualquier mujer que se aleje mucho tiempo de su
hogar del alma se cansa. Así debe ser. Entonces busca de
nuevo su piel a fin de revivir su sentido del yo y de su alma,
para restablecer su conocimiento profundo y oceánico...

— Dra. Clarissa Pinkola Estés

Existe un lugar más allá de esta esfera. Es un lugar de cielo y
tierra. Existe en momentos en que estás sola tú y la naturaleza,
cuando el tiempo desaparece: momentos de meditación sagrada,
de masturbación, de oración. Puede ser un espacio físico o puede no serlo.

Este hogar del alma es un lugar de restauración y de recor-
dación. Es un lugar de verdad, de Dios, de Diosa.

Cuando nos desconectamos de este espacio de nuestro hogar
del alma durante mucho tiempo, nos secamos como una uva
pasa. Vamos por ahí con la mirada perdida y nos sentimos como
si estuviésemos arrastrando un cadáver. Y, en cierta manera,
así es. Cuando una mujer se desconecta de su hogar del alma,

se desconecta de sí misma y por ende de su luz, su Shakti, su verdad.

También existen los momentos en que estamos entre dos aguas: ni aquí ni allá, sin claridad alguna. En realidad, más confundidas que el carajo, perdidas e inseguras. Con frecuencia, en estos momentos debemos tomar decisiones: se abre un camino y tenemos la oportunidad de ir —o no— por la vía del alma.

LA PIEL DEL ALMA

Ya que te has sumergido en el fondo de tus heridas y has explorado tus sufrimientos pasados y los traumas de tu vida presente, de tu autoestima y tus relaciones, ha llegado el momento de remplazar lo viejo con lo nuevo. Has mudado la piel vieja como lo hacen las serpientes. Es importante que cubras este espacio que está en carne viva con una nueva piel: la piel del alma.

La piel del alma es la verdadera piel del alma, en lugar de la piel falsa y mundana. Conserva intacto nuestro hogar del alma: ese lugar interno que está conectado con la Fuente, la verdad, el amor y la sabiduría más allá de este reino.

Lo que hemos explorado en nuestras heridas y traumas esenciales nos muestra cómo perdemos la conexión con nuestro hogar del alma, nuestra piel del alma y, por ende, con nosotras mismas.

Un padre abusivo o una relación jodida puede ocasionar esta herida en la piel del alma. Somos todas receptáculos de luz y energía, y cuando la gente retira una y otra vez de este banco espiritual de luz, quedamos en bancarrota espiritual. Imagínate que retiras dinero de tu cuenta de banco sin parar y no depositas nada; a la larga estarás en rojo. Te vas a sobregirar y te van a cobrar cargos bancarios hasta que deposites. Si no lo haces, te cerrarán la cuenta. Nuestro banco de luz espiritual funciona igual.

Recuerdo sentirme así; cada vez que volvía con aquel maldito tipo o me ponía agresiva con alguien para expresar mi dolor, era como si la luz me abandonara. Me estaba alejando de quien yo quería ser. Me estaba alejando de mi alma.

He aquí algo de medicina para llevar en este viaje, hoy y siempre:

- ¿Me estoy acercando a la mujer que deseo ser o alejando de la mujer que quiero ser?

- ¿Esto me acerca a mi alma, o me aleja?

Mientras más lejos estemos de nuestra alma, más ofuscadas estaremos; más perdidas y confundidas. Durante más de once años que he trabajado con mujeres, siempre las oigo decir: «Quiero recordar cómo yo era antes de que él abusara de mí», «Quiero amarme de nuevo y sentirme completa en mí misma», «Quiero hacer cosas que reflejen mi valía para poder tener relaciones saludables, empezando conmigo». Dicen estas palabras porque su alma sabe.

CÓMO CONOCER EL «YO» FRAGMENTADO Y EL «YO» ÍNTEGRO

Durante la mayor parte de mi vida viví en un «yo» de víctima herida. Era una criatura inocente que nació, no con una *tabula rasa,* sino con un alma vieja que se sentía más conectada con los ámbitos cósmicos que con las cosas del mundo. Percibía más de lo que veía con mis ojos físicos. Le decía a mi madre cosas como: «Ma, sueño con las manos de personas y, en los sueños, esas manos me dicen cosas sobre las personas». Lloraba a moco tendido cuando miraba anuncios de niños huérfanos. Obligaba a mi mamá a que me dejara hablar con personas sin hogar para expresarles amor y escuchar su historia porque quería que se sintieran percibidos, amados, dignos y divinos. Odiaba el sufrimiento y quería, más que nada, ayudar a que desapareciera.

Luego me convertí en víctima del trauma y la pequeña Christine sufría no sólo por el mundo sino también por ella. Mis padres se divorciaron. Mi infancia contenía amor y caos. Insultos, golpes a las paredes, puños. Me sentía tan perdida, triste y sola. Estaba repleta de sentimientos que no sabía cómo procesar. Me criticaban por los errores más mínimos y no podía evitar pensar que yo era un desastre y que la culpa era mía.

Aun cuando los niños son sabios o maduros ellos tienen límites en cuanto a lo que pueden comprender emocionalmente. Los niños no tienen la capacidad para procesar nada más que «esto sucede por culpa mía».

Y, desde luego, no era culpa mía sino de las generaciones de abuso, adicción, trauma, violencia, infidelidades, disfunción y traumas sin procesar de mi familia que estaba recibiendo yo. Me estaba ahogando y no sabía qué hacer con todo eso.

Escribí poemas.

Me rebelé.

Supliqué que parara.

Racionalicé.

Una niña no debía tener que pasar por eso, pero con frecuencia lo hacemos porque a nuestros padres no se les enseña cómo manejar las emociones.

De manera que repetí esos patrones de adolescente y de joven adulta. Busqué amor en todos los lugares equivocados porque estaba ansiosa por reparar mis fracturas. Atraje hombres que no estaban disponibles, abusé de ellos y ellos abusaron de mí. Me sentía como en casa: primero chévere y después el caos. Pegarle un puño a la pared y después decir perdón. No paraba.

No fue hasta que llegué a los treinta y conocí al mismo hombre de nuevo, pero en otro cuerpo, que me di cuenta de que tenía que cambiar. No era sólo culpa de ellos; yo también era abusiva. Pero no tenía que vivir así.

Fui a terapia y a Codependientes Anónimos y por fin detuve el ciclo. Mi sobriedad era el próximo paso en mi evolución y todo el trabajo estaba funcionando. Cambió mi vida y me abrió las puertas a un mundo nuevo y a la felicidad, la alegría y la libertad.

Con frecuencia, la manera de saber que estás lista para una nueva versión de ti —para acercarte a tu verdadero «yo» y a reunificarte con la piel de tu alma— es que estás harta de estar harta. Te sientes con el estómago revuelto, quizás hasta deprimida. Empiezas a desear más y una voz interior comienza a decir que esto ya no funciona.

El problema es que nuestra psiquis se siente cómoda con lo conocido, no importa lo jodido que sea. El conocer nos hace sentir seguras. La incertidumbre significa que no sabemos y que no estamos en control. ¿Y a quién le gusta no estar en control?

Así que nos aferramos a lo que conocemos, aunque no nos

guste. Nos dan miedo las consecuencias de tratar algo nuevo. Nos da miedo el trabajo que debemos hacer o lo que implica tener fe.

El «yo» fragmentado está atascado en el temor y la ansiedad. Está atascado en las percepciones culturales y las percepciones familiares, percepciones que ya no sirven y no son el yo verdadero.

Si actuamos fuera de alineación con nuestra alma, estamos fragmentadas.

Si actuamos en alineación con nuestra alma, estamos completas.

Esa es la meta.

¿Cómo puedo abrazar, amar y sanarme toda? ¿Aceptarme *toda*, tanto mi oscuridad como mi luz?

¿Cómo sabes si las decisiones las estás tomando desde tu «yo» herido o desde el fragmentado?

- Sientes una sensación de precaución o de alerta (una bandera roja).

- Una sensación de malestar en las entrañas te dice: «*No*, no lo hagas».

- Se dispara una alerta en nuestro sistema nervioso.

- Se siente que algo «no anda bien».

- Se toma la decisión tratando de conseguir una sensación de euforia momentánea, pero luego se siente vergüenza, culpa y dolor.

- El comportamiento es maníaco, ansioso o dependiente.

• Tus decisiones tienden a herirte en vez de a sanarte.

• Te das cuenta de que estás hablando en un tono que nunca usarías, como adulto saludable, para hablarle a un niño.

¿Cómo sabes que las decisiones las estás tomando desde tu «yo» del alma empoderado?

• Te sientes tranquila.

• Sientes que te estás respetando.

• Las cosas se sienten «bien».

• La decisión se toma sabiendo que puede que no sea fácil de momento, pero produce autoestima, alegría y paz.

• Se realiza desde un espacio de honestidad y verdad.

• Te acerca más a amarte y respetarte.

• Tratarías a un niño de esa manera.

Al emprender el viaje del autodescubrimiento, al volvernos más íntimas con nosotras, es importante recordar que se trata de un viaje de verdad. No es lineal. No es fácil. Es doloroso y confuso; lleno de dudas. Requiere soltar amarras, confiar, tener fe y avanzar dando un paso a la vez, o hasta un instante a la vez. A veces descubrimos lo que está bien, haciendo lo que está mal. Debemos mantenernos comprometidas a pesar de todos los baches y distracciones; y habrá muchos.

Ya sea que alguien nos toque la bocina del carro, o que nos den malas noticias, o que nos llegue un mensaje o una cuenta inesperados, debemos seguir regresando a casa, a nuestra alma. Así es como permanecemos conectadas con nosotras mismas. Debemos quedarnos quietas; rodearnos con recordatorios del alma.

Porque el viaje vale la pena.

Mientras más veces tomemos decisiones desde nuestra alma y nos coloquemos en los espacios que activan la sensación del hogar del alma (no importa dónde lo sientas, es algo personal), más intacta se torna la piel del alma, más te sentirás que eres «TÚ» y más viva te sentirás.

A veces, es la herida la que ha escogido a la gente que hay en tu vida y en tus situaciones, pero la única manera en que podrás confiar en ti al tomar la decisión de si tienes que soltar esa relación es que confíes en que has hecho el trabajo relacionado con esa herida. Si no, continuamente te estarás preguntando: «¿Será tan malo en realidad?». «¿Estoy siendo demasiado sensible?». «¿Soy yo o es él?». Seguirás dudando de ti y no tendrás la confianza porque no has hecho el trabajo emocional para saber qué eres tú y qué no.

Podrías seguirte repitiendo: «Quizás soy demasiado dependiente», en lugar de saber que sólo estás reclamando lo que deseas. Si haces el trabajo, sabrás qué es demasiado, qué no es suficiente, etc. Sabrás: «No, esa persona no ha sido constante, esto no funciona» en lugar de «¿Estoy jodiendo mucho?». «¿Estoy siendo demasiado dependiente?».

Ve más allá del «¿Estoy bien yo o está bien él?».

Aprende a establecer límites. Aprende a darte lo que necesitas.

Si te das cuenta de que tu herida se desencadena continuamente, podría ser buena idea alejarte mientras haces el trabajo profundo necesario en torno a esta herida. Esto podría suponer mantenerte célibe, ir a reuniones de AA, etc.

Recuerdo el momento cuando comprendí: «No, no estoy siendo dependiente, esto es lo que deseo y me merezco». Pasa de la idea de avergonzarte de tu herida a «necesito trabajar con esto y conseguir lo que deseo».

Nuestros instintos se vulneran cuando nos hieren profundamente en determinadas áreas, pero puedes comenzar a confiar en ti sólo cuando tomas medidas para sanar la herida y tratarla como un experimento de amor propio. Qué tal si durante una semana nada más intentas algo distinto, de verdad confías en tu instinto y te preguntas: «¿Realmente me gusta esto?». Al interactuar con otros, ¿percibes banderas rojas, incongruencias, etc., que te alertan que esta persona podría no ser confiable? ¿Sus palabras y sus acciones están alineadas? Cuando estás sola y serena, colócate las manos sobre el corazón y el vientre y pregúntate: «¿Confío en las intenciones de esta persona?». Escucha a tu cuerpo y a dónde te conduce. ¿Cómo se presentan al mundo? ¿Son falsos, sospechosos, honestos, abiertos, etc.?

En un determinado momento, te toca escoger los desencadenantes que quieres y los desencadenantes a los que reaccionas. Puedes reclamarlos. No tienes que colocarte en un terreno lleno de minas emocionales cuando te están desencadenando continuamente y pensar que la meta es «¿cuántos desencadenantes puedo sanar?». Existen terrenos más serenos para ti. Los desencadenantes son parte de la vida, pero no tienes que quedarte ahí más tiempo del que quieras. No pienses que te mereces que te los activen constantemente porque hay algo malo en ti.

En muchos momentos, nos han robado la valía, la alegría, la

paz, el amor y la autoestima. Pero la buena noticia es que hay una parte de nosotros que es indestructible, no importa cuánto sufrimiento hayas pasado en la tierra. Se trata de nuestro hogar del alma.

Esto no significa que nuestros traumas terrenales no tengan que ser atendidos y sanados apropiadamente con terapia porque hay que hacerlo. Pero quiero ofrecerte esperanza basado en lo real. Somos más resilientes de lo que nos imaginamos. Más sabias de lo que nos imaginamos. Y la valía la llevamos incrustada en los huesos.

Si le permites a tu alma que te dirija, tu vida se hará mejor de lo que te puedes imaginar.

Tu alma tiene un plan. Tu ego se resistirá y se enojará. Exigirá pruebas y debatirá contigo: «No es tan malo. Sólo debo aguantar un tiempito más». Pero el alma te dirá otra cosa: «Debes salir de esta relación, debes renunciar a ese trabajo, debes comenzar a rezar todos los días». Tu alma sabe.

Recuerda, tu alma está hablando. Escúchala.

Trabajo del alma

Toma un momento para asimilar todo lo que hemos explorado en este capítulo. En tu diario, escribe tus respuestas a las siguientes preguntas:

1. ¿Cómo te han robado la piel de tu alma?

2. ¿Qué cosas te traen a ese espacio del hogar del alma, de paz y te recuerdan acerca de la divinidad y de tu verdad como Diosa?

3. ¿Qué acciones te acercan a tu hogar del alma?

4. ¿Qué acciones te acercan a tu sufrimiento?

5. ¿Quién te acerca a tu hogar del alma?

6. ¿Quién te acerca a tu sufrimiento?

7. ¿Qué sabiduría te susurra tu alma?

Mantra

Permito que mi alma marque el camino. Me entrego y soy *dirigida por el alma*.

Ceremonia

Baño de Diosa

En esta ceremonia, te vas a bañar y a permitirte ser nutrida en tu propia divinidad de Diosa. Los baños son una gracia salvadora para mí y, con frecuencia, mis ceremonias y trabajos espirituales más profundos han sucedido durante un baño. Si no tienes bañera, puedes usar tu creatividad y hacerlo en la ducha. No hay mucho que «hacer» aquí, no se requiere mucho esfuerzo. Se trata de un momento de estar serena con tu alma y escuchar la sabiduría de tu corazón.

A continuación, te presento algunos ingredientes que podrías usar, pero puedes añadir lo que te parezca mejor a ti. La clave es conectarte con tus deseos y tu propia divinidad. Confía en ti, en que sabrás escoger lo correcto para ti en el momento, lo que será más fortalecedor.

INGREDIENTES PARA LA CEREMONIA DEL BAÑO DE DIOSA

- Leche

- Miel

- Agua bendita (puedes bendecir el agua tú misma o conseguirla en una botánica o iglesia)

- Flores (escoge colores que signifiquen algo para ti en estos momentos)

- Magnesio

- Sal de higuera (*Epsom salt*)

- Aceite de lavanda

¡Eres magia en la piel, Diosa! Tu piel del alma es tu verdad, tu protección, tu conexión con el mundo cósmico. Protege y respeta la piel del alma que cubre tus huesos sagrados. Eres un receptáculo sagrado, un ser vestido de estrellas. Honra lo que te acerca a tu alma y escoge eso. Constantemente me recuerdo a mí misma y a mis clientas esta pregunta que repetiré para que te lleves contigo en tu corazón: «¿Esto me acerca a la persona que quiero ser o me aleja de la persona que quiero ser?». Una pregunta profunda para ayudarte a volver a la verdad, la claridad y el alma. En el siguiente capítulo, hablaremos de los momentos en que metemos la pata y escogemos la solución rápida; cuando escogemos la alternativa que nos aleja de nuestra alma. ¿Por qué? Porque eso pasa. Al trabajar con clientas durante varios años, he sido testigo del flujo de la sanación. Y me gusta hacer de la sanación algo sensato y accesible de manera que no te desalientes cuando cometas un error. Cuando normalizamos el proceso de sanación, eliminamos la vergüenza del ciclo no lineal de la sanación. No hay nada mejor que tener un plan de sanación realista para prepararte para ganar.

Permite que tu alma escoja a la gente,
los lugares y las cosas de tu vida.
Vive una vida dirigida por el alma.
#yosoydiosa

CAPÍTULO 9

SACÚDETE E INTÉNTALO DE NUEVO

No dejes de creer en tu propia transformación nunca. Sigue sucediendo incluso en los días en que no te das cuenta ni lo sientes.

—*Lalah Delia*

Diosa, estás a mitad de camino de un proceso de sanación profunda, pero no te equivoques: el camino va a ser sinuoso como el de una serpiente. La sanación no es lineal; es caótica: sube y baja y vuelve a subir. Cuando estamos en el camino, a menudo se nos olvida que los altibajos son inevitables. Sin embargo, crecer no es conseguir logros o experiencias óptimas constantes. Las cosas se irán a pique y se desviarán del camino a veces.

Lamentablemente, la desilusión que sentimos cuando esto sucede a menudo puede venir acompañada de mucha culpa y vergüenza. El ego, desde su característica negatividad, nos hace creer que metimos la pata y que todo lo que hagamos a la larga se convierte en malas decisiones. A esto le llamo «energía mortal negativa»; en lugar de canalizar la manifestación positiva de la destrucción que nos conduce al renacer y a la resurrección, nos sentimos que hemos llegado a un callejón sin salida.

Cuando escribía este libro, me enfrenté con la gran lección de tener que sacudirme e intentarlo otra vez... ¡con frecuencia! Es curioso cómo trabaja el espíritu a veces. Ahí estaba yo, escribiendo este libro de cómo sanar profundamente, cómo amarse y volver a casa, al alma, y fue como si las heridas que había trabajado tan duro por sanar de repente hicieran una reaparición. Ahora puedo bromear con esto, pero en el momento en que una herida asoma su cara fea puede ser extremadamente doloroso, por no decir alarmante.

Este es el instante preciso en que puede suceder un avance importante, pero, desde luego, la crítica interna intervendrá para causar estragos en nuestra vulnerabilidad.

Algunas de las cosas malévolas que mi propia crítica interna pensó, fueron; «¿Deberías estar escribiendo este libro? Es decir, es cierto que has progresado mucho y has ayudado a mucha gente, pero aquí estás, desencadenada emocionalmente otra vez. ¿No puedes haber aprendido tanto, no es cierto?».

Hija de la gran puta. Esta crítica interna sabe cómo... p e n e t r a r.

No se detuvo ahí, sino que continuó con los golpes bajos: «Lo cierto es que no sanaste: fue todo una mentira. Date por vencida, eres una farsante».

¡Ay! Justo ahí, donde más duele.

Y último, pero no menos importante: «Deberías renunciar a todo. Tirar la toalla con el libro y decirle a tu prometido que es mejor si estás sola».

Advertencia: De hecho, dije esto en voz alta y por un instante pensé realmente que debía renunciar a todo. Por eso es que ayuda tanto tener a personas amorosas alrededor tuyo que te apoyan, que te recuerdan de la verdad, en vez de las mentiras que la voz del temor difunde. Mi pareja me consoló recordándome que yo estaba muy enojada, lo que significaba que no estaba pensando claramente, lo que significaba que era demasiado fácil rendirse a la voz del temor que intentaba desacreditarme y desvalorar todo el trabajo que he hecho; todo bajo el manto de la sabiduría y el sentido común. Mi pareja me recordó cuánto he crecido como sanadora y como mujer en esta relación.

Aun así, a pesar de esos recordatorios aleccionadores, fue doloroso verme descarriada de mi yo de Diosa anclada, centrada y confiada. También fue frustrante y, en ocasiones, humillante.

En medio de mi rabieta —«soy lo peor y debería mandar todo al carajo»— mi pareja y yo miramos al cielo y vimos una nube con forma de corazón. Eso me detuvo en medio de la pataleta y sonreí asombrada. Sé que al espíritu le gusta lucirse, y si bien es cierto que el espíritu también quiere que continuemos haciendo el trabajo profundo y sucio de la sanación, siempre es para nuestro bien.

Supe en ese mismo momento que me estaban probando. Estaba en un momento crucial de mi vida profesional y de mi vida íntima. De repente, tenía las dos cosas que siempre había deseado justo al alcance de la mano y estaba hecha un desastre. Justo cuando pensé que no sería capaz de resolver esto, recibí esta hermosa señal del universo. Y parecía estar diciendo claramente: «Sigue ahí, chica. Hay amor y sanación ahí».

Después de esa validación, ¿qué mejor momento para sentarse a escribir un capítulo sobre la sanación?

Una de las cosas favoritas de cómo enseño es que lo hago desde un nivel de hermandad. Me permito ser vulnerable y comunicar lo que realmente está sucediendo en mi vida y en mi corazón. Esto me da permiso para no ser perfecta; en su lugar, comparto los obstáculos, baches y lecciones del camino con las amigas y hermanas del alma.

Esa crítica interna intentaba que me enfocara en todos mis defectos de carácter de manera reprochadora y contraproducente en lugar de enfocarme en mi gran crecimiento. En verdad, no sólo había transformado mi vida durante los once años ante flores, sino que crecí inmensamente durante los últimos tres, en especial después de mi decisión de conseguir la sobriedad. Ahora que me había liberado del autosabotaje que acompañaba las conductas inapropiadas y descontroladas (*acting out*) y el adormecimiento producido por el alcohol, me había convertido en una mejor comunicadora, y me acercaba a mi vida con más suavidad y aceptación. Así que, cuando la crítica interna me atacó con las garras, tuve que recordarme a mí misma que era más que digna de este libro y de estar en una relación increíble, de mucho apoyo. Tuve que recordarme a mí misma que el espíritu quería que compartiera mi voz única con el mundo como mujer sanadora latina. Tuve que recordarme a mí misma que el espíritu quería que yo estuviese en relación de pareja con Fernando no sólo por nosotros, sino para que pudiésemos sanar a otros a través de nuestro amor y mostrar lo que es posible.

Créeme, tuve que realmente sumirme en la verdad de tal manera que se hiciera concreta; porque cuando meto la pata, mi ego y mi voz crítica tienden a asumir el protagonismo y su voz se hace más potente que las palabras de estímulo y afirmación.

Como expreso en este capítulo, es en esos momentos precisos que más necesitamos la autocompasión. Tenemos que entender que la sanación es un proceso difícil y enrevesado. Tal como me enseñaron en Alcohólicos Anónimos, no se pueden saltar los pasos. Sabía esto cuando sanaba de mi adicción al amor y a la codependencia, así como mi adicción al alcohol. Pero, aunque había aprendido todo eso, tuve que volver a aprenderlo. Al abrirme al propósito de mi alma, aparecieron nuevas lecciones y, con ellas, una nueva curva de aprendizaje. Alcanzar nuestro «yo» alineado con el alma requiere paciencia. Durante estos dolores de crecimiento, no podemos y no debemos abandonarnos. Debemos estar dispuestos a cuidar la tierra y cuidar las semillas que hemos sembrado con tanto amor y esmero.

Así que, déjame decirte, Diosa: las recaídas y metidas de pata no borran tus éxitos. En todo caso, te brindan un mayor sentido de perspectiva, estimación y compasión.

Digo esto para que sepas que tú no estás sola, ni tampoco yo; estamos haciendo el trabajo del alma juntas. En lugar de intentar evitar las caídas durante el viaje de regreso al hogar del alma, vamos a prepararnos para ellas para recuperarnos más rápidamente.

En mi viaje como terapeuta y guía espiritual durante más de una década, sé que tengo que preparar a mis clientas y a ti para esos momentos de recaída, cuando sientes que no eres suficientemente fuerte para continuar; para esos momentos en que te preguntas si el viaje en realidad vale la pena; para esos momentos en que caerás duro y sentirás tu fragilidad y humanidad. El viaje de amor propio nos confrontará con toda la gama de experiencias y emociones humanas. No le huyas o niegues estos momentos porque pueden llegar a definir tu carácter.

Una de mis citas favoritas, que con frecuencia se usa en los grupos de doce pasos, es «la vida en los términos de la vida»; es decir, que durante nuestra vida tenemos la oportunidad de enfrentar los retos y las recompensas que la vida presenta.

Aunque podemos contribuir a un viaje de sanación más saludable por medio de la paciencia y la autoaceptación, también es cierto que la sanación tiene su propio proceso y fluir; proceso que debemos aceptar. Debemos presentarnos lo mejor que podamos con la mayor compasión, dulzura y conciencia de los constantes altibajos de nuestras emociones. Cuando entramos en contacto con el sentido y la textura de estas emociones, podemos reconocer que la vida es un río de constante cambio. Hasta nuestro paisaje interior está sujeto a este cambio, que siempre trabaja para nuestro bien.

Me gusta recordarme a mí misma que la energía de la sanación que ocurre dentro de mí y dentro de ti es una fuente inteligente. Va donde tiene que ir. En esas noches oscuras espirituales del alma, cuando crees que estás tan lejos de donde tienes que ir, te invito a que te replantees tu experiencia: considera que el espíritu te está probando para fortalecer tu carácter y sanarte a un nivel más profundo.

Lo siento incluso al escribir estas palabras. Me están pidiendo que acepte más... que sea más amorosa y confiada, que tenga fe en la cualidad de constante expansión de la vida. Mi recipiente crece y se estira para que yo tenga la capacidad de abarcar más milagros y bendiciones; lo que quiere decir que debo soltar el equipaje que he estado cargando.

Fernando me recuerda esto cada vez que me dice: «Mi amor, sé suave conmigo».

A veces, la peor mierda aparece precisamente para que la resolvamos. En esos momentos, ten fe de que el espíritu te está haciendo un regalo.

La clave es aceptar todas tus emociones, porque ninguna está «mal». Ve hacia adentro y toma conciencia de las emociones que sientes en tus momentos más importantes (alegría, esperanza, confianza, descaro), así como las emociones que sientes en tu espiral descendente (como depresión, insensibilidad, aislación, rabia). Ahora piensa en cómo te sientes en los momentos entre medio, que son los que marcan la mayor parte de la experiencia humana (esto podría incluir curiosidad, aburrimiento, frustración, un sinnúmero de estados posibles). Familiarízate con la calidad de tu mundo interior. Confía en que conocerte de memoria te permitirá cerrar los ojos, dar un paso adelante y navegar este rico y fructífero espacio con poder y elegancia.

CÓMO ACTIVAR TU PROCESO DE SANACIÓN

Cuando pensaba sobre lo que significa sanar la herida del alma y descarriarse en el proceso, me hizo pensar en el viaje de sanación de cualquier adicción; que creo que entenderlo es de gran ayuda. La psicoeducación nos puede ofrecer muchísima claridad acerca de cómo funciona la sanación a nivel científico.

En la página siguiente presento un diagrama que destaca el proceso de los ciclos de cambio.

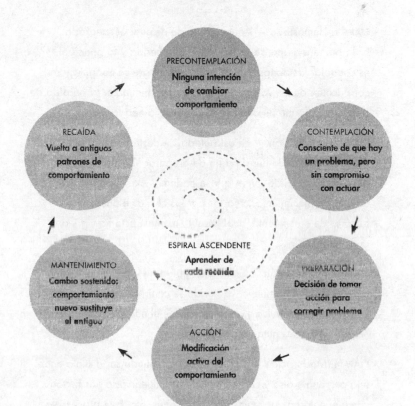

The Cycle of Change, socialworktech.com, adaptado de una obra de Prochaska y DiClemente (1983)/Ignacio Pacheco

Otro ejemplo que ofrece algo de contexto y comprensión, para que podamos brindarnos más dulzura mientras sanamos, es considerar las cuatro fases de la sanación de una herida física. Básicamente, cuando sufrimos una herida en la superficie de la piel, el cuerpo atraviesa lo que se conoce como la «cascada curativa», un proceso necesario que permite que nuestros tejidos sanen. Este proceso se compone de cuatro etapas diferenciadas:

- **ETAPA 1:** Hemostasis — Aquí se trata de detener el sangrado. Es la primera etapa de sanación de una herida y lo principal es controlar los daños. Ahora es que la sangre se coagula, hay constricción de los vasos sanguíneos para minimizar la pérdida de sangre y se forma un coágulo para sellar la herida.

- **ETAPA 2:** Inflamación — En esta etapa, se destruyen las bacterias y los residuos de la herida a fin de preparar el lecho de la herida para el nuevo tejido. En esta fase podemos experimentar calor, dolor y enrojecimiento, creados por las células blancas, los factores de crecimiento, nutrientes y enzimas. Esta fase puede durar varios días.

- **ETAPA 3:** Proliferación — En esta etapa, la herida está limpia y cubierta por tejido nuevo. La herida se contrae y se crea una nueva red de glóbulos rojos a fin de que el nuevo tejido pueda recibir suficientes nutrientes y oxígeno.

- **ETAPA 4:** Maduración — Esta última etapa puede ser distinta entre una persona y otra y con frecuencia es influenciada por factores como el entorno, los genes, las infecciones, etc. Este proceso es increíblemente complejo. Las células que se usaron para cicatrizar la herida son eliminadas por la muerte celular programada. Se reduce el grueso de la cicatriz en la medida en que la piel alrededor de la herida se fortalece al aumentar su fuerza y flexibilidad. Este proceso usualmente ocurre veintiún días después de la herida, pero puede continuar durante más de un año.

Me encantó leer lo anterior, porque me recordó el proceso de sanación de las heridas emocionales. Este proceso también se puede descomponer en cuatro etapas:

- **ETAPA 1**: Hemostasis. Aquí es que detienes el sangrado emocional de tu vida y eliminas a la gente tóxica, los patrones de autosabotaje y la sangre de la herida. Esta es la clave para manejar la crisis.

- **ETAPA 2**: Inflamación. Pasamos a la siguiente etapa que es la limpieza. Aquí desarrollamos la conciencia necesaria para revisar todo lo que hay que limpiar, eliminar y soltar. Aquí también recibimos las herramientas y medicina espiritual que actúa como bálsamo para nuestras heridas del alma. Es muy probable que experimentemos mucho dolor durante esta fase, pero eso no significa que estemos yendo hacia atrás; es solo que estamos tocando y limpiando nuestra herida.

- **ETAPA 3**: Proliferación. En esta etapa experimentamos el recableado del sistema nervioso y de nuestros patrones. Reconocemos los desencadenantes y los puntos de dolor y trabajamos para evadirlos, y usamos nuestras herramientas para alimentar las nuevas vías neurales necesarias para mantener un estado espiritual y emocional saludable. En esta fase ya hay sangre nueva y nos rehacemos.

- **ETAPA 4**: Maduración. El proceso de maduración en sí varía mucho. Ya sea que tengamos una recaída (en especial si estamos en un ambiente tóxico) o que nos encontremos manejando una enfermedad mental, la clave es ser paciente con nosotras mismas. Es aquí cuando desarrollamos los recursos para desarrollar nuestra fortaleza emocional.

Quiero destacar que el proceso de recaer es totalmente normal y un aspecto integral del viaje de sanación. No es indispensable para sanar, pero es muy común y no hay que temerle. Al igual que te vuelves a herir cuando sanas físicamente, es posible reabrir heridas que no sabías que estaban todavía dentro de ti. Siempre les recuerdo a mis clientas que está bien, que están haciendo un trabajo extraordinario, independientemente de lo que piensen ellas.

No importan las metidas de pata. Podemos aprender a volver a nuestro centro desarrollando metas de estrella Polar para nuestras almas, que nos recuerden el rumbo que queremos mantener. «No meter la pata» no es humano y perder el rumbo nos brinda la valiosa oportunidad de perdonarnos. Estoy hablando de un perdón profundo en el momento en que nuestra alma no está alineada con nuestro actuar: cuando enviamos el mensaje de texto que sabemos que no llevará a nada constructivo; cuando le gritamos a nuestra pareja o hijo en lugar de practicar la paciencia; cuando volvemos a caer en el vórtice de la inseguridad y de las comparaciones constantes; cuando caemos en los viejos hábitos y adicciones a fin de sentirnos más cómodas, a pesar de que sabemos que es sólo temporáneo.

Todo esto requiere que nos perdonemos. Porque cuando nos avergonzamos y nos culpamos, reducimos el acceso a nuestra energía vital. La mejor manera de retomar el ímpetu y la energía es practicar el perdón.

No se trata de una práctica sentimental. Es una práctica que requiere honestidad e integridad radicales, ambas de las cuales son necesarias para vernos con claridad, comprensión y compasión y para decir: «Hice algo de lo que no me siento orgullosa o algo que no me gusta. No es lo que quería. Me doy permiso para regresar a mi «yo», para regresar a las partes de mí que quiero cultivar, porque son las partes que me guiarán hacia las metas de estrella Polar del alma y a la completitud».

Es estupendo reconocer la relación entre la sanación de las heridas físicas y la sanación de las heridas emocionales porque nos da más espacio para sostener el proceso de sanación con todas sus complejidades. Comenzamos a ver que toda la naturaleza y la existencia están conectadas y todos los procesos y fases son necesarios para el ritmo de la vida. Se desatan tormentas, suceden cosas inesperadas y, sin embargo, lo mejor que podemos hacer es girar, fluir y manejar la vida en sus propios términos. Podemos relajarnos en un estado de rendición pacífica cuando aceptamos esta parte del proceso. No tenemos que aferrarnos a cosas que no nos sirven, como odiarnos o echarnos culpas. Podemos descansar en paz sabiendo que nuestra sanación continuará desarrollándose a su propio ritmo.

LA FÓRMULA PARA ENCARRILARSE

Ya entiendes mejor algunos de tus desencadenantes emocionales, así que vamos a planificar lo que puedes hacer cuando te descarrilas y caes de nuevo en patrones emocionales que no son saludables. Resulta muy fácil ser dura contigo misma, en especial si tienes un historial de trauma o si estuviste rodeada de personas que fueron duras contigo. Permítete ser dulce contigo... verte con claridad. Recuerda que no eres un desastre ni eres terrible. No debes darte por vencida ni quedarte atascada en una rutina. Estas emociones son naturales, pero no surgen de tu verdad más verdadera; surgen de esa destructiva crítica interior que quiere impedir que vivas tu mejor vida.

Debemos comprender que existe una energía primordial que apoya nuestra destrucción y otra que apoya nuestro progreso. Si somos conscientes de esta polaridad que permea toda la naturaleza, podemos aprender que estamos plenamente preparadas para manejarla y ser nuestras mejores animadoras en el proceso.

Desafía esas voces cuando surjan: las voces de la crítica interior, de la culpa y la vergüenza, de la enajenación. Son un programa que nos han dado personas inconscientes; no son la verdad.

Esta es tu oportunidad de regresar al centro por medio de una pregunta sencilla pero eficaz:

«¿Qué es la verdad en este caso?».

Cuando se trata de discernir la verdad, debemos convertirnos en *ninjas* sigilosas pues, al descarrilarnos y estropear nuestro progreso, la cantidad de mentiras que esperan para confundirnos puede ser abrumadora. Si podemos aceptar esto y estar preparadas para ello, estaremos mejor equipadas para manejar cualquier cosa que se nos presente. Haremos lo necesario para ir más allá de las mentiras.

Usa la siguiente guía siempre que necesites encarrilarte y reconstruir tu energía y autoestima:

1. Reconoce la conducta inapropiada y descontrolada (*acting out*) que está haciendo daño a tu autoestima. Escríbela si eso te ayuda a aceptarla.

2. Reconoce que deseas cambiar ese comportamiento. «Deseo cambiar este comportamiento y regresar al centro». Repite esto en voz alta y escríbelo para estimular el cambio.

3. Prepara una lista de los daños que ese comportamiento te produce a ti o a otros. Hacer esto ayuda a aclararnos cómo y por qué este comportamiento no funciona. En Alcohólicos Anónimos usan la frase «*keeping it green*», que tiene que ver con la idea de mantener la perspectiva y recordar por qué no queremos volver a los viejos comportamientos. Poder mantenerse «alineado» y seguir siendo humildes es clave para retomar el camino a las metas del alma.

4. Comprométete a tomar una decisión que te ayude a sentirte bien y saludable otra vez. Podrías decir: «Me comprometo a volver a la rendición. Acepto que esto no se siente bien y que me hace daño a mí y a otros. Quiero encarrilarme de nuevo. Acepto que no estoy alineada y escojo volver a centrarme. Escojo volver a mi hogar del alma. Deseo cambiar y regresar a un lugar donde me sienta saludable». Cuando dices esto, te permites recordar la verdad de tus metas del alma.

5. Opcional: háblale de este nuevo compromiso a alguien en quien confíes —una amiga, una hermana Diosa, una terapeuta— para confirmarlo de verdad. Si no deseas hacerlo, decirlo en voz alta al espíritu y escribirlo en tu diario son formas de honrar tu compromiso con tu «yo» y tu alma.

6. Invita a tu voz del alma. Dile: «Alma, he recaído y me alejé de mi meta; necesito guía y ayuda para encarrilarme. Sé que este comportamiento [aquí debes insertar el comportamiento dañino] me hace daño a mí y a [insertar el nombre de la(s) persona(s)] y deseo parar. Guíame para que vea lo que tengo que ver para cambiar lo que tengo que cambiar.

Guíame a una herramienta que pueda usar y a un cambio
vigoroso que pueda llevarme a completar esta lección
del alma». Invitar el auxilio espiritual permite recalibrar tu
energía con el apoyo de consciencias y dimensiones
superiores.

7. Ahora toma una pausa. Escribe lo que la voz de tu alma te ha
    guiado a hacer, o quizás una emoción que tu alma te guio a
    sentir. Escribe libremente para ver qué surge.

8. Anota un paso que puedes dar diariamente que sirva de
    prevención de tu conducta inapropiada y descontrolada (*acting
    out*). Por ejemplo: programar terapias semanales, repetir tu meta
    todas las mañanas al levantarte: «Decido ser proactiva en lugar
    de reactiva y ejercito este músculo en todas las situaciones que
    surjan durante el día». Los pequeños pasos se van sumando,
    de manera que volver a comprometerse a un paso diario te
    permitirá dar un ímpetu y energía positivos hacia el tú que en
    realidad deseas ser.

9. Celebra cada paso que des. Date refuerzos positivos: «Bella,
    ¡estás haciendo un trabajo fenomenal!». Cuando logres una
    meta, invítate a tomar un sabroso café o té, o cómprate un libro
    o un cristal que has estado deseando.

10. Todas las noches, anota tres cosas que te hicieron sentir
    orgullosa de ti ese día.

11. Por último, escribe de nuevo tus metas del alma y escribe o lee
    en voz alta lo siguiente: «Me vuelvo a comprometer con mis
    metas del alma y, aunque me descarrile, me prometo a mí y a

mi alma que volveré a encarrilarme con perdón y con gracia. Merezco sanar. Soy digna».

Usa esta guía siempre que necesites una dosis adicional de amor propio para encarrilarte nuevamente. Recuerda que tu alma es tu consejera y que puedes sacar tiempo para buscar orientación cuando la necesites. ¡Magnífico trabajo, Diosa!

TU PLAN DE SEGURIDAD EMOCIONAL

Como terapeuta, sé cómo ayudar a las clientas con pensamientos suicidas a crear «planes de seguridad»; es decir, una serie de instrucciones escritas que pueden crear como plan de contingencia para los momentos en que están considerando seriamente lastimarse. En lugar de llevar a cabo esas acciones, pueden acudir al plan de seguridad, que contiene una serie de pasos sencillos que pueden seguirse, uno a uno, hasta que estén seguras. Los planes de seguridad son maravillosos porque pueden reducir la tensión de una situación o incidente estresante, y no requieren resolver conflictos ni tratar de descifrar nada en un momento en que las emociones andan por las nubes.

Aparte de las guías anteriores para volver a encarrilarte, sugiero que tengas un plan de seguridad emocional preventivo para evitar que actúes en respuesta a patrones emocionales que no son saludables o a conductas maladaptativas. Pienso en esto como una especie de preparación de la comida para el alma: recordatorios sencillos que nos mantienen alineadas con el estado emocional saludable que queremos fomentar.

Los planes de seguridad son un modelo maravilloso para los momentos cuando experimentamos muchas emociones intensas. Al igual que los planes de seguridad para las personas con ideación suicida no se trata de eliminar los pensamientos suicidas, los planes de seguridad emocional no consisten en eliminar tus emociones. Por el contrario, te ayudan a reconocer tus pensamientos y emociones en lugar de esconderte o huir de ellos. Los investigadores han demostrado que cuando la gente que piensa en suicidarse tiene un espacio seguro para hablar sobre sus pensamientos y emociones, son menos propensos a actuar en consecuencia; de manera similar, al admitir aquello por lo que estás pasando (a ti o a una amiga o terapeuta de confianza) se hace más fácil crear un plan que te ayude a manejar los pensamientos y sentimientos contraproducentes o abrumadores.

Siempre sugiero crear el plan de seguridad emocional desde un estado emocionalmente neutral porque cuando estás sumamente alterada, no puedes pensar con claridad; en la mayoría de los casos, vas a estar descentrada o pasando de un extremo a otro. Comienza a redactar tu plan de seguridad fijándote en el tipo de emociones que te pueden hacer caer de nuevo en patrones emocionales no saludables. ¿Cuáles son esas emociones? ¿La tristeza? ¿La soledad? ¿La depresión? ¿La ira? ¿Qué sucede cuando permites que esas emociones se apoderen de ti? ¿Te aíslas de las personas que amas? ¿Caes en viejos patrones de adicción? ¿Descuidas tu salud y bienestar físicos? Por último, ¿de qué maneras específicas puedes calmarte y volver a la homeostasis cuando las emociones te ciegan?

A continuación, un modelo sencillo de plan de seguridad emocional:

1. Menciona los pensamientos, emociones y desencadenantes que por lo general te hacen descarrilar emocional, mental o espiritualmente.

   • *Ejemplo: cuando me siento sola o tengo hambre, tiendo a sentirme triste y que no valgo nada.*

   • *Ejemplo: si alguien no me cree cuando estoy diciendo la verdad, tiendo a sentirme rabiosa y a enfurruñarme.*

2. ¿Qué herramientas o estrategias de afrontamiento saludables puedo usar, yo sola, si me siento ansiosa, rabiosa o triste para distraerme de mis problemas de forma saludable? Aquí haces una lista de lo que llamo «interruptores de patrones».

   Escuchar música

   Dar un paseo

   Escribir en mi diario íntimo sobre las emociones

   Mover el cuerpo, aunque sólo sea estiramientos o algo de yoga

   Acariciar el perro o el gato, si lo tienes

   Tomar té o agua

3. ¿Quiénes son las personas a las que puedes llamar y sentirte cómoda de pedirles apoyo cuando te sientes triste, ansiosa, etc.

   1. Nombre _____   *Número de teléfono* _____

   2. Nombre _____   *Número de teléfono* _____

   3. Nombre _____   *Número de teléfono* _____

4. ¿Quiénes son los recursos profesionales que puedes contactar cuando necesitas apoyo?

Ejemplos:

Nombre _____

Número de teléfono/Sitio web _____

1. Nombre de la terapeuta _____

Número de la terapeuta _____

2. NYC WELL HOTLINE   *1-888-692-9355*

3. Betterhelp.com para teleterapia   *betterhelp.com*

5. Prepara una lista de la razón o razones por las que quieres continuar sanando y trabajando contigo. Anota algunas cosas que esperas con ansias o que te dan alegría.

Ejemplo: Algún día quiero ser madre y esposa y, por lo tanto, quiero continuar trabajando conmigo para llegar a ser la mejor versión de mí.

Tendrás este plan disponible cuando haya peligro de que tus emociones lleguen a dominar tu vida. Evidentemente, cuando estás en un estado emocional exaltado, practicar el más sencillo de los actos de autocuidado puede parecer un enorme salto —al tal punto que hasta lavarte los dientes puede requerir un enorme esfuerzo de tu parte—. No des nada por sentado. Por favor, fíjate en los pasos más diminutos que puedes dar, porque todo se suma. Sigue felicitándote por todo lo que haces para crecer. ¡Tú puedes hacerlo, Diosa!

Al acercarnos a la fase de integración de este viaje del alma, llega el momento de acelerar el paso y entrar a la etapa de creación de la vida que deseas. Establecerás altos estándares, te coronarás como Diosa y le darás la bienvenida a la alegría y el placer, la sensualidad y la creatividad y el amor de hermana Diosa. Porque cuando hacemos el trabajo del alma, también debemos recordar que merecemos expandirnos y florecer. Ahora te levantas de la raíz y el plexo solar para ir hacia el corazón y el tercer ojo; integrarás la experiencia plena de la sanación anclada.

Trabajo del alma

Planifica para la caída porque, si no lo haces, resulta muy fácil olvidar hacia dónde te diriges. En tu diario, escribe las respuestas a las siguientes preguntas:

1. ¿Cuáles son las tres emociones principales que te descarrilan (por ej., celos, temor, soledad)?

2. ¿Cuáles son las tres situaciones principales para las que quieres crear un plan de seguridad emocional (por ej., chequear el Instagram de tu ex obsesivamente, usar las apps de citas sintiéndote insegura y con miedo, llevar a cabo conducta sexual inapropiada y descontrolada (*acting out*) cuando no te sientes digna de afecto)?

3. ¿Qué paso positivo puedes dar para evitar que sucedan las tres situaciones que describiste? Estos deben ser pasos que te mantengan conectada a tu «yo» saludable y completo y que eviten la conducta inapropiada y descontrolada (*acting out*). (Por ej., bloquear al ex en Instagram, pasar más tiempo con personas que queremos y que nos apoyan y recuerdan quiénes somos en realidad, ir a una reunión de Sex and Love Addicts Anonymous cuando te sientes sola para que cuides la herida en lugar de reabrirla).

4.   ¿Qué tres herramientas de afrontamiento puedes emplear cuando te descarrilas (por ej., orar, tocar música, escribir en el diario, ir a una reunión de un grupo de doce pasos o a una sesión de terapia)? Recomiendo betterhelp.com para teleterapia fácil y accesible si se tiene conexión a Internet.

Usa la fórmula para encarrilarse de este capítulo y las sugerencias anteriores para crear un plan de seguridad emocional como parte de tu trabajo del alma.

Mantra

Incluso cuando me descarrilo, estoy siendo guiada. Soy resiliente y retorno a las metas y centro de mi alma. ¡Apuesto a mí!

Ceremonia

Sanar a través del arte

Tu ceremonia es crear una hermosa pieza de arte visual que represente tu resiliencia. Puede ser física —puedes usar marcadores, pinturas, calcomanías, plumas, lentejuelas, etc.— o digital. Escribe un mantra que te serene y te devuelva a tu centro si te descarrilas (por ej., «Si me descarrilo, me sacudo y me levanto otra vez. Soy fuerte y resiliente y tengo el ojo puesto en el premio de mi alma. ¡Voy a mí!»).

Exhibe tu pieza de arte y tu mantra en tu habitación como recordatorio de que, no importa cuántas recaídas tengas o cuántos errores cometas, volverás a encarrilarte.

Es increíble lo que sucede cuando, en el proceso de sanación, estamos centradas en el aquí y ahora y somos honestas con nosotras mismas. Quería incluir este capítulo porque a menudo los libros de autoayuda minimizan las complicaciones, las metidas de pata, las recaídas y la naturaleza no lineal del viaje. Es esencial para mí, como terapeuta y sanadora, normalizar los momentos de caos. Los momentos en que nos olvidamos de tomar decisiones alineadas con nuestra alma, los momentos en que nuestros desencadenantes nos dominan. Espero que esto te haya brindado la información y la confianza necesarias para saber que meter la pata y descarrilarse es parte del proceso. Y que no importa la metida de pata o cagada, puedes volver a encarrilarte. En el siguiente capítulo, establecerás los altos estándares que transformarán positivamente tu valía, tus relaciones y tu vida.

Incluso cuando me descarrilo, estoy siendo guiada.

Soy resiliente y retorno a las metas
y centro de mi alma. ¡Voy a mí!
#yosoydiosa

TERCERA PARTE

La integración: vivir la vibra y la luz de Diosa

CAPÍTULO 10

ESTABLECER ESTÁNDARES ALTOS (TAMBIÉN CONOCIDO COMO «NO CONFORMARSE CON POCO»)

No pongas tu alma en las manos, mentalidad o entorno equivocados.

—*Lalah Delia*

Estoy orgullosa de ti por todo el trabajo que has hecho en estos capítulos. Siempre me recuerdo tanto a mí y como a mis clientas que felicitarnos a nosotras mismas es clave. Cada vez que lo hacemos, acrecentamos nuestra autoestima y fortalecemos nuestro diálogo interno con el «yo».

La primera parte de este libro entró en los conceptos y principios de la exploración de heridas esenciales de la niñez y cómo esas heridas te afectan en el presente. Localizaste estas emociones en tu cuerpo, entablaste amistad con las emociones difíciles y aprendiste un lenguaje con el cual dirigirte a tu auto-sabotaje y transformarlo. También aprendiste a diferenciar entre tu «yo» fragmentado y tu «yo» completo. Por último, aprendiste guiones y ejercicios para amar a tu niña interior, transformar las heridas en sabiduría y simultáneamente honrar la herida tal cual es para que puedas aprender la lección espiritual incluso de los momentos más difíciles.

Luego, en la segunda fase, pasaste a comprender de verdad cómo se siente vivir alineada y adquiriste principios para entender de manera más realista la sanación para que no te hagas un lío o te hagas sentir peor cuando te descarriles, porque descarrilarse es simplemente ser humana.

Ahora que estamos en la tercera fase —y la final— de este libro: estás preparada para subir como la espuma con tu nuevo «yo» del alma, tu «yo» de Diosa divina y hacer cambios que sean permanentes.

Así es, llegó el momento de elevar tus estándares, conocer tus altos valores del alma y hacerte amorosamente devota a ti y estricta contigo misma. Esta parte del viaje es una de mis favoritas, así que espero que estés preparada.

ALCANZA TU DIVINIDAD DE DIOSA

Elevarte para alcanzar tus estándares de Diosa requiere un montón de amor propio. En algún sitio leí que el amor propio es el balance entre ser compasivo y ser bondadosamente estricto contigo misma cuando sea necesario. Tiene que ver con permitirte señalar las cosas que sabes que debes cultivar dentro de ti a la vez que te brindas mucho amor y compasión para estar exactamente donde estás hoy.

Este es el momento de hacerlo, de ser clara contigo misma; pues con una visión clara, puedes discernir mejor qué cosas y qué personas quieres tener en tu vida.

Una anécdota sobre mi clienta Ana sirve para destacar este principio. Ella vino a mi retiro anual de Diosas con la intención de sanar las heridas esenciales de su trauma de niñez y también a soltar relaciones de su vida que ya no le servían.

Después de hacer el ejercicio somático, que tú hiciste en el capítulo 5, y de descubrir algunas heridas esenciales de abandono y abuso de parte de su madre, Ana comenzó a hacer conexiones entre su pasado y en cómo todavía le estaba afectando, especialmente en su vida social. Comenzó a hablar sobre un individuo. A pesar de que estaba claro de que se trataba de una relación mediocre y de que él no daba señales de valorar la relación, todas nos dimos cuenta de que Ana estaba justificándolo y restándole importancia a la situación diciendo que no era tan mala.

«No tengo orgasmos con él», admitió. «No soy su novia y sé que me merezco más, pero a veces está chévere porque él entrena conmigo y de vez en cuando me compra *smoothies*».

Todas estábamos en *shock*. Eso fue lo único que pudo decir cuando le preguntamos por qué le gustaba el individuo. Mi esposo, Fernando, que era mi novio en esa época, tomaba fotos del retiro, pero también participaba ofreciendo consejo informalmente y brindando una valiosa perspectiva masculina.

Él miró a Ana, incrédulo, y dijo: «Espera, déjame ver si entendí esto: ¿Él te hace sentir mal, pero te gusta porque a veces entrena contigo y ocasionalmente te compra *smoothies*? ¿Nada más?

En ese punto, Andrea, la amiga de Ana, intervino desde el fondo del salón: «Ana, en realidad él te cobra por los *smoothies*, ¡y a veces te cobra de más!».

Las palabras de Andrea dieron el golpe de gracia. A veces necesitas que alguien te rete con amor y diga la verdad que estás escondiendo porque tienes demasiado miedo de admitir con cuán poco te estás conformando. En ese momento, Andrea nos ofrecía la visión clara que Ana no tenía.

Desde luego, puede ser embarazoso, pero cuando se revela la verdad, se puede sanar.

Lamentablemente, me consta que esta manera tan distorsionada de ver una relación puede darse cuando no te muestran o dicen que esto no es amor. Que no es lo que te mereces.

Miramos a Ana y dijimos: «¡¿Qué carajo!? ¿No te da orgasmos, entrena contigo sólo a veces y después te trae *smoothies* y te los cobra? Puedes tener una relación mejor si ordenas de Uber Eats, miras Netflix y te masturbas».

Todas nos reunimos alrededor de Ana para decirle que esta experiencia con la que ella se estaba conformando no era amor. Fernando también dijo: «Eres hermosa, lista, una Diosa. Pero cada vez que dices que sí a algo que es menos de lo que te mereces, inadvertidamente le estás diciendo que no a algo que podría ser bueno para ti».

Esa fue una de las cosas más elocuentes que dijo Fernando y sigue teniendo el mismo impacto en el día de hoy.

Fernando y yo, junto con todas las Diosas, no sentamos con Ana para elaborar el texto en que ella iba a terminar su relación con el individuo. Al principio, estuvo deshojando la margarita. Se resistió porque se sentía culpable y no quería sentir que estaba siendo cruel. También tenía la esperanza de que las cosas cambiasen orgánicamente. Fue dando excusas durante un rato hasta que, poco a poco, comenzó a reconocer que se estaba conformando con migajas de amor cuando podía tener todo el maldito bizcocho.

Finalmente fue Fernando quien escribió el texto de despedida, que decía algo así: «Me he tomado tiempo para pensar sobre algunas cosas para poder hablarte desde un lugar de honestidad absoluta. Me he dado cuenta de que durante los últimos años me he conformado con una relación que es menos de lo que me merezco. Hoy decidí no conformarme más. Me perdono mis errores y me comprometo a aceptar sólo relaciones que sustenten quien yo quiero ser. Siento que éste es mi camino. Hoy decido ser libre, honesta y amar y respetar todas y cada una de mis partes. Te deseo lo mejor y no guardo rencor. Te pido que respetes mis deseos y que no te comuniques más conmigo».

Ella se dio cuenta de inmediato de que, a pesar de ser un mensaje muy difícil de enviar, su alma estaba feliz y finalmente estaba elevando sus estándares y permitiendo que sus acciones se alinearan con su divinidad de Diosa.

Es muy común en casos como el de Ana sentirnos culpables de nuestras acciones, o caer en la trampa de creer que debemos ser amables con la gente a expensas de nuestro propio bienestar. En verdad, no hay nada más valioso que decir que no y cortar los lazos con personas y situaciones que no sirven a nuestro «yo» más elevado. Esto no significa que debemos ser odiosos o irrespetuosos; es posible ser amable incluso en los momentos en que dejamos ir a alguien. En realidad, es un tremendo acto de amor hacia una misma y hacia la otra persona, pues permitir que te traten mal posibilita la mala conducta.

Ana comenzó a sentirse más como Diosa porque tenía que establecer los límites, decir no a las migajas y decir sí a amarse a ella misma. Había sido desafiada a aceptar la iniciación de regresar a su «yo» y reclamarse como divina, como reina, como altar sobre el cual derramar miel y recibir bendiciones.

Diosa, no puedes superar una iniciación como esta si estás en una relación de mierda o en un empleo de mierda. Debes levantarte para llegar a tu destino. Esta es, en verdad, una de las lecciones más importantes que puedes aprender en toda una vida.

Gradualmente, Ana fue dando pasos para alinearse con su alma y sus hermanas Diosas estuvieron presentes para recordarle que hasta los pasos más pequeños se van sumando. Decir basta a esa dinámica de mierda era lo mismo que decir sí a amarse ella misma. Al dar esos pasos, comenzó a reclamar su valía y a respetar a la mujer que ella aspiraba ser.

A veces, desde el punto de vista de la energía, no estamos donde quisiéramos estar y, desde ese lugar, tendemos a replicar patrones y conductas que van acordes con esa vibración interna. Así, por ejemplo, si Ana se estaba sintiendo insegura, entonces sus acciones de inseguridad (en otras palabras, darle paso a ese malandrín que no le brindaba nada bueno), ocurrirían. El truco está en cambiar nuestras acciones para ir *más allá* de la vibración

que sentimos en el momento: cambiar nuestras acciones entonces envía señales al cerebro y al sistema nervioso, y nuestra idea
de lo que valemos comienza a cambiar.

Y sí, esto es así incluso en las recaídas. Somos humanos
perfectamente imperfectos y cometer un error no es problema;
quedarse en el error, regodearse en él y seguir cometiéndolo
—seguir cayendo en el mismo hoyo— es el problema. Pero si
tenemos la vista fija en el premio del alma, seguiremos respetando nuestra valía y elevando nuestros estándares. Entonces,
no nos detendrá nadie.

Repetiré aquí lo que me dijo mi patrocinadora una vez, es
una de mis líneas favoritas de los programas de doce pasos: «Las
acciones dignas de estima fortalecen la autoestima». Por una
serie de acciones que no estaban a la altura de sus estándares,
Ana se dio cuenta de que tenía que hacer un cambio. Tocó fondo
en el patrón de aceptar migas de amor. Su nueva lección del
alma sería la de aumentar sus expectativas y sus valores.

CÓMO ARREGLAR LA COSTUMBRE DE AUTOSABOTEARNOS

La formación de hábitos es como un ovillo de lana difícil de
desenredar. Ya sea que estemos hablando de lavarnos los
dientes o de comernos las uñas, los hábitos forman el material
inconsciente de nuestra vida. Los hábitos convertidos en rutinas crean la fibra misma de nuestro estilo de vida. Un patrón
psicológico que se deriva de un hábito lleva a una conducta
que a su vez conduce a una creencia arraigada de la que, por lo
general, no somos conscientes.

Los neurocientíficos han descubierto que esa parte viva, alerta y fabulosa de nuestro cerebro que toma las decisiones tiende a entrar a un estado de soñolencia cuando una conducta habitual se hace cargo. La mayoría de nuestras acciones se originan en un hábito, al extremo de que operamos casi exclusivamente en piloto automático.

El piloto automático no tiene un combustible suficientemente potente para que el deseo funcione con eficiencia. Además, el piloto automático nos drena la mayor parte de nuestra energía, aunque no nos demos cuenta de que eso está sucediendo. Esto no quiere decir que todos los comportamientos automatizados son malos, sólo que tienden a mantenernos firmemente encerrados en patrones que podrían ser conducentes —o quizás, no— al cultivo del deseo.

Los «malos» hábitos no son malos en sí mismos. Recuerda, no estamos hablando de lo bueno en contraposición a lo malo. Los malos hábitos tienden a alejarnos cada vez más de nuestros estándares de Diosa. En cierto nivel, son mecanismos inconscientes que hacen que nuestras perspectivas permanezcan pequeñas y limitadas.

Si vamos a permitir que nuestra alma nos dirija, debemos ser implacables a la hora de cortar esos hábitos que hacen que nuestras vidas sean pequeñas e incoloras. ¿Una amiga tóxica que nos hace sentir que nos ha drenado la energía, como si fuese la vampiresa succionadora de energía más grande del mundo? Llegó la hora de darle una patada. ¿Una tendencia a guardarlo todo, desde el vestido de tu baile de graduación hasta las fotos de tus viajes por el mundo con tu ex? Quizás una fogata o un viajecito al Ejército de Salvación es lo que hace falta.

Nuestras obsesiones y comportamientos compulsivos nos ofrecen una buena pista de dónde tendemos a quedarnos atascadas. Son como hoyos en el camino. Parece que merecen nuestra atención, pero, en realidad, lo que hacen es distraernos y no permitirnos ver nuestra grandeza. Esto lo sabemos porque tienen la tendencia a hacernos sentir drenadas y empequeñecidas, y siempre dejan un sabor amargo.

Recuerdo que, como a Ana, me atraía un hombre cuyo interés en mí era esporádico y dependía mucho de todo lo demás que sucedía en su vida. Pero el efecto de su atención intermitente (que considero una especie de bombardeo de amor) era como experimentar el calor y la luz del sol después de un invierno largo y frío. Desde luego, hubo momentos en que me dije que ya no quería verlo más; pero cada mensaje de una línea que me enviaba (con poco contexto o indicación de cómo se sentía), me echaba abajo.

No conseguía lo que en realidad quería con esta experiencia: una conexión profunda que me hiciera sentir segura de entregarme por completo. Para mis adentros, estaba haciendo algo que había dicho que nunca haría: meterme en una situación y con una persona en quien no confiaba.

Durante mucho tiempo, a pesar de que mi intuición gritaba «no», la idea de que quizás las cosas mejorarían siempre ganaba. ¿Cómo llegué a ver la diferencia entre lo que yo realmente deseaba y esta obsesión? Mis verdaderos estándares del alma me hicieron sentir viva y extendida, mientras que mi obsesión me hacía sentir contraída y pequeña. Los malos hábitos nos mantienen en una identidad sólida (aun cuando esa identidad no sea particularmente liberadora) mientras que los estándares del alma crean libertad, espacio y un lugar limpio y bien iluminado para la expresión. A veces hasta nos llevan a lugares donde nunca pensamos encontrarnos, pero esos lugares son siempre vastas llanuras en lugar de armarios oscuros y encerrados.

Puedes pensar que los malos hábitos son, en esencia, lealtades inmerecidas que fueron colocadas en nosotras mucho antes de que fuéramos conscientes de ellas. Mi insistencia en que «las cosas mejorarán» con este hombre me recuerda a cuando observaba la relación de mis padres, en la que el afecto real y verdadero era raro, pero lo suficiente para esparcir pequeñas dosis de luz sobre un terreno por lo demás desesperanzador. Para quienes estamos acostumbradas a operar en escasez, es mucho más de lo que podríamos esperar.

Cuando no has descubierto los estándares de tu alma como el combustible más potente, a veces las migajas de placer pueden parecer suficientes. Un hábito nos mantiene encerradas en una actitud de suficiencia (por ej., «Esto no es lo que quiero, pero supongo que es suficiente»), mientras que estar alineada con los estándares de tu alma te ayuda a mantener la lealtad a una verdad más profunda y generosa.

Desde luego, los hábitos los desarrollamos con el tiempo, lo que los convierte en unos desgraciados muy escurridizos. Después de todo, la mayor parte del tiempo pasan desapercibidos junto con otras distracciones. Por eso es buena idea llevar un récord de tus hábitos durante una semana. Escribe las cosas que haces una y otra vez. Una buena manera de hacer esto es fijarte en qué gastas el dinero. Observar cómo usas tu tiempo, dinero y otros recursos como indicadores de hacia dónde fluye la energía en tu vida puede darte montones de información sobre cómo usas o abusas de esa energía.

¿Te das cuenta de que constantemente te apuntas en cursos de desarrollo personal, aunque en realidad nunca asistes? (De nuevo, eso puede ser una forma de escapismo, en especial cuando llega el momento de reunir el coraje para dejar a un lado la autoayuda y moverse hacia la acción).

Muchos de nuestros hábitos también provienen de un sentido de obligación que causa que no veamos nuestros hábitos como hábitos. Siempre vuelvo al ejemplo de las relaciones tóxicas o las que nos roban la energía, como la relación de Ana. Debido a que tantas de nosotras estamos tan atadas a la noción de que debemos ser buenas, correctas, complacientes y un encanto, desarrollamos hábitos que a la larga no nos sirven. A la vez, los hábitos que nos mantienen en homeostasis por lo general son cosas con las que tenemos una relación emocional compleja. Es probable que los apreciemos mucho (en especial si son relaciones íntimas) y hacer de tripas corazón para soltar la relación es mucho más fácil de decir que de hacer. Ese mal hábito podría ser un novio que tiene más interés en «pasar tiempo de calidad» contigo que en prender un fuego a tus pies para ayudarte a que te conviertas en la Diosa que puedes llegar a ser. Podría ser un itinerario relajado en el que te levantas a la hora que quieres y no hay ninguna presión de levantarte a las seis y media de la mañana con ejercicios y rutinas matutinas, planificación empresarial y cosas semejantes. Un hábito puede ser tan furtivo que asume la forma de un buen empleo que, poco a poco, se ha convertido en unas esposas doradas.

Cuando tenemos un mapa de nuestro verdadero norte y lo

comparamos con nuestros hábitos diarios, obtenemos una indicación de dónde realmente estamos invirtiendo nuestra energía, en contraposición a dónde querríamos invertirla. Así que mantente alerta, sé radicalmente honesta y compasiva, pero también firme contigo misma. Después de todo, tienes muchas cosas importantes por hacer en este mundo.

Elevar nuestros estándares requiere desmantelar muchos patrones y programas internos que nos mantienen como un ovillo de lana bien enredado de comportamientos de odio propio. Descruzamos los cables cuando estamos dispuestas a enfrentar los comportamientos que nos han mantenido pequeñas, insatisfechas y sufriendo. Procesamos nuestras historias, tomamos inventario de las cosas que continúan carcomiéndonos (como la culpa, el remordimiento, la vergüenza y otros demonios) y hacemos todo lo posible para eliminar las telarañas de nuestro pasado. Y quienes tendemos a darle vueltas al pasado podemos decidir transformar esas sombras cada vez que nos acercamos hacia quien somos en realidad —nuestro «yo» de Diosa— en aprobación y disposición total a soltar las viejas historias en este mismo momento.

Esto me hace pensar en que, en un momento de mi pasado, estaba dispuesta a regalar mi trabajo y mi genio, o a juntarme con personas que no tenían tiempo para llegar a conocerme de verdad. Gradualmente, dejé de tener correspondencia vibracional con esa mierda. Al establecer mi valía, abrí nuevas puertas y encaré situaciones que se alineaban con quien yo era y quería llegar a ser.

Mamita, nada de esto es fácil. Al deconstruir esos viejos hábitos, tendrás que ser paciente cuando tengas que esperar.

Te prometo que lo que venga siempre será mejor de lo que imaginabas, siempre que continúes moviéndote hacia adelante y te trates con la máxima compasión cuando resbales.

He visto que esto sucede particularmente en los casos que tiene que ver con dinero y hombres. Al establecer estándares más altos y moverme hacia ellos, vi aumentar los ceros en mi cuenta de banco y vi florecer mis relaciones íntimas. También he sido testigo de esto en la vida de muchas Diosas.

Así que prepárate para lo bueno que viene para ti. Examina esos malos hábitos y permite que la información que encuentres te ayude a reclamar tu valía y tu nueva normalidad.

EL COMPROMISO CON EL AMOR PROPIO

Debemos ser nosotras, en primer lugar, quienes nos tratemos como Diosas. Siempre comienza con nosotras.

A veces la soledad nos lleva a conformarnos y a hacer lo que se siente cómodo o habitual.

¡Pero basta! Si estás leyendo este libro, estás aquí para asumirte como Diosa y tratarte como la mujer adorable y hermosa que eres. Eso debe suceder observando los lugares donde tus estándares han descendido para que puedas elevarlos uno a uno.

Mamita, no hay nada que no puedas hacer, y mereces crear la vida que tú quieres.

Toma el caso de Ana como ejemplo. La acción estimable de decir su verdad le permitió verse amándose a sí misma. Decir no a conformarse fue un acto enorme de amor propio. Lo opuesto —actuar como si el comportamiento y el trato del individuo estuviera bien y no le importara— era un acto enorme de odio hacia sí.

Conformarse es odiar el «yo». Elevar nuestros estándares es amar el «yo».

Nadie gana cuando nos conformamos porque le permite a la gente pensar que está bien tratar mal a las mujeres y a ti te hace pensar que está bien que te traten de esa manera. ¡Al carajo con eso! Después de vivir una vida difícil y muchísimas duras lecciones del alma, finalmente decidí que escogería relaciones que me fortalecieran y que me respetaran. Pasé por demasiadas cosas como para continuar perpetuando ese ciclo de amor de baja intensidad.

Comprometerte contigo misma de esta manera te permite amarte y confiar en ti, un día a la vez. Así, no importa quién te haya lastimado en el pasado, puedes comenzar a decir con sinceridad: «No me voy a hacer daño. Voy a abogar a mi favor, a favor de mi niña interior y de mi bienestar».

Este compromiso con el amor propio es la verdadera fuente de poder que cambia radicalmente toda tu vida. Porque a través de toda la mierda, debemos hacernos resilientes y decir: «Voy a hacer el trabajo del alma para darme la vida que me merezco».

Tu relación contigo misma es clave. Lo que te permites hacerte tú es, en muchos sentidos, lo que permites que otros te hagan. Quiero que saques un momento para escribir cómo querrías que te traten en tu mundo ideal. ¿Cómo se reflejará tu compromiso con el amor propio en el mundo a tu alrededor?

He aquí un ejemplo: «Me encantaría que me trataran como a una Diosa. Me encantaría que me miraran con ojos dulces, tiernos y compasivos, ojos que cuentan historias de gratitud y de aprecio por haberme encontrado finalmente. Quiero que me hablen con paciencia y comprensión. Quiero que me digan que soy hermosa, lista, poderosa, divina, sexy y perfecta tal cual soy. Deseo tener la devoción de alguien por mí. Deseo una pareja honesta, constante y considerada».

Ahora, mira esa lista y pregúntate lo siguiente:

¿Me trato a mí misma como Diosa?

¿Me miro a mí misma con ojos dulces y tiernos?

¿Soy paciente y comprensiva conmigo misma?

¿Me felicito y me digo que soy lista, divina, poderosa, sexy y perfecta tal cual soy?

¿Soy constante conmigo misma?

¿Estoy dedicada a mí?

¿Soy honesta conmigo misma?

¿Soy considerada conmigo misma?

Esta práctica no tiene la intención de que seas dura contigo misma con relación a las cosas que no haces y que deseas. Sí tiene que ver con ser radicalmente honesta para que le subas el volumen a tus valores de devoción, honestidad y amor propio y así nunca más permitas menos que eso.

Algo que es importante recordar (y es una opinión un poco menos popular en la comunidad espiritual) es que a veces simplemente no te puedes amar a ti primero. A veces necesitas el amor de otros para obtener un modelo de cómo tratarte, especialmente si creciste en un ambiente de abuso en el que no te enseñaron a valorarte.

En las comunidades de doce pasos, tienen rótulos que dicen: «Déjame amarte hasta que te puedas amar tú misma».

A veces una terapeuta es la primera persona que conoces

que te muestra amor, estima y bondad incondicionales. Usa esos modelos para mostrarte cómo se siente el amor verdadero. La «Diosa Tribe» fue creada con esa precisa intención: brindarte una comunidad de almas afines para amarte, apoyarte y acompañarte.

Con el tiempo, aprenderás a darte tú misma todo esto. Tus estándares dictarán no sólo tus relaciones románticas, sino además tu trabajo, dinero, espiritualidad y amistades.

AGRANDA TU RECIPIENTE

Esta es la parte que siempre maravilla a la gente cuando lo digo: ¡no tienes que conformarte en tus peticiones al universo! Cuando reclamas tu plena divinidad de Diosa, llegas a creer que te mereces más, porque te lo mereces.

Saber que mereces una vida mejor que la que jamás has soñado requiere que agrandes tu recipiente. Lo que quiero decir es que, como humanas, todas tenemos dudas, pero cuando te sintonizas con tu «yo» divino, sabes sin duda alguna que eres absolutamente merecedora. Esas partes nuestras que han sido lastimadas, heridas y traicionadas tienden a disuadirnos de nuestra grandeza o nuestro deseo de vivir nuestro mayor bienestar; es un mecanismo protector que nos mantiene pequeñas, «seguras» y contraídas. Pero no es verdad. No cuentes con esto como tu realidad.

En cambio, cuenta con la verdad de que eres merecedora de más que el dolor que has sufrido. Ten la audacia de establecer estándares más altos que honren a la Diosa que eres tú. Establece estándares más altos en las áreas del dinero, los orgasmos, la intimidad, la vida familiar, los sueños que te atreves a soñar. Entiende que, al agrandarte, el espíritu, la fuente, la Diosa está ahí para brindarte lo que tienes en tu alma y corazón. No se trata de que demuestres que te lo mereces; se trata de que dejes de ser un impedimento en tu propia vida y recuerdes que eres merecedora.

Cuando le dices al universo: «Esto es lo que quiero y esto es con lo que ya no me voy a conformar», estás creando un límite amoroso que le permitirá al espíritu conectarse contigo desde un lugar de más claridad. Como bruja, tus palabras e intenciones tienen el poder de cocreación de la realidad que te mereces.

Una vez que conoces íntimamente lo que en realidad deseas, el universo conspirará para llevarte a ese destino deseado. También se hará más fácil no enredarse en manifestaciones superficiales y objetos relucientes que nos distraen y nos tientan para alejarnos de nuestra verdad definitiva. Por ejemplo, cuando te encuentras arraigada en tu deseo de experimentar el amor, resulta más fácil pasar por alto a personas que claramente no te lo van a brindar. Por otro lado, si te das cuenta de que constantemente buscas a alguien incapaz de darte lo que más deseas, podrías preguntarte si estás siendo honesta contigo misma o si estás obsesionada con ese objeto de amor en un intento de evadir expandirte hacia la infinita generosidad del universo.

Un deseo de una magnitud genuina no es algo que deba estar encerrado en un clóset. En efecto, ansía ser expresado y recibido por el universo. Pero no es suficiente recitar afirmaciones positivas o exigir que el mundo nos dé lo que queremos. Cuando lanzamos nuestros estándares del alma hacia el mundo, debemos hacerlo formulando peticiones tangibles.

Al movernos hacia lo que deseamos, debemos infundir nuestro deseo con intención (la conciencia potente que nos deja saber quiénes somos, en qué creemos y qué picos deseamos alcanzar) y dirección (un plan para llegar ahí, lo que incluye acciones externas tales como hacer peticiones y procurar la ayuda de otros). Sin intención y dirección, nuestros deseos igual podrían ser antigüedades llenas de polvo en un ático.

En mi vida he asumido varios riesgos considerables. Me he sorprendido del hecho de que, en términos generales, han salido bastante bien. Cada vez que he dado un salto al vacío de lo desconocido, una red de seguridad ha aparecido mágicamente ante mis ojos para amortiguar la caída.

Cuando esto ha sucedido, me he maravillado: «*Wow*, ¡el universo parece que me protege!». Creo profundamente que esto es cierto, pero hace poco se me ocurrió pensar otra cosa. El universo es de verdad abundante; mágico e inmensamente abundante. Tanto, que debíamos sentir que podemos arriesgarnos y confiar en que, al agrandarnos, el espíritu nos dará exactamente lo que pedimos y mucho más.

HONRA TUS NUEVOS ALTOS ESTÁNDARES

Al elevar nuestros estándares, elevamos nuestro potencial para la abundancia, el amor y la salud (mental, emocional, espiritual, sexual y física) en nuestra vida. Al elevar nuestros estándares, también comenzamos a demostrar lo que ya no estamos dispuestos a tolerar. Por ejemplo: «Ya no estoy disponible para los hombres que no cumplen su palabra. Estoy disponible para los hombres que sí la cumplen».

Aun después de años de hacer este trabajo, siempre hay pieles que mudar y lecciones que aprender; y no quisiera que fuera de otro modo. Porque sé que mientras más sane y profundice mi valor, mejor será mi vida, más auténtica, más mágica y saludable.

Cuando comencé a elevar mis estándares, me sorprendí muchísimo. ¡Madre mía, esto funciona de verdad! Cuando establezco estándares y los expreso de manera clara, potente y relajada, la gente me escucha, honra y respeta más. Y a la gente que no lo hace, les pido que se vayan o sencillamente se van por su cuenta.

Hice esto cuando salía en citas. «De verdad disfruté nuestra salida, pero me parece que no eres muy de fiar cuando hacemos planes y, aunque me parece que eres increíble, un tipo poco fiable no es lo que yo deseo. Quiero ser transparente y esto no es agradable para mí. Me gusta la constancia en los hombres. ¡Te deseo lo mejor en tus salidas!».

Lo hice hasta con mis padres. Les dije: «Ya no estoy dispuesta a que me critiquen. Eso no me hace sentir apoyada. Preferiría que me dijeran lo que estoy haciendo bien y que me den espacio para descubrir la solución de las cosas por mi propia cuenta».

El acto de decir mi verdad y honrar mis altos estándares me hace sentir como un genio del amor propio. Me amo. Me honro. Me protejo amable y comunicativamente. Establezco límites que respetan mis valores y no tengo ningún problema en expresarlos.

Desde luego, te darás cuenta de que, al establecer estándares, algunas personas se pondrán defensivas porque eso exige que ellas cambien o sean vulnerables. Habrá momentos en que deberán admitir que están siendo chapuceras y tendrán que enfrentar sus propias sombras. Ese proceso no siempre es bonito, y es muy probable que le den la vuelta a la cosa y te hagan dudar de tu derecho a erguirte en tu divinidad de Diosa. Podrían decirte: «¿Y quién carajo te crees que eres?».

Prepárate para eso, por favor. Entiende que parte de la prueba al elevar tus estándares será que tendrás que enfrentar a personas que hacen caso omiso de tus estándares, intentan bajarlos, intentan engañar tus sentimientos y entramparte. ¡Mantente fuerte durante esta prueba!

En otros momentos, tus límites y la puesta en vigor de estándares altos, crearán más respeto y deseo, así como una dinámica más saludable. En el ámbito de las salidas, mi vida definitivamente mejoró, y me di aires, sin duda. Porque no hay nada más sexy que una mujer que respeta su tiempo, su cuerpo, sus deseos, sus valores y a sí misma.

Así que no te desalientes si la gente lo combate. Si lo hacen, no están preparados para estar en tu vida, y es posible que tengas que tomar la decisión de sacarlos o no de tu vida o establecer límites que te distancien de ellos. Si ellos respetan tus nuevos límites de amor propio y hacen el trabajo para estar a la altura de nuevos estándares, entonces, ¡maravilloso! Pero lo más importante es que eres tú quien debe conocer tus valores y aferrarte a ellos, no importa qué.

Diosa, prometo que, si elevas tus estándares, elevarás tu calidad de vida.

Trabajo del alma

Es el momento de considerar con cuidado cómo quieres honrar tu divinidad de Diosa y defender tus nuevos estándares. En tu diario, escribe las respuestas a las siguientes preguntas:

- Escribe diez cosas para las que ya no estás disponible. Por ejemplo:

  No estoy disponible para relaciones donde hay falta de respeto.

  No estoy disponible para parejas íntimas que no me complacen sexualmente.

  No estoy disponible para amistades que no son confiables.

- Después, escribe diez líneas de cosas para las que estás disponible, como, por ejemplo:

  Estoy disponible para relaciones recíprocas, afectuosas y de mutuo respeto.

  Estoy disponible para tener sexo espectacular con parejas a quienes les encanta complacerme.

  Estoy disponible para las amistades que genuinamente me apoyan.

Antes de continuar, toma una pausa. ¿En qué aspecto de tu vida estás bajando tus estándares? ¿En tus relaciones, amistades, trabajo, dinero? Toma un instante para pensar en dónde estás aceptando migajas en lugar de todo el maldito bizcocho.

- Ahora escribe una lista de valores de alta calidad que quieres demostrar y que también buscas en las personas que te rodean. Por ejemplo:

  Honestidad

  Lealtad

  Buena comunicación

  Integridad

  Bondad

Afecto

Altruismo

- Luego, escribe una lista de personas con quienes practicarás elevar tus expectativas de estos valores. Por ejemplo:

  Colegas

  Familiares

  Amigos

  Novios

  Parejas íntimas

  Hijos

- También considera qué tiene que cambiar a fin de poder vivir alineada con estos estándares. Escribe tu lista. Por ejemplo:

  No volver a salir con personas que reflejan estándares bajos y, en su lugar, mirar la lista de valores altos y usarla como barómetro para medir a quién permitir entrar a tu vida.

Mantra

Ya no estoy dispuesta a conformarme. Sólo estoy disponible para relaciones de valores altos que respeten mi valía, mi alma y mi divinidad de Diosa.

Ceremonia

Tú eres el altar

En esta ceremonia de visualización, vas a buscar unos minutos en que puedas estar sola y vas a cerrar los ojos. Busca un lugar cómodo donde sentarte y coloca tu mano izquierda sobre el corazón y la derecha sobre la izquierda. Inhala lenta y profundamente a través de la nariz. Aguanta la respiración contando hasta tres y exhala por la boca. Repite dos veces y relájate más mientras inhalas y exhalas.

Imagínate caminando hacia un hermoso altar dorado. Este altar está hecho de oro puro que brilla y reluce. Perfumes magníficos llenan la habitación. Sientes olor de jazmín, de copal, de incienso. Te invaden los exquisitos aromas y tu cuerpo de inmediato se rinde y te sientes más relajada. En el altar de oro hay flores de todos los colores: hortensias azules, rosas rojas, rosas blancas, girasoles amarillos y rozagantes peonías rosadas. Hay frutas y velas con olor a vainilla e *ilang ilang*. El altar te llena de alegría y de majestuosa energía. Y, al mirar al altar, te ves allí. Tú, como las flores, estás allí.

Recuerdas, en ese momento, que mereces todas las exquisiteces que hay en este altar. Porque tú eres Diosa. En ese momento te dices: «Merezco frutas, flores, palabras melosas y acciones verdaderas». En este momento, te das cuenta de que, si alguien viene a tu vida tiene que acatar el estándar de tratarte como si fueras ese hermoso altar de oro, porque lo eres.

Cuando hayas integrado esta verdad a tus células, vuelve a este momento y a la habitación y abre los ojos lentamente. ¡Buen trabajo!

Aquí la lección es que la gente que viene a tu vida debe añadir valor y apreciar la divinidad que eres —punto y sin excusas. De lo contrario, se les pedirá que se marchen. Practica esto en tu vida. Fíjate en quién te respeta y quién, no. Comienza por honrarte tú como altar sagrado. La comunidad de Diosas es también una comunidad maravillosa, segura y sagrada que te amará hasta que te puedas amar tú misma y mientras te ames a ti misma. Esto te permitirá recordar la verdad de tu divinidad y encarnar la Diosa que eres.

¡¡¡Dale, Diosa!!! Estoy tan enormemente orgullosa de ti por sumergirte en las profundidades y elevar tus estándares. Cuando una mujer reconoce su valía, no hay quien la detenga. No hay mejor sensación que honrarse y amarse. Reclamar tus «no» para poder dar la bienvenida a los verdaderos «sí» de tu vida es algo enorme. Estás diciendo: «Me amo y me niego a conformarme más». En este espacio puedes comunicarte con facilidad, claridad y confianza desde un lugar de empoderamiento en contraposición a un lugar de necesidad. Tu vibra está alineada con tu divinidad de Diosa y destilas desenvoltura hasta por los poros. Sigue respetándote y mira tus valores y estándares no negociables, cuando aceptes empleos, cuando interactúes con personas, en tus salidas románticas e incluso en cómo te tratas a ti misma. Mantén cercanos a ti esos valores y estándares para que puedas revisarlos con frecuencia y practicarlos en todas las áreas de tu vida. Ahora que has reconocido tus valores y has elevado tus estándares, vamos a conversar sobre los principios claves al cultivar un amor saludable. Las relaciones son la piedra angular de la vida; la relación consigo misma, con el alma/espíritu y con los demás. En el siguiente capítulo consideraremos algunas claves para el cultivo de un amor saludable. Explorarás cuál es tu tipo de apego al amar y cómo establecer límites para dar la bienvenida al amor de alta calidad. En este proceso, vas más allá del amor interior que has estado cultivando y practicas cómo cultivar ese amor con otros.

Ya no estoy dispuesta a conformarme.

Sólo estoy disponible para relaciones de valores altos
que respeten mi valía, mi alma y mi divinidad de Diosa.
#yosoydiosa

CAPÍTULO 11

CÓMO CULTIVAR EL AMOR SANO

no is a necessary magic	no es una magia necesaria
no draws a circle around you with chalk and says i have given enough	no dibuja un círculo a tu alrededor con tiza y dice he dado demasiados
boundaries	límites

—*Nayyirah Waheed*

¡Rayos! ¡Alcanzar un amor saludable y seguir regando las semillas de las relaciones saludables no es para nada fácil, mamita!

Da taaaanto trabajo. Pero el trabajo que no es tan bonito y no tan glamoroso es el que tenemos que sacar a la superficie y sobre el que tenemos que ser realistas.

Los momentos en que estamos en la cama, a punto de enviar un texto a un ex porque estamos solas... o cuando estamos en una relación y nos sentimos como si estuviésemos jugando un juego de Minesweeper y accidentalmente hacemos clic en una mina.

Sé que por dentro soy como esas minas: bombas que estallan dentro de mí cuando me desencadeno. Tornados de emociones que dan vueltas cuando mis pensamientos se detienen y me abrumo. He visto que muchas personas oscilan entre estos extremos de reacción a los desencadenantes: luchar o huir, paralizarse o hacerlo volar todo al carajo.

Para sanar, tenemos que ser realistas y mi realidad era ho-rro-ro-sa, mi santa.

Hubo una época en que le tiraba cosas a mi ex. Sí, de verdad le tiraba con cosas, entre ellas una vela encendida, lo que quiere decir que la cera caliente se pegó en todo lo que tocó. Tenía un dolor profundo y mis acciones lo demostraban.

El abuso es un ciclo vicioso y, si bien fui víctima de abuso, también aprendí a abusar. No estoy orgullosa de esto. Pero es la realidad del sufrimiento y de los demonios e ira profunda que llevaba dentro de mí. Era un ejemplo viviente de lo opuesto a cultivar un amor saludable. Vivía en un campo de batalla interno. Siempre escogía hombres que no eran saludables para mí, y a su vez inconscientemente perpetuaba el convencimiento de que yo no era digna y por ende lo que merecía era amor tóxico. Esto me sacaba el monstruo —¡y cómo!— y sirvió para retrasar mi crecimiento y sanación emocional.

Hubo otros momentos en que me sentí insegura debido a los traumas que llevaba dentro y no necesariamente debido a la persona que tenía delante. Diferenciar entre los dos y ser capaz de comunicarme de manera saludable para poder establecer límites que respetaran y protegieran a mi niña interior ha sido clave para cultivar relaciones más saludables y conscientes, no sólo con otros, sino conmigo misma también.

De manera que, paralizarme y no hablar, o huir de mis problemas y explotar eran mis tres velocidades. No era simpático, ni saludable, ni divertido, ni productivo, pero perfectamente comprensible considerando mi historial y mis antecedentes. Y cuando le hablo a otras Diosas, sé que han pasado por cosas similares. Esto me ayuda a sentirme menos loca y sola. Nada de esto tiene la intención de minimizar el comportamiento abusivo y no saludable; por el contrario, lo ayuda a salir a la superficie y revela cuán retorcidas pueden volverse las cosas si este comportamiento no se controla y se trata.

Si te sientes identificada, estoy contigo, Diosa. Y quiero que seas bondadosa contigo mientras pasas por el proceso de enfrentar las feas verdades de tu comportamiento pasado. Sé que es difícil, pero es parte integral del cultivo de un amor saludable. Enfrentar los desencadenantes emocionales y las heridas es parte del viaje. No podemos saltarlo ni evadirlo, anestesiarlo, huir de él, ni escondernos de él para siempre. Y sí, es cierto que podemos hacerlo por momentos cortos (y eso está bien, es parte natural del proceso) porque no podemos cambiarlo todo a la vez. Pero es inevitable regresar a la cronología del alma y sanar cada herida, una a una. Debemos tomar inventario de nuestra vida y ser dolorosamente honestas con nosotras mismas: ¿En quién nos convertimos debido a esas heridas? ¿A quién escogimos? ¿A quién dejamos entrar? ¿Qué límites dejamos de imponer que podemos integrar a nuestra vida hoy?

APEGOS SALUDABLES

Nuestras primeras lecciones sobre las relaciones conforman casi todos los aspectos de nuestras conexiones posteriores: con nosotras, con otras personas y con el mundo.

La teoría del apego es una importante teoría psicológica que nos ayuda a comprendernos y aprender a cómo trabajar con quien somos y cómo nos relacionamos en todo tipo de relación. La formuló el terapeuta John Bowlby, un psicoanalista que investigó el apego entre los niños y sus padres. A él le impresionó mucho la teoría etológica, que se enfoca en cómo el comportamiento evoluciona para lograr la supervivencia, y también la teoría de la impronta del zoólogo, etólogo y ornitólogo, Konrad Lorenz. Esta teoría descubrió que los patos tenían un impulso innato a apegarse a sus padres para sobrevivir. Al desarrollar su propia teoría, Bowlby postuló que los niños idealmente usarían a su cuidador original primario como base segura desde la cual formar un sentido de seguridad interna y de apegos saludables que les ayudaría a sentirse más seguros en el mundo.

Este modelo de trabajo destaca maravillosamente bien lo que sucede cuando los apegos son seguros, lo que sucede cuando no lo son y los efectos que todo esto puede tener sobre nuestras relaciones futuras.

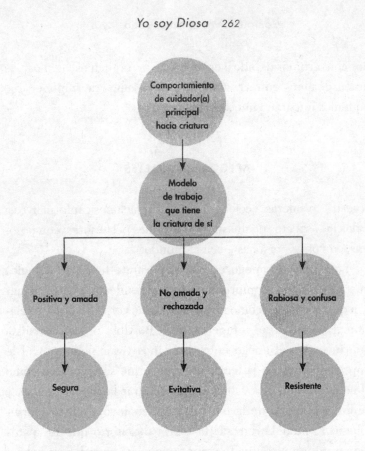

Bowlby describió cuatro patrones de apego: seguro, ansioso, evitativo y desorganizado.

- **APEGO SEGURO:** El apego seguro describe a las criaturas que se sienten seguras y por ende pueden depender de su cuidador adulto primario, y experimentar confianza y seguridad en él. Por ejemplo, cuando el adulto se marcha, el niño puede sentirse molesto o asustado, pero se siente seguro de que el padre o cuidador regresará. El niño también sabe que es seguro y bueno buscar consuelo en los cuidadores. Estos niños confían en que sus cuidadores les darán amor y apoyo si piden que se satisfagan sus necesidades.

Cuando los cuidadores principales no forman una base segura, se establecen los siguientes apegos:

- **APEGO ANSIOSO:** Los niños con apego ansioso por lo general se asustan y muestran señales de angustia cuando su cuidador adulto se marcha. Si un padre no está siempre disponible, los niños pueden sentir ambivalencia con respecto a su seguridad y confort, y por ende mostrar angustia. Estos niños no muestran la misma seguridad que los niños de apego seguro a la hora de conseguir apoyo y confort, o incluso de expresar sus necesidades. No confían en que sus necesidades serán satisfechas.

- **APEGO EVITATIVO:** El apego evitativo describe a niños que no buscan confort en sus cuidadores, sino que, por el contrario, activamente los rehúyen. Con este estilo de apego, los niños por lo general no tienen preferencias entre un extraño y su cuidador adulto. Esto es muy común entre los niños que tienen cuidadores abusivos o negligentes. Los niños que reciben castigos, abusos o no reciben refuerzos positivos cuando acuden a su cuidador adulto internalizarán esto y evitarán buscar ayuda en el futuro. Cuando trabajé como terapeuta de familia en el sector de prevención de Child Protective Services, conocí a muchos niños que habían sido abusados y desatendidos. Con frecuencia mostraban este estilo de apego. Es doloroso de ver e importante de observar, especialmente si se ha experimentado el abuso, como en mi caso.

- **APEGO DESORGANIZADO:** Los niños con un estilo de apego desorganizado tienen una mezcla de distintas emociones que parecen resultado de un comportamiento errático de parte de un padre o principal cuidador. Esto es muy común en hogares donde hay peligro y confort a la vez. Los niños en este estado tienden a tener un alto grado de confusión. Es como si se estuviesen mirando en un espejo de feria y la imagen está distorsionada, de manera que no saben cómo luce una realidad saludable y verdadera. Los mensajes conflictivos de los cuidadores adultos con frecuencia conducen a un apego desorganizado en los niños.

Aunque estas descripciones mencionan niños, nuestros apegos pueden continuar desarrollándose con el tiempo, y claramente continúan afectándonos en la adultez. Hay un maravilloso test en línea (en inglés) para averiguar el estilo de apego con el que más te identificas: https://www.psychologytoday.com/us/tests/relationships/relationship-attachment-style-test

Si puedes, toma el test o saca tiempo para reflexionar sobre el estilo o estilos que piensas que se aplican más a ti. Esto es clave para comprender cómo te relacionas en tus relaciones adultas y qué podrías hacer para hacerlas más saludables y alineadas con tu divinidad de Diosa.

Si te encuentras en la categoría de apego seguro, por ejemplo, puedes continuar cultivando tus relaciones como son y desarrollar más intimidad, transparencia, vulnerabilidad y confianza, a la vez que dices tu verdad más enfáticamente y con más amor.

Si te identificas con cualquiera de los otros tres estilos de apego, te sugiero que trabajes en las áreas que te causan angustia para que puedas sanar tu estilo de apego y, a su vez, tus relaciones.

Por ejemplo, si eres ansiosa, puedes comenzar por buscar relaciones seguras y constantes (en vez de volubles, que podrían ser un patrón para este tipo). Con el tiempo, le demuestras a tu psiquis que la estabilidad y la constancia son posibles. Esto crea nuevas vías neuronales y constructos mentales que te permitirán desarrollar relaciones seguras, saludables y con constancia.

Si eres evitativa, resulta clave trabajar con tu comunicación y vulnerabilidad. Puedes comenzar contigo, sencillamente identificando tus sentimientos y estado emocional y luego, con el tiempo, dándolo a conocer a otros. Indaga en tu interior y aprende a conocerte y apreciarte. Fíjate cuando levantas barreras y desafíate a mantenerte en contacto con tus personas queridas, aun cuando parezca difícil.

Y si eres desorganizada, es probable que la falta de constancia en el comportamiento de tu cuidador principal creara muchas señales contradictorias y malentendidos que inutilizaron tus destrezas de comunicación o tu capacidad para expresar lo que necesitas. Te sugiero terapia que te ayude a expresar tus emociones, pensamientos y necesidades con claridad.

Hacer trabajo de DRMO para traumas de la niñez también es una gran herramienta para llegar a la raíz de la dinámica de niño/padre que creó tu estilo de apego. El DRMO (*Eye Movement Desensitization and Reprocessing*, EMDR, por sus siglas en inglés), que significa desensibilización y reprocesamiento por medio de movimiento ocular, está respaldado por investigaciones estadísticas válidas que respaldan la reducción de los efectos del trauma, incluidos los síntomas psicológicos y fisiológicos.

Fijarte en tu estilo de apego te permite estar en un lugar

de empoderamiento porque puedes enfocarte en crear patrones saludables para ti para que sanes los estilos de apego que causan daño en tu vida.

LA CODEPENDENCIA Y LOS LÍMITES

Durante años sufrí de codependencia, la que muchos terapeutas definen como una dependencia emocional o psicológica excesiva de otras personas. Hay gran cantidad de canciones de amor que hacen parecer romántica la codependencia con letras como «Te necesito, no puedo vivir sin ti, tú me completas», pero la codependencia en acción no es tan dulce. A menudo, eché a un lado mis necesidades y entregué mi vida a una pareja abusadora y dañina. Yo ni siquiera tenía vida. Me consumía el reformarlo y ayudarlo, al extremo de que abandoné todas las cosas que eran importantes para mí.

No es de sorprender que mi estilo de apego fuera el ambivalente. Siempre sentía temor de que me abandonaran y, en lugar de hacer el trabajo de sanar la herida de infancia del abandono, mendigaba el amor que no obtenía. Una vez descubrí los estilos de apego, tuve información y un esquema sólido de cómo funcionaba mi psiquis y mi plan de amor. Pude centrarme en la herida durante la terapia y desarrollar un estilo de apego más seguro.

La concienciación permite la transformación y el estar dispuestas a buscar ayuda para hacer los cambios permite que el cambio sea permanente y que nazcan nuevos comportamientos y patrones.

No estamos destinadas a permanecer atrapadas en los

patrones originales que nuestros cuidadores nos inculcaron; somos más que resilientes y capaces de recablear y reprogramar cómo nos relacionamos, escogiendo entornos seguros y de apoyo que modelen el amor saludable. Y eso comienza con nosotras mismas.

Fíjate en los estilos de apego que se manifiestan en todas tus relaciones. Comienza a cultivar las partes tuyas que no recibieron amor y constancia cuando eras niña. La mejor manera de hacer esto es ofreciéndote la constancia que ansiabas durante esos años formativos.

En mi vida, tuve un momento de iluminación cuando dejé de buscar que me salvaran y me amaran; y me comprometí a amarme radical y profundamente, a honrar mi palabra, a establecer límites saludables y a recibir apoyo cuando lo necesitara. Esto me proporcionó una seguridad interior que había estado buscando en el mundo exterior durante años.

Con esta nueva conciencia, llegué a entender que un elemento clave de cualquier relación saludable son los límites. Chica, no sabía un carajo sobre límites cuando estaba en las primeras etapas de recuperación de mi autoestima. Estaba tan desesperada que ni siquiera sabía cuáles eran mis deseos y necesidades. No me sentía digna de sacar el tiempo para reflexionar sobre lo que yo quería, lo que no quería, lo que necesitaba, lo que no necesitaba. Mis deseos no importaban.

Era la capitana del equipo «Salvadoras de Chicos Emocionalmente en Bancarrota». Quería llenar su tanque de amor, pero al hacerlo me quedé sin combustible y terminé en bancarrota mental, espiritual y emocional. En verdad, no era la primera vez: había pasado años en relaciones en las cuales mis necesidades no estaban presentes. Las necesidades y la sanación de ellos eran mi único propósito.

Cuando por fin hice el trabajo, me dije: «*Wow*, me he estado ignorando durante años. Yo tengo necesidades, tengo deseos. Merezco que se escuche mi voz. Merezco decir lo que necesito para honrar mi mente, cuerpo, espíritu, tiempo, corazón y dinero».

Mi valía se activó y los límites eran los medios para continuar honrándome.

Así que, ¿qué es exactamente un límite? Según el Parkview Student Assistance Program (PFW, por sus siglas en inglés), «un límite es un espacio entre tú y la otra persona: un lugar claro donde tú comienzas y la otra persona termina. El propósito de establecer límites saludables es, desde luego, protegerte y cuidarte».

De manera que un límite es una frontera que respeta la verdad de tu alma.

Como yo no tenía fronteras, las necesidades de mi expareja estaban tan enredadas con las mías que yo no tenía identidad ni sentido de mí misma. Esto se da con frecuencia en las dinámicas de codependencia.

¿Cómo es en realidad la codependencia? Estas son algunas de las cosas que se han encontrado que se correlacionan con la codependencia:

- Baja autoestima

- Disfunción familiar

- Depresión

- Ansiedad

- Estrés

- Poca expresión de las emociones

- Dificultad para decir que no

- Pocos límites

- Reactividad emocional

- Compulsión a cuidar personas

- Necesidad de controlar, especialmente a otros

- Problemas para comunicarse honestamente

- Fijación en los errores

- Necesidad de caer bien a todos

- Necesidad de siempre estar en una relación

- Negación de las propias necesidades, deseos y emociones

- Problemas con la intimidad

- Confundir el amor con la lástima

- Temor al abandono

Cuando comenzamos a establecer límites, nos aseguramos de que nuestras necesidades y deseos no se enreden con los de otra persona. Comenzamos a pararnos en nuestros propios pies y a desarrollar métodos de cuidar nuestra salud mental, emocional, psicológica y espiritual. Así es como llegamos a sentirnos con los pies firmemente sobre la tierra, saludables emocionalmente y disponibles para relaciones de amor en términos de igualdad.

Antes de continuar, sin embargo, quiero que te preguntes: «¿Dónde me ubico en esta escala de límites?».

- **LÍMITES INEXISTENTES:** Esta es la codependencia clásica. Es decir, tienes la tendencia a rendirte ante los deseos de otras personas y te dejas pisotear, con tal de que eso signifique que otros «te necesitan». Se te hace difícil distinguir entre emociones tuyas y emociones de otras personas, como las de un ser querido. Te da trabajo decir «no» porque se te hace difícil decepcionar a la gente. Aunque te acosan la culpa y la ansiedad, también te sientes drenada con frecuencia porque de ti sale energía, pero no entra.

- **LÍMITES BALANCEADOS:** Tus límites son fuertes pero flexibles. Puedes comunicar tus necesidades con facilidad y transparencia. Puedes decir un auténtico «no», y también puedes escuchar un «no» de otros sin sentirte desencadenada. Respetas tus límites, pero no sientes la necesidad de definirlos ni de explicarlos. Debido a que eres una comunicadora honesta, esto inspira relaciones de confianza y transparencia con las personas que te rodean.

- **LÍMITES RÍGIDOS:** Puedes decir que no fácilmente, pero después te puedes sentir cautelosa, defensiva y aislada. Siempre que alguien quiere acercarse, te sientes amenazada y levantas una muralla. Esto probablemente proviene de la expectativa de que te harán daño o se aprovecharán de ti, pero impide que tengas la intimidad y comprensión que deseas.

Piensa sobre las categorías anteriores. ¿Tienes límites rígidos en algunas áreas y relaciones de tu vida, pero ningún límite en otras? ¿En qué áreas tiendes a tener balance? Reflexiona por unos momentos.

Cambiar a la gente, los lugares y las situaciones de tu vida es clave para hacer espacio a un nuevo jardín de relaciones saludables. Es imperativo examinar de cerca tu vida y reconocer cuán propicio es el entorno en que te encuentras para tu crecimiento y hacer los cambios correspondientes para convertirte en la Diosa que quieres ser. Tu interior es un ámbito importante, al igual que lo es tu exterior. No todas tenemos la bendición de haber nacido en entornos internos y externos pacíficos que nutren nuestro ser más elevado. Es importante tomar en cuenta nuestra cultura, posición socioeconómica, nuestra salud mental y emocional, nuestro vecindario y comunidad, nuestra familia y círculo social, nuestro trabajo, nuestro entorno escolar, etc. Todo esto nos afecta y afecta cómo nos relacionamos unas con otras.

Okay, mamita, ¡llegó la hora de hacer limpieza!

PERMÍTETE SER VULNERABLE

Si tiendes a tener límites rígidos o si te han jodido tanto que no puedes confiar en nadie, la capacidad de ser vulnerable contigo y con otros puede ser todo un reto. Pero resulta clave para el tipo de intimidad que te mereces.

La autorrevelación puede ser extremadamente difícil, en especial cuando te han enseñado a cerrar el corazón porque hacer lo contrario puede llevar a la traición y a un dolor intenso. Yo, como tantas otras Diosas, he aprendido a tener el corazón

abierto y permitir que la gente vea las artes vitales de mi alma
—a pesar de que aprendí desde temprano que esto podía aten-
tar contra mi salud. Autorrevelarse parecía poco seguro y poco
sabio, por lo cual aprendí a centrarme en las necesidades de las
otras personas.

En este sentido, la intimidad puede ser muy dolorosa. Y aun
cuando no nos demos cuenta, alguna parte nuestra ha sido con-
dicionada a creer que podríamos morir si exponemos tanta piel
metafísica, cubierta como está de heridas sensibles.

Si no has experimentado la intimidad que deseas, sé bondadosa contigo y considera que quizás, en algún nivel, no le has
dado entrada a otras personas. ¿Te has retraído? ¿Has actuado
a la defensiva? ¿Te has ocultado tras excusas y resentimientos?
¿Has interpretado como un desaire acciones que no tenían la
intención de ser desconsideradas?

Todo esto no sólo impide que la gente te vea o conozca.
También puede impedir que cumplas tu profundo deseo de
experimentar un amor apasionado; de sentir que tus partes más
delicadas y sensibles son reverenciadas y apoyadas.

El cuerpo quiere sobrevivir, quiere conexión y dignidad.
Por lo general, durante la infancia, nos resulta fácil conectarnos
con otros desde un lugar de confianza y apertura. Sin embargo,
si has sufrido trauma o rechazos sucesivos desde temprana edad,
el cuerpo separa la idea de conexión de la idea de seguridad,
en particular si has estado expuesta a peligro en tus relaciones
iniciales.

Desear seguridad no tiene nada de malo. Nuestras experiencias, después de todo, requieren un contenedor sólido y confiable como contexto. Pero también me percato de todas las veces

que escogí evadir el conflicto como salida fácil antes que experimentar la verdadera intimidad. Y, por supuesto, la verdadera intimidad es un compromiso total con el momento presente —lo cual requiere una enorme vulnerabilidad— y lo que el cerebro reptiliano podría concebir como una posibilidad muy real de peligro. Tenemos que sacarnos de la cabeza que la conexión es sinónimo de inseguridad, especialmente dado el impulso evolutivo de abrir nuestro cuerpo y corazón a otro si es que la vida ha de continuar. Somos bestias de carga; en efecto, no somos tan distintos a la gente que vivía en las cuevas hace miles de años. No importa si eres una triple escorpiana o si insistes en que has escogido estar sola y te sientes muy satisfecha evadiendo la intimidad; si te estás diciendo esto, entonces estás usando una estrategia de afrontamiento.

Una clienta me dijo, hace poco, mientras describía su progreso en cuanto a su vulnerabilidad: «Cuando finalmente le admití a mi pareja que durante años había podido esconder mi problema de abuso de sustancias y que eso me había costado mis amigos, mi familia y una carrera prometedora, temí que reaccionara mal».

«Me costó mucho llegar al punto de hacer ese tipo de confidencias», recuerda. «No porque fuese gran cosa, necesariamente, sino porque pensaba que para que él me encontrara atractiva, yo tenía que ser misteriosa, o distante, no darle acceso a mi vida privada. Y seamos realistas: no es posible hechizar a un hombre cuando revelas la verdad total y completa de quien eres. Pero, sin embargo, él me tomó de la mano y me miró con inmensa dulzura y amor; en su rostro no había incomodidad, ni lástima, ni el deseo de cambiar rápidamente de tema».

Lo que olvidamos con frecuencia es que la vulnerabilidad es sexy porque en ella no hay falsos constructos ni comportamientos preprogramados. Es espontánea, impredecible y dinámica.

El misterio no se logra escondiendo quienes somos sino revelando la profundidad de nuestras pasiones y deseos, los instintos sagrados e incontenibles a los cuales les tiene sin cuidado las normas sociales o que hagamos el ridículo. Y asumir la divinidad de Diosa significa estar en sintonía con lo que es real para nosotros en el momento. No hay necesidad de esconderse, oscurecer, negar o manipular los pensamientos y emociones. En su lugar, podemos asumir amorosamente el riesgo de dar a conocer la verdad. En vez de desperdiciar energía cerrando el pico o redirigiendo la atención hacia otra cosa, podemos disfrutar la alegría de ser auténticas.

«Sabía que tenía que arriesgarlo todo para que la vida con mi pareja no fuese tiempo vacío», me dijo mi clienta.

Las fachadas que presenta la gente son parte de su musculatura voluntaria, son las partes que han sido esculpidas por el fracaso, el rechazo y los regaños. Lamentablemente, cuando interactuamos con esas fachadas, no entramos en contacto directo con las personas que están tras ellas. En las relaciones íntimas, la tendencia a ponerse una cara amigable es una táctica que puede quedar completamente erosionada cuando las cosas se descontrolan más adelante. Nuestra pareja, que estaba intoxicada de ilusión, se sorprende cuando sale a la luz la ira, la tristeza o el deseo que había sido contenido.

En lugar de minimizar nuestros riesgos e ir a la segura en nuestra intimidad, quizás debemos ir un paso más allá y poner nuestros asuntos no negociables en el mismo medio de la mesa.

Cuando nos revelamos, con todo y verrugas, no estamos dependiendo de una ficción para mantener a flote la intimidad; sabemos que nuestra relación no se basa en un trato que hemos hecho inconscientemente, así que nunca tenemos dudas de que el amor es lo único que nos mantiene unidos.

Desde luego, poner la autenticidad en práctica no es un paseo. Y a veces estamos demasiado ocupadas haciendo lo más fácil para optar por lo verdadero. Con frecuencia, no nos fiamos de compartir con nuestra pareja quién somos en realidad porque no es posible saber cómo va a reaccionar. Pero mostrarnos, por completo y sin reservas, es un acto de verdadera generosidad; es una manera de mostrar respeto hacia su receptor al mostrar la verdad a cambio del pálido confort que ofrece la seguridad.

Desde luego, no podemos esperar que por el hecho de revelar quién somos mágicamente nos conseguirá lo que queremos. Puede ser que no. Pero incluso en medio de la tensión o del rechazo, cuando decidimos dejar de desear algo de nuestra pareja, se permite comprender la intimidad que ya existe entre los dos. Y sobre este gesto de generosidad es que se construye la verdadera libertad y, por ende, la expresión de un genuino deseo y una genuina intimidad. Al ser quienes somos, (idealmente) brindamos a nuestra pareja el espacio para que haga lo mismo. Le abrimos la puerta del descubrimiento continuo y alimentamos el fuego que siempre arde.

La capacidad de revelarnos no tiene que ver con un resultado futuro que deseamos sino con la expresión de la plenitud de nosotras mismas en el presente. No significa que siempre disfrutaremos lo que tenemos o que estaremos contentas todo el camino, pero sí significa que estaremos orientadas a vivir por completo en el momento, siendo honestas con nosotras y con lo que pueda surgir.

Ser vulnerable puede suscitar una ansiedad muy arraigada en las personas que se abruman al darse cuenta de cuán esencial es mostrarse como somos nosotros mismos. Como siempre, no se trata del contenido de lo que das a conocer, sino de la actitud que tienes hacia revelarlo. «El espacio entre dos personas permite la trasmisión de información que ni siquiera nos damos cuenta de que es necesaria, crucial o accesible», me explicó una amiga maestra hace poco. «Si tu pareja presta atención, ten por cierto que se dará cuenta de lo que hace falta que se dé cuenta. Sincerarse no es contar la historia de tu vida; es estar presente y permitirte experimentar tu propia vulnerabilidad. Tampoco se trata de exhibir tus heridas para que el mundo entero las vea. Es sencillamente tomar parte en un intercambio auténtico con la otra persona. Esto significa que puedes renunciar a la responsabilidad total y dejar que esa otra persona haga parte del trabajo».

Tómate el tiempo de hacerte las siguientes preguntas: ¿qué es lo que más me interesa que las otras personas sepan sobre mí? ¿Es más fácil sincerarme con personas queridas cercanas a mí o con personas que no conozco? ¿Con cuánta frecuencia me doy el espacio para ser libre y abierta con otros? ¿Con cuánta frecuencia me doy el espacio para que otros sean libres y abiertos conmigo? ¿Puedo sincerarme con las personas que están en mi vida desde un lugar de vulnerabilidad y desde un deseo genuino para darme a conocer tal cual soy? Más importante aún, ¿estoy dispuesta a hacerlo?

GUIONES PARA ESTABLECER LÍMITES SALUDABLES

Hemos hablado con profundidad acerca de las relaciones tóxicas. Pero ¿cómo puedes identificar una relación saludable, en especial si este no ha sido tu modo de operar?

He aquí algunas banderas *verdes* para cultivar dentro de ti y en tus relaciones:

1. Tiene sus propios intereses y pasatiempos y se toma tiempo para hacer las cosas que le gustan.

2. Demuestra compromiso con su salud emocional, espiritual y mental.

3. Es amable con las personas que le rodean, entre ellos camareros, dependientes de tiendas, padres y amigos.

4. Muestra interés en el bienestar de los animales y del mundo.

5. Es de mentalidad abierta y muestra curiosidad por los otros.

6. Tiene compasión y un gran corazón.

7. Habla en un tono amable.

8. Honra sus compromisos consigo mismo y los que hace contigo.

9. Plantea sus necesidades abiertamente, sin esperar que tú las adivines.

10. Es paciente.

11. Demuestra receptividad a comentarios constructivos y a crecer.

Obviamente quiero que puedas entablar relaciones con el tipo de persona que demuestra las cualidades anteriores (¡incluida tú!), pero aprender a expresar límites requiere mucho más que tener relaciones con las personas correctas. Requiere un compromiso total contigo y ejercitar un músculo que podrías pensar que es nuevo, en especial si tienes límites rígidos o si no tienes límites, o si has tenido problemas con la vulnerabilidad en el pasado. Por eso, la práctica conduce al progreso, y te ofrezco los siguientes guiones y consejos para que comuniques tus necesidades cuando surjan desacuerdos o tensiones.

1. Habla desde el «yo»: En lugar de enfocarte en que la otra persona te «hace» algo, enfócate en cómo te sientes como resultado de esa interacción. No la culpes: en su lugar, asume la responsabilidad por tus experiencias y necesidades.

2. Sé curiosa sobre la realidad de la otra persona, en especial si está mal y completamente equivocada: puedes guardarte esta observación y no tomarla como un ataque ni reaccionar. Sin embargo, si estás lidiando con alguien que está bien y estás en medio de un conflicto o desacuerdo, sencillamente sé curiosa con respecto a su realidad y perspectiva. Haz preguntas sobre su proceso mental y mira a ver si puedes entenderla.

3. Pregúntale a la otra persona qué momento sería bueno para hablar: en lugar de entrar de lleno en una conversación difícil, puedes darte tú y dar a la otra persona espacio y tiempo suficiente para hablar cuando sea conveniente para los dos. Este tipo de consideración sienta las bases para la conversación que tendrán.

4. Coloca la petición en un sándwich de amor: por ejemplo: «Amor mío, últimamente me siento un poco abrumada con todas las tareas de la casa. Sé que estás trabajando mucho para mí y para la familia, y lo aprecio mucho. También me gustaría que una vez a la semana prepares el almuerzo de David para la escuela, y así yo puedo tener un poquito más de tiempo para cuidarme. Eso ayudaría mucho a aliviar mi estrés. De nuevo, gracias por todo lo que haces por mí y por David. Te amo y te aprecio». En este caso, hay una petición clara: «¿Puedes preparar el almuerzo de David una vez a la semana?». Intercalado entre el reconocimiento del duro trabajo de la pareja. Ella pidió lo que necesita a la vez que validó el trabajo duro de su pareja. Esta es una excelente manera de comunicar una necesidad a la vez que se brinda un amortiguador de amor y aprecio.

5. Rechaza ofertas: si te da trabajo decir que no, hazlo de manera sencilla y añade un agradecimiento. «Aunque me encantaría ir, no voy a poder. Tengo demasiado entre manos en este momento. ¡Espero que la pasen súper!». De nuevo, la sencillez es magnífica, y no te sientas que tienes que dar explicaciones o justificar tu decisión.

6. Comunica tu inseguridad a tu pareja: por ejemplo: «Últimamente me he estado sintiendo insegura, y me siento un poco vulnerable al decir esto, pero quiero comunicar un temor que tengo. Se me ha metido en la cabeza que ya no me encuentras tan atractiva como antes. Sé que esto podría no ser cierto, pero la mente me ha estado torturando. Quiero contarte esto porque me pesa. Y tengo la sensación de que no es verdad, pero me encantaría

que lo habláramos». Aquí, ella reconoce su propia inseguridad, en lugar de proyectarla como algo real o culpar o atacar a su pareja, así que dice: «La historia que me estoy inventando es esta y las cosas malvadas que mi mente me ha estado diciendo son estas». El enfoque es honesto, empoderado, vulnerable y sin ataques ni proyecciones. Esto es clave para sostener conversaciones saludables que navegan las inseguridades o emociones difíciles que podrían surgir en una relación.

7. Poner límites a los padres (madre y padre): por ejemplo: «Mami, sé que te preocupas por mí y que me quieres; sin embargo, tus temores me hacen sentir más nerviosa en vez de más entusiasmada con las decisiones que tomo. Sé que tu intención es amarme y apoyarme, pero esto no me hace sentir así. Te pido que en su lugar confíes en que puedo tomar mis propias decisiones para que pueda sentir que confías en mí». Reclamar agencialidad y responsabilidad en tu vida puede ser desafiante a la hora de lidiar con los padres. Pero, nuevamente, afirmar tus necesidades, así como tu competencia para determinar lo que tú necesitas, es crucial a la hora de tomar una postura en contra de actitudes parentales entrometidas o que puedan desempoderarte.

8. Establecer límites en el trabajo: por ejemplo: «Hola, señor Ramírez, me gustaría que tuviéramos una conversación sobre el tiempo extra que he estado trabajando. Déjeme saber cuándo tiene tiempo para una reunión. Gracias». Y durante la reunión: «Señor Ramírez, quiero hablar sobre algo que puede haber sido pasado por alto con las nuevas contrataciones y proyectos. He trabajado horas extra esta semana y no he recibido el pago adicional. Aquí hay X cantidad de horas que trabajé durante

estas fechas y horas. Me gustaría que me las compensara. Y como me parece que estamos más atareados, quiero sugerir una idea que podría beneficiar a la compañía y a mi productividad también, pues siento que con todas estas horas adicionales me voy a quemar. Sugiero contratar a un asistente que me pueda ayudar dos veces por semana con el trabajo adicional. Dígame qué le parece. Creo que podría ser de beneficio para mí y para la compañía». Esto es particularmente eficaz y poderoso, porque la persona del ejemplo no sólo establece límites y reclama su valía, sino que también sugiere una solución que beneficiará a todos, no sólo a ella misma

9. No permitas que te avergüencen: por ejemplo, alguien te dice con recelo: «¿De verdad te parece buena idea dejar a tu esposo e hijos durante dos semanas para ir a ese retiro espiritual?». Una buena respuesta podría ser: «Tengo claro lo que necesita mi salud mental y emocional. Es una prioridad para mí. Parece que mi decisión te atemoriza o tienes algo que decir al respecto y, aunque te quiero, te voy a pedir que no proyectes tus temores cuando expreso algo que me entusiasma». De nuevo, una petición absolutamente clara que no hace propios los temores ni las opiniones de otras personas.

10. Rechaza las ofertas que no cumplen con tus estándares: por ejemplo: «Eso parece una experiencia extraordinaria. Sin embargo, tengo que rechazarla. Mis honorarios son diez mil dólares, más el vuelo y alojamiento. Si surge otra oportunidad con un presupuesto mayor, me encantaría que conversáramos. ¡Gracias por pensar en mí!». Expresa tus honorarios claramente y no aceptes menos. Sé amable y agradecida, pero firme.

11. Admite cuando no estás preparada para tener una conversación: si sientes que no estás lista para tener una conversación problemática, podrías decir: «Valoro tus sentimientos; sin embargo, en este momento estoy abrumada y no estoy en el lugar correcto para tener esta conversación. Te dejaré saber cuando me sienta en condiciones de hablar».

12. Establece límites de tiempo y de energía con los amigos y las personas con quienes sales en citas: por ejemplo: «Me encanta reunirme contigo y sé que tiendes a llegar tarde, pero como yo vengo desde muy lejos preferiría que me avisaras con anticipación cuánto tiempo adicional vas a necesitar para saber cuándo llegar y no tener que esperar por ti», o «Me encantaría ponerme al día contigo, pero mi día ha sido largo y necesito tiempo para cargar las baterías. También me gustaría tener una conversación balanceada en la que yo también pueda contribuir. Sé que has estado muy estresada y siempre voy a estar aquí para ti, pero yo también he estado pasando por muchas cosas y también me gustaría sentir que alguien me ve y me escucha. ¿Podríamos tener una buena conversación cuando ya me sienta recargada, quizás mañana después del trabajo?

13. Interrumpir una discusión fuerte: definitivamente es tu derecho abandonar una conversación cuando sientes que no te están escuchando, cuando otras personas hablan a la vez que tú o cuando quieren imponerte sus creencias. Por ejemplo: «Esta discusión se está poniendo intensa y siento que tenemos opiniones distintas, pero eso no quiere decir que tenemos que tratarnos mal. ¿Qué te parece si tomamos un momento para respirar y acordamos estar en desacuerdo sobre esto? Respeto

que estés en desacuerdo con mi opinión, pero no quiero que nos obliguemos a aceptar la opinión del otro».

14. No aceptes bromas ofensivas: cuando alguien bromea sobre ti o sobre otros de una manera que te hace sentir incómoda, expresa claramente que esto no es aceptable. Por ejemplo: «Los chistes como ésos sobre mi cuerpo o el cuerpo de otras personas no me parecen graciosos. Te pido que no hagas chistes como ésos cuando estás conmigo o alrededor mío. Gracias».

15. Sé honesta sobre tu «no»: por ejemplo, si alguien te pide prestado algo que valoras mucho y no lo quieres prestar, puedes decir: «Lo siento, pero no me siento cómoda prestándote esto porque es realmente caro y preferiría no correr el riesgo».

16. Cortar una relación no saludable: cuando alguien te trata de forma abusiva o injusta, puedes decir: «No te responderé más cuando me hables en un tono y modo que me lastima».

Practica estos guiones, especialmente si te encuentras en una situación que sabes que podría mejorar con límites saludables. Y debes saber que no importa cuánto practiques, si bien podría abrir las puertas de la comunicación con algunas personas, no todas respetarán tus límites. Algunas podrían resistirse o rechazarlos, intentar avergonzarte o hacerte sentir culpable, o insistir en que no estás siendo amorosa. No permitas que nada de esto te detenga. Establecer límites es liderar con el ejemplo; crea relaciones mutuamente beneficiosas que permiten aún mayor empatía, compasión, respeto y autenticidad y, a la vez, elimina las influencias y personas tóxicas.

Cuando comienzas a establecer límites, inicias conexiones que honran tu divinidad de Diosa. Tu ambiente interno comienza a igualar tu ambiente externo. El amor que te muestras a ti al dar pasos decisivos hacia tus metas del alma se verá reflejado en las personas y situaciones que te rodean. Además, te llevará a cultivar comunidades que valoran los apegos seguros y que modelan formas saludables de estar juntas, de demostrar una intimidad verdadera en lugar de un amor de paños tibios.

Trabajo del alma

Vamos hacia dentro a hacer una evaluación profunda. En tu diario, escribe las respuestas a las siguientes preguntas:

- ¿Cómo es tu relación contigo? ¿Es amorosa? ¿Es distante? ¿Cuán bien dirías que te conoces?

- ¿Cómo es tu ambiente externo? ¿Tu vida doméstica? ¿Tu familia? ¿Tus amigos? ¿Tu trabajo? ¿Tu comunidad? ¿Tu entorno social?

- ¿Quiénes son los personajes principales de tu mundo? Menciónalos.

- ¿Qué cualidades tienen? ¿Quieren que tu niña herida se quede atemorizada y desempoderada o apoyan la mejor versión de ti y la persona que quieres ser?

- Tu mundo externo, ¿es seguro o caótico? ¿Qué hace que se sienta seguro o caótico?

- ¿Qué tipo de límites tienes con respecto a tu tiempo, energía,

relaciones, dinero, trabajo, familia, etc.? ¿Son límites
balanceados, rígidos o inexistentes?

- ¿Qué hay de los límites físicos en torno a tu cuerpo, tu sexualidad
y cuánto espacio compartes en tus relaciones?

- ¿Qué hay de los límites conversacionales? ¿Qué cosas te sientes
cómoda de revelar o no revelar?

- ¿Qué hay de los límites de contenido? ¿Cuánto tiempo pasas en
las redes sociales, en línea o mirando la TV? ¿Cómo te hace sentir
esto?

- Ahora piensa en relaciones que sientes que te presentan más retos.
Considera cada relación, una a una.

  ¿Te sientes drenada siempre después de hablar con esta persona?

  ¿Hace valer sus creencias y te hace sentir mal sobre las tuyas?

  ¿Constantemente toma, pero no da?

  *¿No invierte en su propio crecimiento, pero te echa a ti la culpa
  de sus constantes problemas?*

Basándote en los guiones y otra información contenida en
este capítulo, anota diez límites que pondrás en práctica en el
futuro. Por ejemplo:

- Voy a tener una conversación franca con esa vieja amiga que
ocupa todo mi tiempo, me pide un montón de favores y no me da
mucho a cambio.

- Voy a terminar las conversaciones que me hacen sentir incómoda
o que son demasiado indiscretas.

- No volveré a inventar excusas para quienes llegan tarde a una cita sin darme tiempo suficiente para cambiar mis planes.

- Limitaré mis conversaciones telefónicas con mis amigas cercanas a treinta minutos y pondré un reloj de cuenta regresiva para poder hacer otras cosas importantes que quiero atender durante el día.

Mantra

Me amo lo suficiente como para establecer mis límites y necesidades, y para brindarme el amor y la seguridad que no tuve cuando era más joven. Ahora sólo estoy disponible a interacciones y modos de relacionarse que me conduzcan a mi mayor bienestar.

Ceremonia

Mapa de sueños para el amor

Crea un mapa de sueños para el amor que represente la esencia de la energía y las palabras que deseas en tu amor ideal (o si ya estás en una relación íntima, las amistades ideales, la comunidad ideal, etc.). Busca revistas o imágenes y corta fotos y palabras que te llaman la atención. Además, escribe cualquier palabra clave que para ti sea importante en el cultivo de un amor saludable.

Asegúrate de no enfocarte en lo superficial; sintonízate, en cambio, con la profundidad del alma de la pareja que quieres atraer. Escoge imágenes y palabras que evocan esa profundidad. Por ejemplo, yo escogí una hermosa imagen de una pareja cósmica con las palabras «Alianza Divina». Escribí palabras como «mi amor listo» y me enfoqué en imágenes que me hacían sentir segura, amada, feliz, espiritualmente clara y calmada.

Además, quiero que busques una pareja que evoque ese sentido de amor saludable dentro de ti. Puede tratarse de una escultura de una pareja que se abraza o la imagen de dos animales. Busca una representación que te dé la sensación que sabes que quieres cultivar. Por último, deja ir cualquier cosa que contenga viejos apegos del pasado: cartas y fotos viejas, la ropa de un ex, etc. Desde el punto de vista de la energía, todas estas cosas se tienen que ir. Saca lo viejo para hacer espacio para lo nuevo. Estás lista para un amor y una conexión épicos, porque estás haciendo el trabajo de entrar en sintonía saludable contigo misma. ¡Excelente trabajo, Diosa!

No viniste a perder el tiempo y se nota. Este capítulo es clave para cambiar nuestra vida. Es difícil hacer este trabajo del alma solas, pero todavía más difícil cuando añadimos otros humanos a la sopa. Sabía que este libro necesitaría pasos prácticos para la discusión de cómo cultivar relaciones saludables, establecer límites y comunicarnos mejor. Este trabajo del alma tiene el propósito de sanarnos y luego compartir esa dinámica de sanación con otros. Requiere práctica, así que no se desanime nadie si al principio resulta difícil. A lo que aspiramos, al poner en práctica estas herramientas, es a progresar. El regalo de la vida es que, al sanar por dentro, nuestro mundo externo también comienza a cambiar. Has aprendido acerca de estilos de apego, guiones de comunicación y límites. Úsalos y vuelve a este capítulo siempre que sea necesario cuando surjan dificultades en tus relaciones románticas o cualquier otra relación. Creo que es en nuestras relaciones donde se lleva a cabo nuestro trabajo espiritual más profundo. Es, con frecuencia, donde hacemos el trabajo más profundo del alma. Permite que tu visión del amor llene tu cuerpo y tu alma y alinéate un día a la vez con esa visión de amor. Conviértete en lo que buscas.

Me amo lo suficiente para establecer
mis límites y necesidades.
Me brindo el amor y la seguridad
que no tuve cuando era más joven.

Ahora sólo estoy disponible a interacciones
y modos de relacionarse
que me conducen a mi mayor bienestar.
#yosoydiosa

CAPÍTULO 12

EL REGRESO AL «YO»: RITUALES DE DIOSA

Camina como si estuvieses besando la tierra con los pies.

—Thich Nhat Hanh

Diosa bella, preciosa, divina. ¡Eres imponente!

Te has comprometido con este trabajo y has hurgado bien profundo. Estás entendiendo tus desencadenantes emocionales, dando los pasos para sanar de verdad y adueñarte de tu verdadera identidad. Este trabajo no es fácil; de hecho, es el trabajo más difícil que la mayor parte de la gente hará en su vida, porque requiere que encuentres tu mapa a la autorrealización. Y, sin embargo, ¡decidiste hacerlo!

Llegada esta fase de la sanación, es el momento de practicar todos los rituales de amor propio, sensualidad, alegría y placer que hemos ido acumulando. Nos toca entrar en un espacio de gozo profundo. A veces, cuando estamos muy acostumbradas a hacer el trabajo pesado, desarrollamos la idea de que la sanación tiene que ser difícil y de que tenemos que estar hurgando en todas las cuevas oscuras y ocultas de nuestra psiquis. Nos quedamos atrapadas en el inframundo y nos olvidamos que debe existir un balance entre la luz y la oscuridad. No se trata de llegar al extremo de evitar nuestra sombra, ni de romantizarla y de regodearnos en nuestro sufrimiento. Muchas doctrinas religiosas destacan el martirio y sacrificar todos los placeres, como si eso fuera a convertirnos en mejores personas.

Diosa, no tienes nada que probarle a nadie. No se trata de competir en las Olimpiadas del Sufrimiento y exhibir tus miserias. El camino a la recuperación no tiene que ver con victimizarnos nuevamente. Definitivamente hay trabajo que hacer con la sombra, pero hacerse adicta al sufrimiento también es un arma que emplea el ego y algo que hay que vigilar.

Yo realicé un cambio radical cuando caí en cuenta de que estaba adicta a aprender a golpes. Me deleitaba la pesadez y el trabajo con la sombra porque me hacía creer que estaba logrando algo grande. ¿Puedes creer eso? Mi dolor se convirtió en el barómetro de lo que yo pensaba que recibía del viaje a la sanación. Si las cosas parecían fáciles, pensaba que quizás estaba haciendo algo mal. De veras pensaba que sufrir era la única manera de andar el camino y que mi capacidad para manejar el sufrimiento significaba que estaba progresando.

Comprendí que una gran cantidad del vocabulario espiritual que pone demasiado énfasis en el amor y la luz carecía de profundidad, pero también tuve que admitir que también contenía una medicina que yo había tenido miedo de aceptar. Una parte de mi miedo todavía sentía pavor de entregarme de verdad al espíritu, de dejarme ir y decir que sí a Dios/Diosa. Casi temía el gozar de las bendiciones, como si la luz fuera a robarse la profundidad que había llegado a encontrar en mi oscuridad.

Pero todas contenemos luz y oscuridad. Nuestra identidad definitiva no tiene que ver con escoger una o la otra. Tiene que ver con reconocer nuestra integridad y dejar que nuestro cuerpo y espíritu se acostumbren a las nuevas estaciones. ¡No puede ser invierno eternamente!

Es interesante que incluso durante nuestra sanación podemos volvernos adictas a pensar que no tenemos remedio, en lugar de disfrutar y celebrar la vida. La vida no debe ser un camino largo y difícil por nuestros traumas pasados. De hecho, si bien la terapia y la espiritualidad influenciadas por el trauma son absolutamente cruciales a nuestro crecimiento y sanación, nuestra sanación no se completa si no reconocemos nuestra innata resiliencia y capacidad para la alegría.

Somos seres de gozo, sensualidad, placer y conexión. Al final del día, estamos haciendo el trabajo para poder sentirnos más aliviadas, más felices y libres, y para poder compartir nuestra alegría con el mundo que nos rodea.

PERMÍTETE FLORECER

Mi Retiro de Diosa anual es un retiro de sanación profunda que yo describo como una cirugía espiritual. Algunas personas me han dicho que su vida se ha salvado durante un Retiro de Diosa. Han abandonado a esposos violentos; abandonado la idea de suicidarse, sanado de abuso sexual infantil y mucho, mucho más.

Es un gran regalo ser testigo de estos cambios milagrosos. Y también recuerdo preguntarme: «Y ahora, ¿qué?».

Todas estas mujeres estaban haciendo cambios y aprendiendo finalmente a amarse ellas mismas, y tenían que saber qué iban a hacer después. ¿Con qué iban a remplazar el abuso, el sufrimiento, la adicción y la depresión? Después de todo, si no llenamos la vida con nuevos hábitos y actividades, con frecuencia terminamos volviendo a lo que siempre hemos conocido.

Pero yo no sabía qué hacer después. Yo sabía bien cómo salirme del desastre del abuso, pero todavía no sabía cómo integrar el placer o cómo abrazar la paz. Me había hecho experta en hurgar en el abuso y el sufrimiento, pero ¿y qué del florecer? ¿Qué de disfrutar del fruto de mi labor? ¿Qué de enseñarles a otras Diosas cómo hacer espacio para la alegría?

Era como si todavía estuviera aguantando la respiración, aferrándome a la vida por todo por lo que había luchado. Todavía tenía miedo de que en cualquier momento apareciera un esqueleto en mi closet. Todavía estaba en las garras de un terror paralizante de que todo lo bueno desapareciera.

Las Diosas seguían diciendo: «Te estoy tan agradecida. Aprendí a amarme y a dejar a este hombre tóxico. Y ahora estoy lista para disfrutar de la vida, cultivar la paz y emprender el propósito de mi alma. Para crear más abundancia en todos los sentidos: financieramente, espiritualmente, en mis relaciones, sensual, creadora».

Y así, me sentí guiada a hacer lo mismo.

Esa idea dio fruto al Soul on Fire Diosa Mastermind, un taller para que las mujeres suban su nivel de exigencia y emprendan el propósito de su alma. Que no sólo sobrevivan, sino que florezcan. Lo hice para ellas, para mí, para nosotras. Aprendimos juntas, hombro con hombro. Recuerdo que en el primer Diosa Mastermind Bali Retreat teníamos programado un taller sobre la abundancia. Hasta aquel momento, había tenido una agenda larguísima llena de clases. Trabajaba horas interminables, desde las siete de la mañana hasta casi la una de la madrugada. Sentía que era profundo y necesario, y una parte integral del proceso.

Y ¡mírame aquí!, enseñando este retiro tipo «cómo ingresar al nivel máximo de placer y abundancia femenina». Cuando llegó la clase sobre la abundancia, estaba superestresada porque todavía estábamos en la playa y nos habíamos salido por completo del itinerario. Pensaba que no estaba enseñando lo suficiente, según lo había planificado anteriormente. Y, además, estaba exhausta. No quería decepcionar a las Diosas.

Lo planteé con plena transparencia y dije: «Se supone que ahora nos toca ir al taller de abundancia, y me siento mal porque estamos retrasadas y todavía no les he dado todas las herramientas que pensaba darles».

En ese punto, todas me miraron con amor, pero con una expresión de, «Chica, no jodas».

Una de las Diosas dijo: «Diosa, esta es la abundancia que quieres enseñarnos. Nos estás enseñando al estar en abundancia con nosotras. Estamos en una hermosa playa de arena negra, en este restaurante privado. No podríamos estar aprendiendo más sobre la abundancia».

Me quedé en *shock*. Mis enseñanzas habían sido tan intensas que no sabía cómo registrar que compartir un tema tan cargado como el de la abundancia con mis hermanas Diosas podía ser tan sencillo como compartir este hermoso lugar con ellas. A mí no me habían diseñado para pensar que la vida podía ser así de sencilla. Había sido formada para pensar que tenía que trabajar duro para sanarme y para mostrarles a otros el camino, y que el agotamiento era la recompensa al final del día de todo el esfuerzo que había invertido.

Pero ¿y si el viaje no tenía que ver nada con el esfuerzo? ¿Y si sólo se trataba de encarnar la Diosa en toda su creatividad, placer, sensualidad y receptividad?

Mis enseñanzas estaban cambiando y la vida me mostraba que había otra senda.

Hay vida después del trauma y a veces resulta difícil disfrutarla cuando finalmente sales de una guerra. Se estaba presentando el tema de la dulzura, de más tranquilidad, más fluir, más serenidad. Así que, como te podrás imaginar, mi ego se estaba volviendo loco. «Estoy feliz. Alegre. Serena. ¿Qué carajo es esto? ¿Es así, en serio?».

Y sí, era así. Y era esencial que yo reconociera esa lección para que pudiese ayudar a la gente a integrar plenamente la alegría y a comprender que la vida no es una batalla cuesta arriba para llegar a «algo mejor». ¿Qué tiene eso de divertido? La vida es algo más que sobrevivir. Es permitirnos descansar en la seguridad del espíritu y aprender a confiar en que merecemos comodidad, amor, abundancia y fluir, tal y como siempre fue la intención del universo.

Quizás pienses que es fácil abrazar algo tan hermoso, pero cuando para ti lo «difícil» ha sido la regla y no la excepción, rendirse puede resultar un paso muy desafiante. Tuve que mudar varias pieles más como también algunos viejos aspectos míos que se estaban aferrando a lo difícil. Aferrarse a lo difícil es una forma de resistencia que nos impide ser receptivas a los regalos del universo. Así que, Diosa, es momento de seguir mudando la piel. Y, sí, eso requiere deshacerte de la identidad que te sacó del caos. Te sirvió en un momento en que lo necesitaste, pero eso fue un medio para alcanzar un fin: El fin de dar la bienvenida al estado de serenidad y gracia de Diosa que estabas destinada a alcanzar.

Este capítulo se lo dedico a la comodidad, al amor, a verter miel, a bailar a lo loco y dejar libre nuestro espíritu. Escojamos la serenidad. Aceptemos de una vez que podemos soltar el peso de nuestro sufrimiento. En esta etapa, en particular, la vida llega a ser cómoda y divertida.

ORACIONES POR LA PAZ Y LA SERENIDAD

En el viaje a la rendición, debemos estar en sociedad con el espíritu. Aun cuando la rendición no se sienta como algo natural en nosotros, podemos apelar al espíritu para que nos ayude, como lo haría una madre amorosa con su criatura.

Cuando escribía este libro, el espíritu me puso a prueba para que viviera los principios que quería enseñar. Recibí los deseos más intensos de mi alma: el amor de mi vida y un libro para expresar el trabajo de mi alma para ayudar a las mujeres y almas de todo el mundo. Y, sin embargo, todavía me encontraba aquí, con miedo a rendirme, descansar y disfrutar. De cierta manera, estaba aguantando la respiración. Estaba meditando, pero en realidad mi vida no estaba abierta al placer. Sabía que debía buscar un poder que vivía más allá de mí y pedir la ayuda divina que necesitaba.

Estas palabras vinieron a través de mí como recordatorio

de que debía ser más liviana, para poder llevar las bendiciones que brotaban de mí: «Gracias, Gran Espíritu, por todas las bendiciones. Las bendiciones ocultas y las bendiciones reveladas. Gracias por todo. Se me está pidiendo que mude pieles y que me eleve más. Para alguien que ha pasado tanto abuso, trauma y traición, da miedo estar finalmente en un lugar de tranquilidad y seguridad. Parece contraintuitivo; es decir, ¿no debería estar contenta de que todos mis sueños se hayan hecho realidad?».

La vida nos va a pedir que nos sigamos expandiendo emocionalmente para desarrollar la capacidad suficiente para recibir más bendiciones. Mi alma habló y me pidió que soltara la carga que llevaba de modo que ella pudiera llenarme más. Así que le hice caso. Y seguí buscando siempre que me sentía sin respuestas o que la muralla de sufrimientos y adversidades se me caía encima.

Te cuento esto porque me reconforta y espero que te reconforte a ti también. Cuando sientas que necesitas que te recuerden que mereces paz y comodidad, repite lo siguiente:

«Espíritu, Gran Madre, ayúdame a descansar en la serenidad de tu gracia. Déjame rendirme y bailar para disfrutar de los frutos de mi labor. Déjame saborear la dulzura e inundarme de alegría. Permíteme que esa alegría recorra por todos mis poros. Déjame descansar con fe y seguridad. Tengo alegría, diversión y serenidad disponible para mí. Finalmente soy libre. ¡Soy libre!».

Sintonizarnos con nuestra creatividad, diversión y sensualidad es fundamental para que de verdad cobre vida la Diosa alocada y feliz. Cuando estamos tan acostumbradas a vivir en la oscuridad que no recordamos qué hacer en la luz, debemos ser cuidadosas con nosotras. Después de todo, tantas de nosotras tuvimos que madurar antes de tiempo, y tuvimos poco o ningún tiempo para jugar y explorar toda la gama de nuestras emociones y expresiones. Repite la oración anterior todas las veces que quieras y siempre bríndate compasión. Llegó tu momento de jugar, mi amada.

También quiero dar a conocer algunas herramientas claves de la Diosa Shakti para que actives el placer, la dicha y la abundancia. Un mantra poderoso de mi linaje Sri Vidya Tantra, según lo enseñaba mi maestra Psalm Isadora y luego también Amma de su Guruji, es el mantra Lalita Tripura Sundari, también conocido como el mantra Panchadasi. Tripura Sundari significa «triple Diosa». Sundari significa «belleza». También puede traducirse como «Diosa de los tres reinos».

Lalita significa, en sánscrito, «La que juega». Con su mantra sagrado, nos permitimos abrazar la medicina del juego, de la miel, de la dulzura, la dicha, la abundancia. El mantra nos permite activar partes clave de nuestros chacras para despertar el conocimiento divino de lo que merecemos en el nivel celular. Usa este mantra para ayudarte a sintonizar la frecuencia de la alegría y el juego: *Ka E I La Hrim Ha Sa Ka Ha La Hrim Sa Ka La Hrim.*

Este mantra se usará con honor, devoción y respeto a la cultura, el pueblo y el linaje del que proviene. Este hermoso mantra me fue trasmitido a mí y ahora lo comparto contigo porque está destinado a estar aquí, como herramienta que te conducirá a niveles superiores de alegría, gozo, libertad y expresión. Úsalo con total amor y reverencia, por favor.

Me encanta este mantra porque siento sus efectos en todos

los niveles de mi ser. Veo cómo al soltar, al disolverme, me hago más «yo» misma. Me doy a luz (nacimiento) a mí misma.

Cada nuevo nivel requerirá mudar la piel, un despojar, para que puedas recibir más bendiciones y entrar a la manifestación más verdadera de ti. Tú no eres tu sufrimiento. Como manifestación de la Diosa, estás destinada a ser un recipiente de más gozo, más amor, más perdón, más compasión, más quietud, más diversión, más reverencia, más comodidad, más fe, más confianza, más rendición y más milagros.

De modo que suelta un poco más hoy. Ofrece tu oración al universo y pide ayuda para soltar una carga que llevas en el corazón y así poder hacer espacio para el gozo, la dicha y la diversión que están aquí para que experimentes.

Diosa, te pido que aprecies la belleza de este mundo: el cielo, la tierra, los árboles, las frutas, el océano, la abundancia. Asimílalo de verdad, porque es una manifestación de lo divino y un recordatorio de que fuiste hecha para estar en estado de tranquilidad. Mira cómo sube la luna por el cielo y cómo sale el sol. Hay método en esta magia y sucede sin esfuerzo. Sencillamente es.

Esta es la nueva versión tuya: la Diosa evolucionada con el alma en la piel y los huesos. Ahora te toca jugar y descansar, Diosa. Te toca disfrutar todos los aspectos de tu vida. Obséquiate este regalo.

LA SAGRADA SENSUALIDAD SHAKTI

La sensualidad se relaciona estrechamente con el gozo; sin embargo, el patriarcado y las religiones modernas la han vinculado tanto con la vergüenza que nos hemos olvidado de la inocencia y del poder de dar la bienvenida a la sensualidad como forma de sanación.

El placer es una de las formas más impactantes de sanación. Deja que el placer sea tu nuevo maestro. Deja que el juego te conduzca a una nueva fase de sanación, pues Lalita es el otro lado de la moneda de Kali. Ambos son maestros sagrados, con una sabiduría inmensa por compartir. Apoyémonos en la medicina de la Diosa Lalita ahora.

El tantra es el camino al éxtasis. En el tantra, y específicamente en el Tantra Sri Vidya, el linaje en que fui iniciada, creemos que el cuerpo es donde habita la Diosa. Cuando recitamos mantras como el que compartí contigo antes, algunos puntos del cuerpo se activan y, por ende, sanan y se conectan con la energía ilimitada de la madre Diosa.

Cuando hacemos cánticos, nos conectamos con la energía de esa Diosa. Los mantras me han ayudado a sanar capas muy profundas de programación, y el tantra y el camino del shaktismo me han permitido ver el macrouniverso del sol y la luna, lo masculino/femenino, de Shiva/Shakti, dentro de mi propio cuerpo.

Abrazar la conexión entre el placer y la sanación es una nueva manera de aprender. Una vez hemos aprendido a través del sufrimiento —que puede ser un increíble agente catalítico de cambio—, nos damos cuenta de que también debemos aprender del placer.

Comienza por conectarte con tu cuerpo y tu respiración. Toma un momento para abrazarte como Diosa. Saca un espacio para conectarte contigo: lo femenino salvaje, el cuerpo animal primigenio, la Diosa. Enciende velas e incienso y pon música sensual que te conecte con tu cuerpo. Llegó el momento de reconectarte de manera segura con la inocencia de la sensualidad.

Esto va más allá de lo sexual. La sensualidad, literalmente, se trata de la conexión con la fuente de la creación: la misma energía que dio a luz el universo y hace que el sol salga y se ponga dentro de nosotros. Es donde la materia y el espíritu se besan y entretejen. Respirar y recordar que tu cuerpo está vivo y que la Diosa vive dentro te recuerda que sanar puede ser tan sencillo y hermoso como amar tu cuerpo y darle placer, reconociendo sus orígenes divinos, y volviendo a alabar en tu propio altar.

Reconecta con tu sensualidad poco a poco. Tantas de nosotras hemos sido traumatizadas tanto sobre nuestro cuerpo físico como con la expresión de nuestra sexualidad, que podríamos sentirnos adormecidas; o hasta sentir que cualquier forma de contacto físico, no importa cuán suave, es como una tortura.

Una buena forma de comenzar es con toques delicados, como el de una pluma. Sencillamente respira y suavemente pásate la punta de los dedos por las manos y brazos. Al tocarte las manos, déjate ir a donde se siente bien; quizás sobre el rostro, los labios o el corazón. Permítete fluir con esta meditación suave de amor al cuerpo. Sigue respirando y bendice todas y cada una de las partes de tu cuerpo con cada caricia. Susurra palabras y mantras de luz, vitalidad y aceptación de las partes descuidadas, ya sean los pechos, el vientre, las caderas, las pantorrillas, los genitales, las nalgas. Encarna a la Diosa.

Haciendo esto, encendemos poco a poco nuestra luz Shakti —y cuando esa luz se enciende ¡no hay vuelta atrás!

Encarnarás la felicidad, la conexión con el espíritu y toda tu vitalidad, naturalmente. Y ahora estarás absolutamente preparada para encenderte y hacer magia en tu vida. ¡Es tu derecho de nacimiento!

Si te sientes lista para ir más allá, te recomiendo la masturbación consciente y el autoplacer sagrado. Al tocarte las zonas erógenas, puedes hacerlo despacio, respirar y conectarte con la energía de la divinidad. No se trata de «venirte» y agotar tu energía sexual: se trata de pacientemente avivar el fuego de tu propia excitación. Piensa en una luz que se expande en tus órganos sexuales, como un sol que brilla cada vez más intensamente, que te hace sentir segura en tus propios brazos. Saborea cada sensación. Estás saboreando tu sensualidad para ti y sólo para ti.

Mientras más cerca estés de tu sensualidad y tu placer, más en contacto estarás con tu poder; y mientras más en contacto estés con tu poder, más selectiva y consciente te harás sobre quién merece estar en tu vida, dentro de tu cuerpo y tu corazón.

El trabajo de reclamar tu sensualidad sagrada es profundo, antiguo y poderoso. Espero que le permitas despertar partes de tu ser que te abrirán al placer que es tuyo, como encarnación viva de la Diosa. Como dice Nikita Gill en su libro, *Wild Embers*:

Some days	Hay días
I am more wolf	En que soy más loba
Than woman	Que mujer
And I am still learning	Y todavía estoy aprendiendo
How to stop apologizing	A dejar de excusarme
For my wild	Por mi parte salvaje

RITUALES PARA UN CRECIMIENTO CONTINUO

Veo este sueño de la existencia como algo que se cocinó en el caldero del cuerpo y alma de la Gran Mamá. Y en el trabajo que he hecho con antepasados, con el espíritu, e incluso con mi brillante y resplandeciente «yo» futuro (que tiene muchos mensajes deliciosos para mí cuando me sintonizo), siempre regreso a la misma creencia: La inteligencia cósmica innata siempre se está comunicando con nosotros; y lo que más quiere es que ocupemos el lugar especial al que tenemos derecho divino en la gloriosa totalidad de la creación.

Desde luego, con lo mucho que aprecio a mi ego —que me ayuda a mantener límites fuertes, a pagar mis cuentas y asegurar que el pelo esté regio—, este no es tan bueno cuando llega el momento de tomarle la mano a la Divinidad y permitirle que dirija el camino en esta montaña rusa que es la vida.

Aunque yo, como tantas otras personas, fui criada con pensamientos basados en el miedo, mis encuentros íntimos con la vida me han demostrado que el universo esencialmente está de nuestra parte. Es intimidante y oscuro sólo cuando lo vemos como algo distante y remoto, y a nosotros como peones separados e impotentes en un juego cuyas reglas no podemos entender.

Pero mientras más nos rendimos a nuestra vida y reconocemos nuestra conexión con todo lo que nos rodea, más presentes, poderosas y dichosas podemos ser. He descubierto que sólo necesitamos recordatorios constantes como rituales significativos para conectar activamente con el espíritu y saber que está de nuestro lado.

Muchas personas están adoctrinadas para participar en

rituales sólo cuando las cosas se ponen difíciles, y pasamos por alto expresar gratitud y aprecio cuando estamos contentas, nutridas e inspiradas. No cometas este error. Crea rituales en tu vida que te permitan ponerte en contacto con tu ser y espíritu de Diosa. Por ejemplo, durante la luna nueva o la luna llena, en días específicos de la semana o diariamente, expresa gratitud por todas las cosas que la Divinidad te ha dado. (El universo sonríe muy particularmente sobre las ofrendas creativas como la danza, el arte y la poesía).

He aquí algunos de mis rituales favoritos para conectar con la alegría del espíritu.

EL MOVIMIENTO COMO MEDICINA: Perrear, culear y hacer círculos con las caderas son movimientos primigenios que están en los huesos de mis antepasados, como latina/africana/taína con raíces en Puerto Rico. Este movimiento de las caderas es el espiral del círculo de la vida. Es el tamborileo del cuerpo que despierta el espíritu de la alegría, la vida, el ánimo, Shakti, la creatividad y el alma. Debemos movernos y mover el cacao con las caderas para recordar que estamos vivas. Sugiero que hagas un *playlist* de medicina de movimiento y añadas canciones que te permitan moverte de maneras que te recuerden que eres Diosa. Juega con el baile. Obsérvate en el espejo. Piérdete en el movimiento. Abandónate en el cuerpo de animal primigenio y respira mientras te mueves, bailas y juegas.

LA CANCIÓN COMO ORACIÓN: Abro mi alma al cielo. Las mariposas vienen y se duermen en mi corazón. Canto esto mientras me muevo de lado a lado, y dejo que mi alma invente canciones antiguas y nuevas para mí en el nivel consciente. Juego permitiendo que el reino del espíritu se encuentre conmigo en la realidad física, en la vibración de mi ser. La canción es el puente que me conduce ahí. Dicen que cantar es orar tres veces. Inventa canciones de tu alma y cántalas al cielo. Llora y suelta en tus canciones. Déjate crecer mientras extraes palabras de los ámbitos invisibles dentro de ti. Crea cantos del alma. En un ritual sagrado llamado «temazcal» en el que participé en México con una sanadora mía, María Luisa, sudé y solté mientras cantaba. Fue una catarsis. Otro momento espiritual fue este: fui conducida a una sanadora y su nombre era el mismo que el de mi abuela. ¿Coincidencia? ¡No creo! No importa si te parece que no sabes cantar. ¡Canta! Deja que la canción salga de tu alma y de la voz más profunda que hay en ti. Deja que sea una canción que inventaste o una canción que resuena con tu alma. Cantar es la forma más antigua de orar. Hazte tiempo en tu día para cantar.

ESCRIBIR COMO LIBERTAD: Escribir es una práctica que te permite abrir puertas espirituales y emociones poderosas que viven dentro de ti. Toma una pluma y escribe en un diario lo que tienes en la mente y el corazón. Escribe lo que sientes y también aprovecha la oportunidad para pedir orientación al Espíritu. Pide claridad. Pide poder soltar. Pide conectarte con la Fuente. Al escribir, deja que tus palabras salgan de ti sin censura para que puedas purgar y soltar. Es una manera de sacar lo que tienes dentro. Escribe en tu diario para que te conozcas. Hay joyas dentro de ti que sólo pueden revelarse cuando escribes. Canaliza tus pensamientos más profundos. Ya sea con pluma y papel o con el teclado, escribe diariamente si es posible, de forma que consigas revisar toda la información que vive dentro de ti y encontrarle sentido a todo.

EL ARTE COMO SANACIÓN: Ya sea que escribas poesía y cuentos, o tomes fotos, pintes, esculpas, bailes o cantes, deja que tu creatividad fluya. Eres una manifestación de la creación divina y, por ende, intrínsecamente creativa. Hacer arte desde el alma transforma el sufrimiento y las emociones. Añade vida a tu existencia diaria. Infunde alma y color a tus huesos. Cada vez que participamos en crear arte, trabajamos para sanar profundamente nuestras heridas y las de otros. Nos unimos con la verdad de nuestro estado alegre y siempre creativo. Si te sientes reacia a crear, apúntate en una clase nueva, quizás de cerámica o de escritura. Lee el increíble libro de Julia Cameron, *The Artist's Way*, para que despiertes a tu artista adormecida. Toma una clase de baile. Comprométete a incluir el arte en tu caja de herramientas de sanación.

LA ORACIÓN COMO CONEXIÓN: Invita a la Divinidad, como quiera que sea que la visualices. Mientras más específica sea la invitación, mejor. (Y no te preocupes si tu invitación tiene que ver con preocupaciones humanas «pequeñas»; en realidad, no hay nada demasiado pequeño para la dueña y señora de todo). Muchas de nosotras pensamos que el universo es un recipiente para la existencia que es impersonal; frío e indiferente. Pero mientras más activamente converses con la Divinidad (sí, estoy hablando de que expreses todo que quieras en voz alta), más comenzarás a reconocer las energías sutiles que señalan hacia un ser consciente, compasiva y cocreadora en el centro de la existencia. Ella escucha tus súplicas. Ella siente tu sufrimiento. Ella saborea tu alegría. Así que, formula las preguntas que quieres que se te contesten. Dale a conocer tus esperanzas y deseos más profundos. O, si no tienes nada en particular que ventilar, siéntete en libertad de hablar relajadamente mientras te tomas una taza de té con el universo. No es gran cosa. Sólo una charla sencilla con el amor universal. Si le hablas como si fuera tu mejor amiga, tu cómplice, tu ser amado... te va a responder. Si la Divinidad se siente demasiado abstracta para ti, enfócate en algo específico. A fin de cuentas, ella vive en todo. Quizás, para ti, ella es el árbol de roble que tienes en el patio. O la luna en un cielo lleno de nubes. O los ojos de tu pareja después de hacer el amor. En verdad, si ansías experimentar una conexión con todo lo que existe, descubrirás que el universo tiene el poder de hacerse presente en los lugares más inesperados.

LAS ESTACIONES COMO RITMOS: Observar los milagros dinámicos de la Tierra en los cambios de las estaciones (incluido tu día de cumpleaños) puede ser una manera muy poderosa de comprender los ritmos cíclicos de la creación y tu propia existencia. Trabajar con el fuego, aire, tierra, agua, metal o madera también te puede ayudar a cultivar una relación más íntima con los componentes básicos de la vida.

Eres libre de usar tu imaginación. No te sientas limitada por las sugerencias anteriores. La manera en que decidas cómo integrar los rituales a tu vida y conectarte contigo como expresión de la creación está en tus manos. Pero debes saber que una vez abres esos canales de comunicación, nunca volverás a ser la misma. Da la bienvenida a ese tránsito, que es profundo, rico y más satisfactorio que lo que las palabras pueden expresar. Te lo mereces, Diosa.

Trabajo del alma

En tu diario, escríbete una carta de amor a ti misma.

Vamos a deshacernos de la idea de que los cumplidos, el

aprecio y el romance profundo sólo pueden existir en nuestras relaciones con otras personas y no en la relación que tenemos con nosotras. Al principio puedes sentir que no eres capaz (después de todo, ¿con cuánta frecuencia nos detenemos a meditar sobre nuestro propio valor?), pero intenta iniciar esta actividad con la mente abierta.

Antes de la época de los correos electrónicos, las cartas servían como recordatorio del poder que tiene la atención inquebrantable que puede conectar a dos personas separadas por la distancia. Piensa en las veces que has recibido una carta de amor o algo que te ha llegado en el correo, que era sólo para ti, repleto de detalles y atención personalizada. Probablemente la ilusión de recibirlo te hizo sentir que tu corazón saltaba de emoción o que tenías maripos_itas en el estómago.

En nuestro mundo distraído, experimentar este tipo de reconocimiento profundo es algo cada vez más infrecuente. Desde luego, las cosas en las que ponemos nuestra atención se multiplican en nuestro mundo, razón por la que quiero brindarle a tu atención algo digno de ella: a ti. Tú como compañera del alma y como Diosa.

Una carta de amor no tiene que ser sentimentaloide ni florida. Cuando te sientes a escribir la carta de profundo amor hacia ti y tu compromiso contigo misma, señala las cosas específicas en ti que son poderosas, conmovedoras y dignas de reconocimiento. ¿En qué momentos específicos revelaste tus poderes superhumanos (ya sea una vulnerabilidad intensa, una valentía nunca vista o una resolución comefuegos)? Si adoptaras la perspectiva de un amante que te adora, ¿qué dirías? ¿Cuál sería tu compromiso contigo?

Y, ya que estás en eso, no olvides que este es el momento de soltar las creencias negativas, el diálogo interno tóxico, los juicios críticos sobre ti. Perdónate por completo. Comprende que mereces ser feliz. Imagínate soltando lo viejo y entrando a la nuevo.

No tengas miedo de mencionar algunas de las maneras en que secretamente te amas, pero eres demasiado tímida para admitirlo, porque eso significaría (¡horror de los horrores!) alimentar tu ego. ¡Aliméntalo, querida! Saca tus utensilios y papeles de escribir favoritos, porque lo vas a hacer a mano, y hasta algo de purpurina y materiales de arte y pasa por lo menos una hora en un apasionado galanteo con esa parte tuya que es preciosa, brillante y digna de tantas cartas de amor.

Mantra

Soy un ser hermoso y exquisito, digno de adoración y deleite.

Ceremonia

Selfi Shakti de flores y miel

Entendí muy temprano que las ceremonias guiadas por el espíritu trascienden el pensamiento consciente. Podía estar a mitad de una conversación con una clienta en el teléfono cuando se me ocurría una idea creativa, una descarga espiritual que no entendía conscientemente. A veces era visual, como la imagen de un sol, y mis guías espirituales me aconsejaban decirle a la clienta que se enfocara en el sol de su vagina e imaginase rayos de luz sobre ella para que activara su sensualidad y su Shakti; de ese modo podría honrarla y escoger con quién compartir su energía, honrándola y de manera consciente.

En otros momentos, las clientas podrían estar afligidas y yo recibiría la orientación de que les dijera que organizaran un funeral imaginario para alguna parte antigua de ellas y ofrecieran una despedida de duelo para honrar la transición. Mientras escribía este capítulo, recibí una ceremonia específica para brindarte. Se trata de una ceremonia sensual de activación de Shakti. Busca un momento tranquilo y un lugar donde no te interrumpan. Vas a necesitar:

1. Miel orgánica

2. Flores

3. Un espejo

4. Un teléfono celular con cámara para tomarte un selfi

5. Una vela blanca o rosada (opcional)

6. Incienso (opcional)

7. Música (opcional; recomiendo cualquiera de Ayla Schafer)

Llegó el momento de adornarte como Diosa y sintonizarte con tu belleza primigenia, sensual e inocente.

Ve al baño y llévate los materiales. Desnúdate o quédate en ropa interior nada más. Échate miel en los lugares del cuerpo que quieres honrar: sé una ofrenda viva a ti misma. Conviértete en el altar vivo. Pon música. Enciende el incienso. Una vez te hayas echado la miel y te hayas pegado las flores, tómate un selfi en el espejo o activa el *timer* para tomarte un selfi. Llegó el momento de abrazar a Shakti, a la belleza de tu Diosa interior.

Estás destinada a enamorarte de ti. A adorarte y tratarte como Diosa. Cuando te tratas como divinidad, será inevitable que quieras más y mejores cosas en tu vida. Aparte, ¿cómo te van a tratar como menos que a una Diosa cuando vives en constante devoción a ti misma?

Tú eres el templo vivo. Siempre recuerda esto.

¡Ay, mi Diosa! Estás aquí. ¡Lo lograste! ¡SÍ! ¡SÍ! ¡SÍ! ¡CLARO QUE SÍ!

Celebra lo hermoso que ha sido este viaje. Difícil, pero gratificante. Satisfactorio para el alma. Saborea el progreso. Mmm, sabe a crecimiento divino del alma. En este capítulo te recordé que, en medio de todo, hay placer y dicha por activar. Que mereces sentirte bien. Que mereces recompensarte por cada paso de tu camino. Sé como Lalita, «la que juega». Usa el mantra de Lalita siempre que necesites un recordatorio de cómo invocar el juego, el placer y la dicha a tu vida. Es un obsequio que te ofrezco para que te lleves y coloques en la seguridad de tu corazón. Fluye con las herramientas que has aprendido y vuelve al libro a buscar qué resuena en ese momento. Toma lo que quieras y deja lo demás. Este libro tiene el propósito de ser el acompañante de tu alma. Para que vuelvas a él y ores para que tu alma sea guiada a la página o a la herramienta que necesitas. Sé creativa al practicar estos principios. Abre los ojos a las señales y las prácticas que profundizan tu sanación. Yo me enamoré de este viaje y deseo que tú también lo hagas, porque esta sanación que hacemos es un obsequio que nunca deja de regalar. Es un caudal inagotable de bendiciones. Un caudal inagotable de amor. En el siguiente capítulo, que es el último de este viaje, vas a reconocer todo lo que eres, Diosa. Todas las bendiciones, todo el crecimiento del alma y todo el amor. ¡Te amo tanto y estoy tan agradecida de que hayas leído y hayas hecho este viaje conmigo, tomadas de la mano! Juntas, hagamos una respiración profunda: inhalando por la nariz, aguantando la respiración y contando hasta tres, y exhalando por la boca, soltando todo el aire con una sonrisa, contando despacio hasta cinco: 1, 2, 3, 4, 5. *Mmm. Sí.*

Soy un ser hermoso y exquisito,
digno de adoración y deleite.
#yosoydiosa

CAPÍTULO 13

TÚ ERES DIOSA

Ella recordó quién era y todo cambió.

—*Lalah Delia*

Has hecho un trabajo maravilloso, mi amor. Estoy tan orgullosa de ti porque has hurgado muy profundo y has hecho el trabajo necesario para regresar a casa, a ti, a tu verdadero «yo», a tu «yo» del alma, a tu «yo» de Diosa hasta los huesos.

Estás en el mejor lugar posible para cocrear el estilo de vida de Diosa que desees diseñar. Has mudado la piel muerta de viejas creencias y viejos comportamientos y ahora te has quedado con tu nueva, reluciente, piel del alma. La piel de tu verdadero «yo», tu «yo» más elevado, tu «yo» alineado.

Todo esto es posible cuando has hecho el trabajo del alma que hemos hecho juntas a lo largo de este libro. La recompensa es que tu alma surge de esta poderosa búsqueda hacia el interior, de profundizar en tus propios océanos para entender tus heridas, los esquemas de amor que heredaste de tus padres y la toxicidad que puedes haber heredado e internalizado desde que estabas en el vientre de tu madre. Has echado a un lado contratos y acuerdos del alma que estaban obsoletos, y decidido una nueva visión de amor propio y autoreverencia. Has identificado viejos desencadenantes, así como rituales y comportamientos que servirán para honrar tus nuevas metas y promesas del alma.

Has trazado y vuelto a trazar tus patrones, internos y externos, y te has familiarizado con los lugares de adentro que pueden haber estado ocultos por la vergüenza, el trauma, los juicios críticos y el temor. Al bajar a lo más profundo, has integrado tu oscuridad, pues como Diosa, contienes el vientre cósmico de la oscuridad, que está lleno de sus propios y espectaculares misterios y potencial de sanación.

Y ahora llegó el momento de traer a todo tu «yo» a la luz, a cantar tu plenitud en toda su total manifestación. Has reunido las partes tuyas que has encontrado a lo largo del camino y ahora les das coherencia, las amas y las devuelves a su vitalidad. El viaje de la Diosa está aquí para ayudarte a caminar (o bailar) más cerca de la mujer que quieres ser, no la que ha estado acostumbrada a responder desde sus heridas y traumas. Como Diosa, puedes reinterpretar cualquier historia o experiencia (en especial las que implican ceder tu poder) para comunicar tus estándares y valores más altos.

Llegó tu momento. Estás lista para coronarte Diosa, para abrazar tu belleza y tus riquezas y para caminar el sendero de tu alma como tu último destino.

VER CON EL ALMA

Al continuar en este viaje (que nunca termina, en realidad), quiero dejarte una de las prácticas de Diosa más poderosas de mi vida. Requiere la integración de rituales del alma y pasos prácticos. Es la fusión de la magia y del trabajo real que permite que los sueños se conviertan en realidad.

Un proverbio africano dice: «Cuando reces, mueve los pies». Si tuviera que resumir mi consejo, diría: haz el trabajo espiritual y pregunta cómo puedes ponerlo en acción.

Eres digna de los deseos de tu alma. Elaborar la visión de tu alma es clave una vez has llegado a la raíz y has sanado y amado tus heridas. Has descubierto cómo el pasado ha afectado tu presente y has comenzado a recablear tu sistema nervioso y encaminarte hacia acciones y comportamientos que están verdaderamente alineados con un «yo» completo y saludable. El próximo salto es diseñar la vida que en realidad quieres y darte permiso para soñar en grande.

Esto no sólo tiene que ver con profundizar el trabajo con la sombra, sino también con creer que eres digna de comenzar una nueva evolución del «yo». Porque a veces también es cierto que nos aferramos a viejos mecanismos de defensa por temor a ser demasiado brillantes, amadas y vistas. Así que aquí invito a tu espíritu de niña creativa a jugar y elaborar, y soñar tu vida del alma ideal y mágica.

Una vez has sacado de tu vida las cosas que no te hacen bien, es momento de decidir qué vas a sembrar en el jardín que eres tú. Esto es forjar el alma. Esta es la manifestación verdadera. Y requiere que te sintonices con tu bruja interior, con tu «yo» Diosa, curandera y chamánica.

Una vez que sabes lo que ya no vas a aguantar más, debes tomar el tiempo de decirle sí a lo que aspiras. Es crucial que cuando elimines algo que ya no funciona, lo remplaces con algo que sí funciona. (Después de todo, la naturaleza aborrece el vacío). Ahora es que debes dejarte de chiquitas, permitirte fluir y soñar más allá de las limitaciones que percibes. Has estado haciendo el trabajo para agrandar tu recipiente, así que debes llenarlo de cosas, personas, situaciones, ideas y deseos propios de una reina. Debes continuar creciendo y añadirle alas a cada palabra que dices y brillo a cada visión que creas, pues eres una hacedora de sueños. Y estás lista para la iniciación de fabricar tu vida desde el alma.

Visualizar el alma es distinto a las manifestaciones triviales, porque no tiene que ver con algo superficial. Una visión del alma surge de las profundidades de quien eres, de la misteriosa y estrellada oscuridad que yace tras la «oscuridad» del trauma, envolviéndote en las verdades más sagradas. Aquí es donde vive la llamada del alma. Es la llamada a la que debes responder, pues es tu misión divina.

La divinidad ha colocado estos sueños en ti y te toca a ti encontrarlos, vivirlos y serlos. Cuando descubres estas visiones y estos sueños, se convierten en tu estrella Polar de tal modo que sabes, con absoluta certeza, cuando estás descarrilada con respecto al mapa de tu alma.

Encaminémonos a soñar tu vida del alma e integrarla a tu realidad actual. Quizás quieras grabar tú la siguiente meditación o pedirle a una amiga de confianza que diga las palabras por ti. Busca un lugar cómodo y una hora en que sabes que no te interrumpirán. Es momento de magia y revelaciones.

MEDITACIÓN DE LA VIDA SOÑADA DEL ALMA

Busca un espacio cómodo para estar contigo. Un lugar acogedor, tranquilo y privado. Cierra los ojos y siéntate en una posición cómoda o acuéstate. Si te vas a sentar, hazlo en la posición que llamo «cuerpo consciente», que no es ni demasiado rígida ni demasiado encorvada, sino algo entre medio. Descansa las manos sobre las piernas, con las palmas hacia arriba o hacia abajo, lo que resulte más cómodo para ti.

Sentada en esta posición, comienzas a conectarte con la ilimitada fuente de energía que está disponible para ti siempre. Es como si te conectaras a un tomacorriente y la fuente de luz fuera la energía de la divinidad, de Dios, de la Diosa, de la consciencia pura y última.

Centra tu atención hacia adentro y ve al espacio del alma, más allá de los conceptos del tiempo.

Ahora estás en el campo ilimitado de la creatividad, donde tus sueños más extravagantes son posibles.

Si te surgen dudas en este viaje, no te asustes; sencillamente, obsérvalas. Inhala por la nariz contando hasta tres y exhala por la boca contando hasta cuatro, soltando y entregándote al exhalar.

Es el momento de fabricar el alma.

Pídele al alma que te guíe ahora. Invita a tu alma a que venga. Dile: «Alma, te invito a que vengas conmigo y me guíes. Alma, guíame a ver las imágenes del destino más mágico y elevado de mi alma».

Permítete jugar y soñar. Permite que emerjan las imágenes de tu alma. Permíteles flotar sin esfuerzo, como si estuvieses fabricando la obra de arte más mágica.

Quizás tu alma es una vibra que sientes de inmediato. Cuando llega, te sientes confiada, segura, amorosa y conectada con la divinidad. Te das cuenta de que sonríes. Sientes el calor del sol dentro de ti.

Fíjate en la alegría que es posible cuando estás en la forma más elevada de tu alma. Fíjate en tu energía en la forma más elevada de tu alma. Fíjate en la ropa que vistes en esta visión onírica de ti. Fíjate en los detalles de lo que vestiría tu «yo» más alineado, feliz y confiado.

¿Cómo es tu expresión facial y tu lenguaje corporal? Quizás estés sonriendo, tu frente relajada y tus ojos radiantes y serenos. Fíjate en cómo te ves cuando estás profundamente feliz, satisfecha y en paz.

Sigue respirando, inhalando por la nariz y llenando todo tu cuerpo con prana, con la respiración, con la energía de la luz, y exhala por la boca.

Fíjate en dónde estás como tu «yo» del alma más elevado. ¿Dónde vives? ¿En la ciudad? ¿En las montañas? ¿En la playa? ¿Dónde estás en tus sueños más extravagantes? ¿Viajando? ¿En una hacienda hermosa, grande, escribiendo sola o rodeada de una familia amorosa y vivaracha? Permítete ver específicamente dónde estás y qué es lo que más te ilusiona.

Fíjate en los detalles, los aromas, los colores y el diseño de interiores. Permítete sentir la cultura y la gente que te rodea. ¿Quién está contigo? ¿Es el amor de tu vida? ¿Es tu mejor amiga? ¿Hay bebés o una comunidad grande de personas afines con una misma misión? Fíjate en las personas maravillosas que están a tu lado en tu visión. Siente la vibración de estar rodeada por personas alineadas con el alma.

¿Cómo te sientes en su presencia? ¿Viva, revigorizada, apoyada, segura, elogiada, dichosa, amada? Siente la energía y respira todo el amor ahora.

Respíralo todo y exhálalo. Buen trabajo. Sigue jugando y soñando el destino más elevado de tu alma para tu vida. No temas soñar en grande. Permite que las visiones de tu alma, basadas en tu llamada particular, entren a raudales, saltando las limitaciones de tu mente consciente.

¿Qué haces para apoyar la misión de tu alma en el mundo? ¿Cuál es tu propósito? ¿Cómo lo vives? ¿Hablando en público, escribiendo un libro, siendo mamá, viajando el mundo, dirigiendo una organización sin fines de lucro, lanzando un disco, participando en la política, retomando los estudios? Fíjate en lo que haces para vivir el *dharma* o labor de tu alma en el mundo. Siente lo bien que se siente vivir tu auténtico propósito.

Respira esa energía ahora y exhálala con una sonrisa.

Sintonízate con tu belleza y sensualidad, y tu cuerpo, con tu placer de Diosa. ¡Siente lo bien que se siente! Estás activada en cuerpo y espíritu. Te sientes sexy e inspirada porque has tocado tus profundidades y tu amor se origina en ese lugar sagrado. Siente esa Shakti ahora.

Permítete añadir detalles de tu vida onírica ideal ahora. Absórbelo todo. Siéntelo y registra todas las emociones y detalles. Respíralos en tu cuerpo y tus células. Siembra estas visiones en tu cuerpo. Confía en tu alma como guía para una vida más allá de tus sueños más inconcebibles.

Hermoso trabajo. Poco a poco vuelve a tus sentidos y a la habitación donde te encuentras. Ahora escribe en tu diario todo lo que viste y sentiste, con la mayor cantidad posible de detalles.

Pídele a tu alma tres pasos sencillos que puedes dar para hacer real esta hermosa visión en tu vida.

CÓMO ALINEARTE CON EL DESTINO DE TU ALMA

Una de las lecciones claves del alma que quiero dejarte es que, al hacer este trabajo de visualizar y fabricar el alma, elevamos el destino de nuestra alma.

Mientras que antes podíamos haber sentido que el camino era caótico y desastroso al practicar los principios de este libro paso a paso, nueva elección por nueva elección, oración por oración, cambio a cambio, tu camino cambiará radicalmente.

Si lo que era «normal» para ti antes era salir con vendedores de droga, replicar las heridas del alma, socializar con gente de mierda y exhibir comportamiento de autoodio, digamos que estabas en el Camino del Destino F: un camino largo y desolado hacia la ruina y la autodestrucción. Pero cuando haces el trabajo interior yendo a terapia, reconociendo tus desencadenantes y dando saltos hacia tu «yo» más verdadero, te colocas en el Camino del Destino A: que te lleva a un horizonte expansivo y lleno de estrellas que siempre fue para ti.

A menudo pienso en esto como un videojuego donde constantemente subimos al próximo nivel. Vivir como un ser espiritual en esta experiencia humana es algo muy similar. Cuando decidimos apoyarnos en las lecciones del alma, o *tikún* (lo que vinimos a reparar o integrar en esta Tierra), el *qlifot* (en el misticismo judío, el recipiente o cáscara que simboliza nuestros obstáculos y esconde la luz de la divinidad) se rompe. Al profundizar en nuestros obstáculos en lugar de rehuirlos, la luz de los milagros y la transformación se liberan. Y, al igual que en un videojuego, ganamos luz y energía superando nuestros obstáculos. Pasamos al siguiente nivel, donde somos capaces de hacer cosas mejores y más grandes y de expresar todavía más de nuestro «yo» de Diosa.

Elevamos nuestro destino cada vez que percibimos nuestros obstáculos como oportunidades de crecer. Elevamos nuestro destino cuando vamos a la raíz y amamos y cantamos a nuestras heridas hasta sanarlas. Elevamos nuestro destino cuando nos levantamos y de verdad llegamos a conocer, perdonar, amar y confiar en nosotras. Elevamos nuestro destino cuando tomamos decisiones que están alineadas con el alma en lugar del temor, con la valentía en lugar de la comodidad temporera, con la expansión en lugar de la contracción. Y, sin darnos cuenta, alcanzamos el Camino del Destino A; el camino en el que estamos en alineación total con nuestra verdad y potencial.

Un videojuego está lleno de nuevos retos y personajes en cada nuevo nivel, y la vida es igual. Lo bello del camino del alma es que no tiene que ver con la perfección, sino con el progreso. En este camino, todavía te enfrentas a la vida, pero la manejas con más facilidad y gracia y regresas a la alineación con el alma mucho más rápidamente. Además, los tipos de problemas que es probable que encuentres estarán alineados con la versión suprema de tu «yo» del alma. Experimentarás menos caos y toxicidad porque tu práctica espiritual diaria y las herramientas del alma te harán crecer. Nutrirás y alimentarás la hermosa cocreación de tu vida.

Quiero destacar que llegar a este punto requiere una cantidad importante de trabajo. Cuando operamos desde el trauma, sencillamente no tenemos la energía o la capacidad para lidiar con la vida de manera constructiva. Todavía nos encontramos en el nivel de sobrevivencia del chacra raíz, así que nuestro trabajo en esta etapa es sencillamente poner los pies firmemente en la tierra y satisfacer nuestras necesidades.

Has hecho el trabajo, bella. Ahora estás lista para elevarte al séptimo chacra, reclamar tu corona y abrazar tu integración con el espíritu. Quiero recordarte que esto no se trata de «elevarte por encima» de tu humanidad, sino de abarcarla y abrazarla.

Sé que el trabajo de levantar pesos pesados es difícil, pero como exploramos en el capítulo anterior, ahora estás en el lugar donde el «trabajo» nuevo es gozar de los regalos que te llegan —igual que las reinas más majestuosas se permiten recibir las riquezas de su vida (junto con las responsabilidades del alma). El camino de la devoción del alma debe ser extático y dichoso, justo como anunciaban los antiguos sabios y poetas. Créeme, te llegarán bendiciones, así que no te acostumbres a la lucha. Definitivamente mereces ser feliz.

Es momento de dedicar tu energía a la cocreación y construcción de la vida que quieres. Suelta cualquier cosa o persona que no sea digna de ti. Permítete reprogramar tu sistema nervioso diciendo que sí al destino de tu alma y a lo que está predestinado para ti.

Todo esto me recuerda que, antes de comenzar a trabajar en este libro, rompí mi relación con un hombre maravilloso. La relación era saludable y no contenía nada de la toxicidad que había experimentado al salir con traficantes de droga y abusadores, así que estaba claro que había elevado mis estándares. Este hombre siempre fue bueno conmigo, pero sentía en mi corazón que la relación no estaba alineada con lo que yo deseaba. No tenía la pasión, las metas mutuas del alma y el 100% de autenticidad que yo ansiaba en una relación verdadera y profunda.

Nuestra separación fue cálida y amigable, pero admito que me asustó el hecho de que no estaba comportándome autodestructivamente —como chequeando obsesivamente sus redes sociales para ver si estaba saliendo con alguien—. Me pregunté: «¿Esto es normal? ¿Es extraño que estoy abrazando la idea de que estaba en mi alineación más elevada el separarme de él?».

Lo que comprendí fue que lo que ahora era normal para mí suponía abrazar de todo corazón una versión mayor de mí, de mi alma. Podía confiar en mis decisiones en lugar de desconfiar de ellas porque provenían de una parte de mí que era segura e infinitamente sabia. También me dio seguridad el hecho de que me había presentado en esa relación como mi «yo» más elevado; había sido honesta, transparente, bondadosa y consciente de mi amor propio. Todo esto significó que no sufrí la turbulencia del arrepentimiento que por lo general había acompañado los rompimientos anteriores. No necesitaba una segunda oportunidad. Había hecho todo lo posible. Finalmente estaba aprendiendo mis lecciones del alma, lo que significaba que podía soltar esa relación con elegancia y abrazar mi energía creativa a fin de visualizar lo que quería atraer a mi vida.

Brujita, ¿puedes darte permiso para soñar en grande? ¿Para expandir tus expectativas? ¿Para amar todavía más y más audazmente? ¿Para darle la bienvenida a tu máximo bienestar? ¿Para abrazar la paz, la abundancia y las bendiciones que son el destino de tu alma?

La meta es la alineación con el alma y el espíritu. Así que quiero que siempre te preguntes: ¿estoy en alineación con mi alma? Y si no, Espíritu, ¿cómo puedo regresar a la alineación?

Este es un regalo que nos brinda el alma: la oportunidad de escoger cocrear nuestra vida con el espíritu. Tenemos la oportunidad de ser participantes activos en la creación y diseño de una vida totalmente alineada con el alma, con la dicha, la satisfacción y el amor.

CONSERVA LA FE

Cuando de verdad comencé a aceptar que yo tenía un papel que desempeñar en mi vida y que no era víctima de las experiencias que había sufrido, sino una Diosa victoriosa con la capacidad para cambiar y llevar una vida que amo, empecé a cultivar la esperanza y la fe.

Al entregarnos a la voz de nuestra alma y al poder supremo de nuestro propio entendimiento, somos guiadas. La fe en la alineación de nuestra alma nos aviva y llena de energía, positividad, humildad y alegría.

Hay un pasaje de la Biblia que habla del poder de cultivar la fe: «Otra parábola les refirió, diciendo: El reino de los cielos es semejante al grano de mostaza, que un hombre tomó y sembró en su campo; el cual a la verdad es la más pequeña de todas las semillas; pero cuando ha crecido, es la mayor de las hortalizas, y se hace árbol, de tal manera que vienen las aves del cielo y hacen nidos en sus ramas». (Mateo 13:31-32).

Hasta la cantidad más pequeña de fe ofrece alimento al jardín del «yo» que estamos cultivando. Infunde vida y sustento a nuestros sueños. Al visualizar mis sueños, ciertamente hubo momentos de duda, pero lo hice de todos modos porque era mejor invertir energía en la creación de mis sueños que en su destrucción.

Comencé a reflexionar sobre cuánta fe tenía en mi negocio y en qué se sentía fácil incluso cuando era difícil. Aun al principio —cuando sólo una persona había comprado mi curso—, me sentí en abundancia, porque la alegría de construir el curso y de ayudar a esa única persona estaba tan alineada con mi alma que me llenaba. Dejé que la alegría me dominara y me permitiera seguir invirtiendo en mi negocio, sin importar lo que pasara. No importaban los otros trabajos de niñera o de ventas de aceites esenciales, yo seguía. Dejé que mi sueño me empujara hacia adelante y me diera impulso.

Comprendí que mi fe y mi decisión de fluir sin importar lo que pasara, a la vez que disfrutaba el proceso, permitió que mi negocio fuera un éxito. Llegaron más oportunidades. Las visiones de mi mapa de sueños se estaban manifestando ante mis ojos.

«¿Por qué es tan fácil ahí y no en mi vida sentimental?», pensé. Y luego: «¿Y si aplico los mismos principios de fe y fluir donde es fácil para mí en áreas de mi vida que no son tan fáciles? ¿Qué sucedería entonces?».

Parte de mi magia en mi negocio es que siempre me enfoqué en lo que yo podía ofrecerle al mundo y, aunque tenía mis metas no me aferraba a ellas, sino que estaba en estado de verdadera entrega. Cuando algo no funcionaba, mi actitud era: «Si no es esto, habrá algo mejor que me espera. Sólo quiero lo que está en alineación divina para mí. Confío en el Espíritu» o «Quizás no ahora, pero si está destinado a suceder, lo intentaré de nuevo en el momento divino».

Confié en mi instinto. Di espacio. Mi energía era calmada, confiada, paciente, como la energía rítmica perfecta de inhalar y exhalar. Definitivamente fluía.

Me di cuenta de que normalmente no era así con mis relaciones románticas. Así que comencé a ejercer los mismos principios energéticos y basados en fe que usé en mi negocio y carrera con mis relaciones románticas. Preparé mi mapa de sueños para el amor. Visualicé a mi pareja ideal. Anoté todas las cualidades que tendría, cómo me sentiría con él, quién sería en el mundo, quiénes seríamos juntos. Comencé a hacer espacio de energía, con intención muy clara de buscar terapia y sanación y hacer el trabajo del alma que expliqué a lo largo de este libro. También hice espacio físico en mi hogar. Vacié una gaveta y compré una hermosa talla en madera de una pareja abrazada, y la coloqué en el gavetero de mi dormitorio para verla todos los días y sentirme inspirada. Compré mesitas de noche iguales para traer la energía de las parejas a mi hogar, un principio sobre el que había leído una vez en un libro sobre *feng shui*.

Estaba ensayándolo todo, como lo había hecho con mi negocio: jugar y afinar el proceso a la vez que mantenía mis ojos enfocados en el premio, pero no tan firmemente que repeliera lo que quería venir a mi encuentro sin esfuerzo.

Mis salidas se transformaron. Comencé a sentirme naturalmente más tranquila y confiada. Era más yo porque confiaba en que salir con alguien tenía que ver con crecer y no con conocer «al que es». Quité la presión que había aplicado antes. Aunque mantuve la meta última de conocer a mi llama gemela —mi futuro esposo y padre de mi bebé, mi pareja del alma, quien vibrara en perfecta sintonía conmigo—, solté mi apego con esa meta. Me enfoqué en lo divertido de crear la visión del amor más sagrado que pudiera soñar, con la fe absoluta de que me encontraría. Escribí poemas y oraciones a mi futuro amado.

He aquí una oración sencilla que escribí en la sección de Notas de mi teléfono a mi futuro esposo:

Rezo por ti, mi guerrero
Mi pareja del alma
Mi mejor amigo
Mi marido y pareja en la vida
No veo la hora de conocerte y amarte y ser amada por ti y vivir
*   la vida contigo*
Espero que tengas todo el amor y la sanación que necesitas en
*   este momento*
Te envío mi amor a tu corazón y espíritu, que seas amado y
*   protegido tal como necesitas*
No veo la hora de conocerte, mi amado, no puedo esperar
Me he estado preparando toda mi vida para ti, parece, y
*   finalmente, al despojarme de todo lo que ya no me sirve, siento*
*   que regreso a mí y a Dios, fuente divina y, por ende, a ti*
No veo la hora de olerte y descansar en tus brazos y sentir, ¡sí, sí, sí!
Esperé esto
Eres lo que he estado esperando y yo he sido lo que tú estás
*   esperando*
Te amo, mi amado
Sea tu voluntad, Dios, te entrego todos mis deseos
Que me guíes a lo que es para mí y me alejes de lo que no es
*   para mí*
Amén, y que así sea

Xx
Christine

Escribí ese poema el 19 de abril de 2017. Nueve meses más tarde, hice buenas migas con un hombre con quien había hecho amistad en línea y con quien había socializado una vez. Era fotógrafo, así que lo contraté para que hiciera una sesión de fotos en preparación para este libro que tienes en las manos. Sentimos una chispa y alineación del alma y fluimos. Con él, me sentí como me siento cuando hago y vivo el trabajo de mi alma. Sanar y ayudar las mujeres a regresar a casa a sí mismas era natural y fácil para mí. Sabía que era mi *dharma* hacer este tipo de trabajo en esta vida. Me sentí igual con él, lo sentía como parte del camino de mi alma, no algo que tenía que luchar por integrar a otros aspectos de mi vida. Tenía sentido. Nos entendíamos.

Cuatro meses después nos comprometimos y ahora estamos casados.

No creo en las coincidencias. Creo en despojarnos de las capas que ya no nos sirven hasta llegar a la piel del alma. Creo en acciones alineadas y en ser guiada. Todo estaba ahí, esperando. Yo sólo tenía que presentarme y no rendirme antes del milagro. Quiero destacar que el milagro fue que yo estuviera dispuesta y tuviera la valentía para volver a hacer el trabajo del alma necesario para sanar profundamente, amarme y regresar a casa, a mi alma. Las manifestaciones externas fueron la cereza de mi sabroso postre de Diosa. ;)

Así que te ruego que insistas. Sigue insistiendo durante las noches tormentosas y las noches solitarias dando vueltas en la cama. Insiste. Llora y después escribe un poema a tu futuro amado. Encabrónate y permítete ser humana, y echar pestes,

y desahogarte con tu mejor amiga y luego vuelve a comprometerte con la visión de tu alma.

Eres humana y divina, Diosa. ¡Eres las dos!

Sí, puedes ansiar algo con todo tu corazón y luego entregar
esa visión, porque sabes que el espíritu la está cocreando contigo y empujándote suavecito hacia tu verdadero destino.

Trabajo del alma

Llegó el momento de escoger tu palabra de luz, mi amor. Esta
es una de las actividades que hago siempre en mis Retiros
de Diosa. Al comienzo de cada retiro, cada Diosa escoge su
propia palabra de sombra: que simboliza una herida que está
trabajando para sanar o un patrón poco saludable que quiere
deconstruir para así poder construir su vida de nuevo desde
el alma.

Al final del retiro, le pido a cada Diosa que escoja su palabra
de luz: una palabra o frase que encarna la manifestación más
elevada de su «yo» de Diosa en el mundo. Ella ha hecho el
trabajo importante de regresar a su alma y necesita un recordatorio de lo que es capaz. Así funciona la palabra de luz.

En la página siguiente encontrarás una serie de palabras que
forman el símbolo de infinito. En vez de escoger una palabra de
tu mente, quiero que confíes en que tu alma te guía. Desenfoca
la vista hasta no poder leer las palabras escritas en la página.
Coloca el dedo o la pluma sobre el símbolo y delinéalo, como
un sigilo, que es un símbolo mágico dotado de poder. Haz esto
diez veces, respirando profundamente. Detente cuando te sientas lista. Tu palabra de luz especial es donde se haya detenido la
pluma o tu dedo.

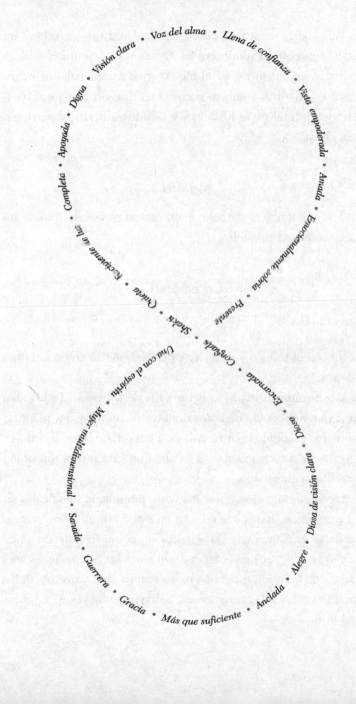

Tu palabra de luz es como una brújula que te recordará constantemente tu identidad de Diosa y tu orientación hacia el verdadero norte de tu alma. Al guardar la palabra en tu corazón y tu alma, siempre recordarás que eres una encarnación viva y total de la fortaleza y sabiduría multidimensional de la Diosa.

Mantra

Soy Diosa y tengo el derecho a alinearme con el destino de mi alma y vivir una vida feliz.

Ceremonia

Coronarte Diosa

Has hecho el trabajo y estás lista para coronarte como la Diosa que eres.

Me encanta el ritual y la ceremonia de los votos. Te brindan una forma deliberada de comprometerte con todas las maneras en que has escogido vivir tu vida de Diosa. Estos son tus valores y tus promesas a ti misma y a tu alma en esta nueva iniciación como Diosa encarnada.

Saca tiempo para escribir tus votos a ti misma y colócalos en un lugar donde siempre te recuerden este hermoso compromiso que haces con tu alma. Da detalles de cómo te quieres sentir y cómo te quieres presentar ante el mundo. Abajo tienes una muestra de los míos, que redacté hace unos años y que encontré cuando escribía estas ceremonias. Sabía que tenía que incluirlos en el libro.

Me comprometo a honrar la voz de mi alma.

Me comprometo a escuchar mi intuición como brújula de mi vida.

Me comprometo a amarme, en especial en los momentos
cuando pienso que no soy digna de amor.

Me comprometo a levantarme una y otra vez y volver al alma.

Me comprometo a amarme como Diosa.

Me comprometo a decir mi verdad no importa qué.

Me comprometo a dedicar mi vida a la sanación, un día a la vez.

Me comprometo a disfrutar de los frutos de mi labor.

Me comprometo a compartir los dones de esta medicina, como
reclama el espíritu que así lo haga.

Me comprometo a crear dicha y paz.

Me comprometo a ser amable.

Me comprometo a ser bondadosa.

Me comprometo a dar entrada sólo a vibras alineadas.

Me comprometo a tratarme como a un ente sagrado.

Soy Diosa y desde que nací tengo el derecho
a alinearme con el destino de mi alma
y vivir una vida feliz.

BENDICIONES DE LA DIOSA

Queridísima Diosa, hemos llegado al final de nuestro viaje juntas, pero eso no significa que es el final de *tu* viaje. Cuando sientas la tentación de ser dura contigo o de ir más rápido, te exhorto a que te detengas, pues la sanación es algo que no se puede forzar. Mientras más forzamos el proceso, más lento se pone.

Sumérgete en el proceso y escucha el ritmo de tu viaje singular. Estamos hablando de sanación para el largo plazo, así que está bien tomarlo sin prisa, pero sin pausa. Si sientes que quieres saltar, puedes saltar, pero hazlo sólo si la motivación viene de tus partes más profundas. No te empujes a hacer más. Sólo tienes que profundizar más y dejar que suceda lo que tiene que suceder. Renacer es un hermoso proceso creativo. Permite que el proceso se desarrolle y te abra, como una exquisita rosa de múltiples pétalos aterciopelados.

Encarnar la energía de la Diosa es recordar que la divinidad está en cada una de tus células. Que el amor del universo corre por tus venas. Que los elementos del fuego, agua, tierra y aire viven dentro de ti. ¡Eres un milagro andante! Sí, puede que a veces se te olvide, pero la chispa que llevas dentro no se ha ido.

Ser Diosa es comprometerse con el crecimiento interior del alma y nunca permitir que el sufrimiento del pasado nos impida convertirnos en quienes estamos destinadas a ser. Es invitar el espíritu, los rituales y lo sagrado a los momentos más mundanos, pues la vida es nuestro altar vivo y nuestra participación con él nos permite cocrear el destino de nuestra alma.

Ser Diosa también es retomar el poder y recordar que somos poderosas, que somos valiosas y dignas. Ser Diosa es coronarnos con confianza y decir: «¡Al carajo! ¡No me conformo más! ¡Soy una *fucking* Diosa!».

Es decir SÍ al alma y NO a cualquier cosa que está fuera de alineación. Es hacer el trabajo del alma todos los días porque eso es lo que requiere. No te voy a vender una solución inmediata porque sanar no tiene una solución inmediata; es un viaje sagrado y un arte que se practica de por vida. Y tú, querida mía, eres artista y cocreadora, y no tengo duda de que eres más que capaz de crear una vida llena de tus texturas y colores favoritos.

Créeme que este proceso funciona. Te ayudará a crear una vida que amarás estando en la quietud de tu alma y dejando que ella guíe el camino. Te arropará un sentido de confort y de paz cuando sepas que estás siendo guiada. Verás que incluso en los momentos en que te sientes descarrilada, el espíritu está ahí dirigiendo el camino al aprendizaje, la sanación y el crecimiento.

La vida sucede para ti, no a ti. Está ahí para ayudarte a expandirte a tu «yo» más divino.

Eres digna. Eres amada. Eres Diosa.

No hace falta que nadie te arregle ni te salve. Desde luego, vendrá gente a ayudarte y aliados sagrados aparecerán por el camino, pero, en última instancia, TÚ te salvarás. Te entregarás al espíritu y adquirirás el poder de tu espada para matar a los viejos dragones que llevas dentro. Reconocerás tu propio poder, tu Shakti, tu fortaleza interna, y forjarás el camino hacia delante, con sabiduría, gracia y el aura de una mujer que lo ha visto todo y aun así escoge elevarse hacia su yo más sagrado.

Nada de esto es una fórmula. Es poesía en movimiento. Son acordes invisibles que crean una sinfonía. Es la magia del amanecer cuando derrite la bruma mañanera. Es mirar a los ojos a alguien y sentir amor. Es misterioso y sagrado. No reduzcas el proceso a algo que puede explicarse por completo con palabras mundanas; por el contrario, deléitate en la magia que trasciende la comprensión humana.

Atrévete a vivir al margen de las líneas y a resistir el deseo de enfocarte sólo en la meta. Entrégate también al momento y al proceso. Libera el poder único que llevas dentro. Confía en eso. Confía en ti. Deja que esa emoción te guíe a embarcarte y reembarcarte en este viaje. Necesitarás esa energía para atravesar las nuevas etapas y fases, los nuevos retos y las nuevas recompensas.

Como escribió mi amado:

Todo lo que he sido
Todo lo que he amado
Lo honro y lo libero
De regreso a la fuente
De regreso a la fuente de amor
Donde todas las cosas se transforman.
Ahora estoy listo para soltar
Estoy listo para ser nuevo otra vez
Soy

—Fernando Samalot

Y yo añadiría: Yo soy Diosa.

Entiende, por favor, que esto no es sólo un libro; es un modo de vivir. Estas palabras están impregnadas de medicina del alma. Cada página es un mensaje de mi corazón al tuyo, de mi alma a la tuya. Permite que este libro fluya a tu vida y cobre vida en ti. Léelo y haz el trabajo. Comparte tus descubrimientos y revelaciones conmigo en las redes sociales @cosmicchristine o únete a la comunidad de Diosas en christineg.tv. Un elemento enorme de este viaje es la comunidad de Diosas reales y fantásticas que se unen en hermandad desde todas partes del mundo. Búscanos y conéctate. Ya sabes que nunca, nunca estás sola. ¡¡¡Somos Diosas!!!

UN POEMA PARA TI EN HONOR A MI DIFUNTA MAESTRA, PSALM ISADORA

Descansa la cabeza, amada
Ni el temor ni la soledad pueden capturar tu luz en el abrazo
*   de tu alma*
Estoy aquí; te abrazo fuerte
Cuando surgen los temores y no hay nadie,
Mira hacia adentro que ahí estaré.
Acurrucada junto a tu corazón, hoy y siempre
Alumbrando el camino en los callejones oscuros
Por curvas y virajes
Seré un espacio seguro para que permanezcas
Descansa la cabeza, amada, déjate amar
Déjate cantar
Déjate jugar

Déjate descansar de los días duros
Mereces esta paz
Este momento de liberación
El momento ha llegado de saborear
La dulce danza en el amor que te rodea
Mi hermosa, estás segura
Abre tus alas y vuela, es momento de ver nuevos
   sueños y alturas.
Es momento de tomar vuelo, con alma intacta y la valentía
   en la mano.
La Familia del Alma está contigo, alentándote
Sobrevivimos las tormentas y nos hemos levantado
Es momento de celebrar la victoria de la lucha de regreso al
   hogar del alma
Lo lograste, Diosa. Muestra la luz que ganaste.
Eres estrella que brilla reluciente
Te amo, para siempre.

   Xo,
Christine

AGRADECIMIENTOS

No existe alegría mayor que poder dar las gracias a todas las almas que me han apoyado a lo largo de mi vida y de la jornada de este libro. La vida es un *nosotros* y, sin comunidad, no hay nada.

Quiero comenzar por expresar mi agradecimiento a mis padres: a mi madre, Evelyn, y a mi padre, Raymond. Nuestro viaje es un testimonio del deseo de sanar individualmente y juntos, como familia. Sin su trabajo arduo y sus sacrificios, yo no hubiese tenido acceso a las experiencias vitales y la educación que me formaron. Estoy agradecida a ustedes por creer en mí y por apoyar siempre mis escritos y mi trayecto espiritual. Su receptividad es clave para que yo sea quien soy. Los quiero muchísimo a ambos. Gracias.

A mi prima Natali Gil, mi luz en la noche: sin ti, no hay yo. El espíritu sabía lo que hacía cuando nos hizo a ti y a mí, mi compañera siempre. La persona que me conoce por dentro y por fuera. Nuestras pruebas espirituales han formado a la mujer que soy. Las palabras nunca podrán encerrar la profundidad de lo que significas para mí. Cada conversación y cada palabra contigo es una vía directa al espíritu. Tantas cosas de este libro vienen de nuestras profundas reflexiones y momentos de iluminación. Estaré agradecida por siempre. Te amo tanto, Naki.

Mis mejores amigas y parientas: ¿cómo diablos tuvimos tanta suerte? Taina, tus oraciones me han fortalecido cuando estaba débil. Jennifer, tu ánimo entusiasta y triunfador siempre me recuerda que poseo lo que hace falta para hacer cosas grandes, un paso a la vez. Justine, mi compañera en la búsqueda espiritual, tu viaje me ha ayudado a sentirme menos sola durante tantos días en que me sentí incomprendida. Gracias por entenderme. Katie, gracias por apoyar mi trabajo y compartirlo con tu gente, a pesar de estar ocupada siendo la mejor mamá. Anaeli, gracias por permitirme compartir contigo mis partes más vulnerables y por aceptarme; tú haces que mis loqueras parezcan normales. Ustedes son mis hermanas del alma, mi familia para toda la vida.

A Steve Harris, mi maravilloso agente que considero parte de la familia, que creyó en mí desde el momento en que le escribí. Tu paciencia y confianza en mí y en este proceso me dio paz para transitar nuevos terrenos. Gracias por recordarme confiar en mí y escribir hasta llorar cuando leía lo que había escrito. Gracias por tu espíritu y tu trabajo. Estoy agradecida de tener un agente como tú.

A Sara Carder, por ser no sólo mi editora sino mi amiga a lo largo de este proceso. Nuestras conversaciones me recordaron que todas estamos juntas en esto como mujeres. Tu apoyo, tu perspicacia, tu corazón han hecho de este viaje un verdadero regalo.

Al equipo completo de Tarcher Penguin Random House: Sara

Johnson, Rachel Ayotte, Anne Kosmoski, Casey Maloney, Megan Newman, Lindsay Gordon, Alex Casement, Roshe Anderson y Andrea St. Aubin: nunca olvidaré cuán apreciada y amada me sentí el día que entré a su oficina. Ustedes me manifestaron, «Hemos echado de menos la calidez en esta área, y tú tienes el calor que hemos estado extrañando». Desde entonces, sentí el entusiasmo irradiando de todos ustedes. Gracias por derramar su apoyo en mí y en este proyecto.

A Sally Mercedes, por ser la comadrona de este proyecto del alma. Por velar que cumpliera con los plazos y permitir que el espíritu apareciera a hablarnos. Estar en Puerto Rico contigo hizo posible este libro; permitimos que el alma del libro hablara en voz alta y clara entre los pájaros, la luz del sol, la magia de la playa y la música de reguetón.

Nirmala Nataraj: tu guía en las postrimerías de mi proyecto ayudó a que todo cuajara. Llegaste en el momento divino con tu magia editora y tu energía conmovedora. Gracias por tu arte y tu apoyo.

A mi equipo de Cosmic Life: Nina Collier, mi parienta cósmica que estuvo conmigo tras bastidores, leal hasta decir basta, en la vida y en los negocios. Sin ti, esto y tantas otras cosas no se hubiesen conseguido. Estoy segura de que Psalm te envió a mí y me envió a mí a ti. Te amaré por siempre, mi brujita tantra. Y Jessy Dorsett, mi increíble asistente, quien me hizo sentir apoyada y sostenida y aportó luz y alegría a mi vida. Tu energía me ha ayudado a crecer como líder y como persona. Gracias por ser tú. Tu presencia en nuestro equipo es verdaderamente mágica.

A toda la Tribu de Diosas: Es por ustedes que hago este trabajo: por sus historias, su resiliencia, su dedicación a la sanación, sus corazones abiertos y su confianza en mí y en cada una de las otras. Esto es para ustedes, para nosotras, mis hermanas del alma.

Para Miguelina y Wendy, por ser las ayudantas del trabajo profundo del alma que sucede en el retiro anual de Diosas. Ustedes son tesoros espirituales del mundo.

A Melissa O'Connor, por crear arte y magia para mí tras bastidores durante años. Mi empresa ha crecido debido a la belleza que tú le has aportado.

A Christina Zayas, mi hermana abstemia que me ha dado el don de ser un espejo y de ofrecer las mejores ideas creativas para mi negocio, gracias.

A mis mentores a lo largo de los años, que han influido en mi alma y dado forma a mis enseñanzas: Psalm Isadora, bruja; aunque no estés aquí corporalmente, tu espíritu sigue vivo en mí. Me empujaste a que obtuviera mi licencia de terapeuta y a que fuese disciplinada al combinar la espiritualidad, la terapia y el tantra. Tu fe en mí y todas las señales que me enviaste me hicieron seguir adelante. Te amo. Terri Cole, fuiste mi primera mentora que hacía terapia de manera distinta. Me ayudaste a creer que era posible vivir los sueños del alma. Por guiarme como terapeuta y continuar ofreciéndome observaciones valiosísimas antes de cualquier gran salto en mi vida, te amo.

A mi querida terapeuta Krystyna Sanderson, por ser mi persona clave y ayudarme a desenredar mis madejas internas para sanar, para subir y dirigir.

Olga, tu entrega a la sanación y a la mentoría me han ayudado a ser una mujer sobria con dignidad y gracia, un día a la vez. Te amo.

A la Dra. Clarisa Pinkola Estés, tu formación y tu trabajo han influido en mi alma y me han ayudado a crecer como mujer y persona en busca de espiritualidad. Rachel Brathen, recuerdo que me incluiste en tu plataforma a pesar de no tener muchos seguidores porque sentiste la medicina y el poder de esta obra. Me ayudaste a dar un salto de fe en mi trabajo: gracias. Ana Flores, de verdad que me has ayudado a crecer porque, como acostumbras a decir: «Cuando una crece, crecemos todas». Te quiero, hermana. Al Dove Team y Sherria Cotton, por ser las primeras en llevarme a un escenario a hablar. Ustedes me dieron fe en este trabajo y su poder.

A mi pequeño Bodhi, que no puede leer, pero cuyo amor y pelusa me han dado amor y apoyo a lo largo de todo.

A todos mis apoyos espirituales y guías que han dirigido el camino, y a todas las demás almas hermosas de mi vida que no llegué a mencionar aquí, porque son tantas... Sepan que su amor y fe en mí significa todo para mí.

Por último, doy gracias a mi compañero del alma, mi esposo, Fernando. Tu apoyo a mí y al trabajo que hago le da alas a mi alma para volar a lugares sin límites. Tengo la bendición de viajar por esta vida contigo. Este es nuestro libro. Te amo, mi amor.

SOBRE LA AUTORA

Christine Gutierrez, MA, LMHC es una psicoterapeuta licenciada y mentora personal de ascendencia hispana, experta en adicción al amor, traumas, abuso y autoestima. También es autora del libro *Yo soy Diosa: un viaje a la sanación profunda, el amor propio y el regreso al alma*. Posee un grado de bachiller de la Universidad de Fordham con especialidad en conducta humana y desarrollo, y una maestría del City College of New York en terapia de salud mental con énfasis en comunidad y prevención. Como parte de su trabajo, Christine ofrece programas de *coaching* grupal, bienestar corporativo, retiros de transformación —como su Retiro anual de Diosas en Puerto Rico— y mentoría de negocios basada en el alma en su Diosa Mastermind anual. Además, Christine es la fundadora de la Diosahood, una comunidad global en la que mujeres afines se reúnen para sanar, inspirarse unas a otras y colaborar. Christine combina consejos modernos y psicológicamente perspicaces con la antigua sabiduría derivada de su formación en el chamanismo, el tantra y la meditación. Ha aparecido en reportajes de *Time Out NY, Latina Magazine, Yahoo Health, Ebony, Cosmopolitan for Latinas, Oprah Magazine, Entertainment Online, Telemundo* y otros medios. Actualmente reside en Puerto Rico con su esposo, Fernando Samalot, su cachorro, Bodhi y su hija, Mar de Luz.